U0696131

如何开创高质量发展新局面

任初轩◎编

人民日报出版社

北京

图书在版编目（CIP）数据

如何开创高质量发展新局面 / 任初轩编 . -- 北京：
人民日报出版社, 2025. 3. -- ISBN 978-7-5115-8705-3

Ⅰ . F124

中国国家版本馆 CIP 数据核字第 2025HA4919 号

书　　名：如何开创高质量发展新局面
　　　　　RUHE KAICHUANG GAOZHILIANG FAZHAN XINJUMIAN
作　　者：任初轩

出 版 人：刘华新
策 划 人：欧阳辉
责任编辑：周海燕　马苏娜
装帧设计：元泰书装

出版发行　人民日报出版社
社　　址：北京金台西路 2 号
邮政编码：100733
发行热线：（010）65369509　65369512　65363531　65363528
邮购热线：（010）65369530　65363527
编辑热线：（010）65369518
网　　址：www.peopledailypress.com
经　　销：新华书店
印　　刷：大厂回族自治县彩虹印刷有限公司
法律顾问：北京科宇律师事务所　　（010）83622312

开　　本：710mm×1000mm　　1/16
字　　数：260 千字
印　　张：19.25
版　　次：2025 年 3 月第 1 版
版　　次：2025 年 3 月第 1 次印刷

书　　号：ISBN 978-7-5115-8705-3
定　　价：58.00 元

如有印装质量问题，请与本社调换，电话：（010）65369463

C 目 录
ontents

<<< **理论篇** >>>

<<< **实践篇** >>>

如何开创高质量发展新局面

理论篇

从新质生产力看高质量发展

以高质量发展全面推进中国式现代化，是共识，更是行动。

生产力是人类社会发展的根本动力，高质量发展呼唤新的生产力理论。

2023 年 7 月以来，习近平总书记创造性提出新质生产力概念，发表一系列重要论述，作出发展新质生产力的重大部署，引领和推动高质量发展取得新进展新成效。

新时代以来，新质生产力已经在实践中形成并展示出对高质量发展的强劲推动力、支撑力，当前呈现出加快发展态势。

观察中国经济，新质生产力是一个重要视角。从中，我们可以读出信心和底气，读懂优势和未来。

（一）

科技创新与产业创新深度融合，新产业已成气候。

"坚持传统产业转型升级和培育壮大新兴产业、未来产业齐头并进，因地制宜发展新质生产力"。

看传统产业，老树发新芽。

福建晋江，纺织鞋服重镇。大数据智造平台为智慧工厂实时"投喂"生产数据，从原材料研发、智能制造到立体供应链，产业规模已逾 4000 亿元。

推动钢铁、有色、机械、轻工等行业设备更新和技术改造，传统产业向高端化、智能化、绿色化迈进。

看新兴产业，开辟新赛道。

四川彭州，"天空之眼"基地。上万架无人机接受性能测试，涵盖研发、设计、制造、测试、维修的低空经济产业链已经形成。

打造人工智能、生物技术、新材料、高端装备等领域先进产业集群，战略性新兴产业成为引领未来发展的新支柱。

看未来产业，勇闯"无人区"。

江苏南京，紫金山实验室。初步建成6G端到端实验平台，网络信息技术创新成果频出，更好赋能千行百业。

围绕类脑智能、量子信息、基因技术、氢能与储能等领域前瞻布局，未来产业是把握未来发展主动权的关键所在。

从传统产业到新兴产业，再到未来产业，科技成果转化为现实生产力，表现形式就是催生新产业，科技创新和产业创新深度融合成为显著特征。

融合的基础是增加高质量科技供给，正在夯实。2024年前三季度我国高技术制造业利润同比增长6.3%，10月集成电路、工业机器人的产量同比分别增长11.8%、33.4%。

融合的关键是强化企业科技创新主体地位，正在凸显。截至2024年10月底，国内有效发明专利拥有量达466万件，其中专利权人为企业的占全部有效发明专利量的73.3%；2023年企业发明专利产业化率首次超过50%。

融合的途径是促进科技成果转化应用，正在加速。3354家国家级高新技术企业、91个国家级科创平台、60多万名专业技术人才……

构建完善的创新生态和产业生态，促进创新链、产业链、资金链、人才链有机协同，新质生产力正在加快培育壮大。

（二）

区域协调发展与重大生产力布局战略协同，新动力源加快形成。

"深入实施区域协调发展战略、区域重大战略、主体功能区战略、新型城镇化战略，优化重大生产力布局""完善实施区域协调发展战略机制"……

党的二十大以来，党中央作出一系列重大部署，习近平总书记主持召开9场有关区域发展的座谈会，推动构建优势互补、高质量发展的区域经济布局。

全国统一大市场加快形成，新发展格局加快构建，带动全国高质量发展的新动力源不断积势蓄势成势。

山东海阳。短短 6 公里的航天大道，23 个商业航天产业项目落地，形成一条集海上发射、星舰产研、配套集成、卫星应用、航天文旅于一体的产业链。

安徽界首。每年回收利用废旧蓄电池等 400 多万吨，全国每 5 只动力电池就有 1 只是"界首造"，昔日贫困县变身创新百强县。

内蒙古准格尔旗，"风光氢储车"集群多业支撑；四川射洪，打造形成 600 亿元规模锂电产业链……区域增长极加速成长。

城市因"新"而活、区域向"新"而进，曾经的"后方"变身新时代的"前沿"。

大数据，贵州"新名片"，依托全国一体化算力网络国家枢纽节点建设，贵阳全力打造"中国数谷"。

目前，西部地区已形成新材料、生物医药等 9 个国家级战略性新兴产业集群和电子信息、航空等 5 个国家级先进制造业集群。

重大生产力布局发生积极变化，西部陆海新通道建设让西部省份通江达海，曾经的"欠发达地区"成为对外开放前沿。

找准在全国大局中的战略定位，积极抢位发展、善于错位发展，高质量发展的动力系统更加完备。

<h2 style="text-align:center">（三）</h2>

高质量发展与高水平保护相辅相成，绿色发展底色更浓。

绿色低碳发展是解决生态环境问题的治本之策。作为绿色生产力，新质生产力为促进高质量发展与高水平保护相得益彰提供了强有力支撑。

中国新疆，洛浦县在沙漠里"种太阳"，"光伏＋农业"综合治沙项目既产生发电效益，又可年增干草饲料供应约 3000 吨，植绿、致富两不误；阿根廷，罗马布兰卡风电场，来自中国的"大风车"每年输送约 16 亿千瓦时清洁能源。

为全球贡献了 80% 以上的光伏组件和 70% 的风电装备……绿色低碳产业，成为中国对全球可持续发展的重要贡献。

加快绿色科技创新和先进绿色技术推广应用，构建绿色低碳循环经济体系……我国经济绿色化程度正大幅提高，发展的潜力和后劲持续增强。

与发展新质生产力相适应，新型生产关系正在形成。

经历"禁入""允许""鼓励"三级跳，我国自 2021 年以来已有 6 款 CAR—T 细胞治疗药品获批上市，占全球同类产品半壁江山，稳投资、惠民生双赢。

政府超前规划引导、科学政策支持，市场机制调节、微观主体不断创新，"有形之手"和"无形之手"共同培育，新质生产力更加迸发。

党的二十届三中全会出台了一系列重磅改革举措，有力推动经济持续回升向好，我们即将顺利完成全年经济社会发展主要目标任务，继续发挥世界经济增长最大引擎作用。

"只要是我们看准了的、认定了的事情，坚定信心、下决心干，就没有干不成的。"

（任平 《人民日报》2024 年 12 月 12 日第 01 版）

强化科技创新对高质量发展的根本支撑

高质量发展是全面建设社会主义现代化国家的首要任务。党的十八大以来，以习近平同志为核心的党中央始终高度重视科技创新工作，坚持把科技创新摆在国家发展全局的核心位置，作为高质量发展的重要驱动力。我们必须坚持科技是第一生产力、人才是第一资源、创新是第一动力，把科技创新这个"关键变量"转化为高质量发展的"最大增量"，为中国式现代化提供坚强有力科技支撑。

科技创新是引领高质量发展的强劲动力

科技创新为高质量发展提供新动能。习近平总书记强调，科技创新能够催生新产业、新模式、新动能。当前，科技创新以无所不在的渗透性、扩散性、带动性广泛赋能经济社会发展。我们要发挥科技创新的根本支撑作用，加快发展新质生产力，引领现代化产业体系建设，为高质量发展提供强劲推动力、支撑力。

科技创新为高质量发展赢得新优势。新一轮科技革命和产业变革深入发展，全球科技创新进入空前密集活跃期，基础前沿领域不断取得突破，颠覆性创新不断涌现，为我国推动高质量发展提供广阔新空间和历史新机遇。我们必须坚持科技创新的战略先导地位，开辟新领域新赛道，在全球科技竞争中抢占先机，在新兴产业、未来产业发展中赢得主动权。

科技创新为高质量发展提供安全新支撑。习近平总书记强调，安全是发展的前提，发展是安全的保障。安全发展是高质量发展的题中之义。当前，世界进入新的动荡变革期，经济全球化遭遇逆流，部分国家构筑"小院高墙"，强推"脱钩断链"，打压我国高科技产业发展。我们必须加快实现高水平科技自立自强，把科技命脉和发展主动权牢牢掌握在自己手中。

科技创新为我国高质量发展提供强大物质技术基础

科技实力和创新能力稳步提升。我国科技整体实力显著提高，全球创新指数排名从 2012 年的第三十四位上升到 2024 年的第十一位。全社会研发经费投入从 2012 年的 1.03 万亿元，增长到 2023 年的 3.3 万亿元。基础前沿领域不断取得突破，在量子信息、干细胞、脑科学、类脑芯片等前沿方向取得一批具有国际影响力的重大原创成果。国家战略科技力量加快布局，国家实验室组建运行，国家科研机构、高水平研究型大学的科研能力不断提高，部分重点行业领域科技领军企业不断壮大。北京、上海、粤港澳大湾区和南京跻身全球科技创新集群前 10 位。

科技创新和产业创新融合更加紧密。重大科技创新成果引领产业发展，2013—2023 年，我国规模以上高技术制造业增加值年均增长 10.3%。2023 年以新产业、新业态、新商业模式为核心内容的"三新"经济增加值占 GDP 的比重为 17.73%，比 2016 年提高 2.4 个百分点。高性能装备、智能机器人、增材制造、激光制造等技术有力推动"中国制造"迈向更高水平。C919 大飞机实现商飞，5G 率先实现规模化应用，新能源汽车、锂电池、光伏产品等外贸"新三样"扬帆出海。我国系统掌握高铁建造成套技术，成为世界上唯一能在各种气候环境和复杂艰险地质条件下建设和运营高铁的国家。煤炭清洁高效利用、新型核电、特高压输电走在世界前列，光伏、风电装机容量以及储能、制氢规模居世界首位。

关键核心技术突破为安全发展保驾护航。深空、深海、深地等战略高技术领域积极抢占科技制高点，北斗导航系统实现全球化运营，潜水器载人谱系化发展，"地壳一号"钻井深度超过 9000 米。一批关键技术和装备的创新、应用有力保障了港珠澳大桥、北京大兴国际机场、川藏铁路等国家重大工程建设。科技创新保障国家粮食安全取得新成效，主要农作物自主选育品种面积超过95%。

进一步为高质量发展提供强大科技支撑

当前，新一轮科技革命和产业变革向纵深演进，我国发展面临的内外部环境发生深刻变化。2024 年 6 月，全国科技大会、国家科学技术奖励大会、两院院士大会隆重召开。党的二十届三中全会对科技体制改革作出部署。我们要紧密围绕高质量发展这个全面建设社会主义现代化国家的首要任务，锚定 2035 年建成科技强国战略目标，以高水平科技自立自强为主线，创造更多高水平科技供给，提升国家创新体系整体效能，让科技创新成为高质量发展的强大引擎，为以中国式现代化全面推进强国建设、民族复兴伟业提供科技支撑。

加强关键核心技术攻关。发挥新型举国体制优势，着力突破集成电路、工业母机、先进材料、基础软件、核心种源等领域"卡脖子"技术。加快实施一批具有战略性全局性前瞻性的国家科技重大项目，接续实施国家科技重大专项，推动人工智能、量子科技、前沿半导体、生命健康、新能源等重点前沿科技领域实现整体突破，引领技术变革方向。

加快培育发展新质生产力。聚焦支撑现代化产业体系的关键共性技术、前沿引领技术、现代工程技术和颠覆性技术，强化新一代信息技术、高端装备、生物医药、新材料、新能源等领域的技术创新，推动新技术改造提升传统产业，积极培育新兴产业和未来产业。研究制定新时期科技成果转化相关政策，加快布局建设一批概念验证、中试验证平台，完善首台（套）、首批次、首版次应用政策，加大政府采购自主创新产品力度，加速推动科技成果向现实生产力转化。

全面支撑社会高质量发展。加快推动重大疾病防治、药品与医疗器械、重点人群健康、中医药传承等领域技术创新，全面支撑健康中国建设。提升社会安全、基础设施和生产安全、重大灾害应对等领域技术装备水平，支撑平安中国建设。加快推进生态系统保护与修复、环境健康风险防控、重点区域流域生态保护、应对气候变化等领域技术攻关和成果应用，支撑"双碳"目标实现和美丽中国建设。

深入推进科技体制改革。加强科技体制改革和政策统筹，推动科技政策从各管一段向构建高效协同的政策体系转变。坚持教育科技人才体制机制一体改革，完善人才培养、引进、使用、合理流动的工作机制，在科研实践中培养造就更多高水平科技人才，为高质量发展夯实人才基础。

建设具有全球竞争力的开放创新环境。加快实施面向全球的科学研究基金，支持与各国科研人员共同攻克科技难题。实施更加积极、更加开放、更加有效的人才政策，加大国家科技计划对外开放力度，吸引更多全球优秀科技人才来华创新创业。深入实施科技伙伴计划，持续推进"一带一路"科技创新合作。鼓励在华设立国际科技组织，积极参与国际科技规则制定，为全球科技治理贡献更多中国智慧。

（阴和俊 《人民日报》2024 年 11 月 15 日第 11 版）

深入落实新质生产力发展要求
扎实推进现代化产业体系建设

习近平总书记关于新质生产力的重要论述，深刻阐明新质生产力的基本内涵、显著特征、发展路径和实践要求，是对马克思主义生产力理论的重大创新发展，为新时代新征程推进现代化产业体系建设、推动高质量发展指明了前进方向，提供了根本遵循。我们要深入学习领会，紧密结合实际，将发展新质生产力的部署要求落到实处，大力推进现代化产业体系建设，为以高质量发展推进中国式现代化打牢坚实的物质技术基础。

深刻领会新质生产力的科学内涵

习近平总书记指出，新质生产力是创新起主导作用，摆脱传统经济增长方式、生产力发展路径，具有高科技、高效能、高质量特征，符合新发展理念的先进生产力质态。我们深刻认识到，新质生产力不是生产力的局部优化与简单迭代，而是在新发展理念的指引下，由技术革命性突破、生产要素创新性配置、产业深度转型升级催生的重大变革，同时涵盖发展方式创新和体制机制创新。必须坚持以创新为第一动力，全方位、系统性推进科技创新、产业创新，加快发展方式绿色转型，深化人才工作机制创新，让各类先进优质生产要素向发展新质生产力顺畅流动和高效配置，并加快形成与新质生产力相适应的新型生产关系，以全要素生产率的大幅提升推动先进生产力的跨越式发展。

习近平总书记指出，要以科技创新推动产业创新，特别是以颠覆性技术和前沿技术催生新产业、新模式、新动能，发展新质生产力。我们深刻认识到，科技创新是发展新质生产力的关键要素，是引领产业发展新方向、开辟产业发展新赛道的不竭动力，只有不断提高自主创新能力，着力补短板强弱项，才能提高经济竞争力、抢占未来竞争制高点。必须坚持以重大科技创新为引领，加快实现高水平科技自立自强，及时将科技创新成果应用到具体产业和产业链上，推进创新链产业链资金链人才链深度融合，不断厚植发展新动能、新优势。

习近平总书记指出，"因地制宜发展新质生产力，改造提升传统产业，培育壮大新兴产业，布局建设未来产业，完善现代化产业体系"。我们深刻认识到，新质生产力代表着生产力跃迁的方向，是引领现代化产业体系建设的革命性力量；产业是生产力的载体，培育和发展新质生产力要求建立自主可控、安全可靠、竞争力强的现代化产业体系；生产力的发展是连续的，发展新质生产力不是忽视、放弃传统产业。必须坚持把发展经济的着力点放在实体经济上，围绕发展新质生产力布局产业链，推动短板产业补链、优势产业延链，传统产业升链、新兴产业建链，加快建设制造强国、质量强国、网络强国、数字中国，努力在未来发展和国际竞争中赢得战略主动。

充分认识我国产业体系建设取得的历史性成就

党的十八大以来，在以习近平同志为核心的党中央坚强领导下，我国工业、农业、服务业和基础设施发展实现新突破、迈上新台阶，产业优化升级步伐持续加快，建设现代化产业体系基础更加夯实。

产业体系规模优势不断巩固。工业规模保持全球领先，2023 年我国制造业增加值达到 33 万亿元，占全球制造业比重近 30%，制造业总体规模连续 14 年位居世界首位。农业综合生产能力不断增强，粮食产量连续 9 年稳定在 1.3 万亿斤以上，实现谷物基本自给、口粮绝对安全，多种主要农产品产量均为世界第一。服务业发展提质增效，2023 年服务业增加值达 68.8 万亿元，占国内生产总值比重为 54.6%，对国民经济增长的贡献率为 60.2%，撑起国民经济"半边天"。基础设施形成超大规模网络，截至 2023 年末，我国综合交通网络总里程超 600 万公里，全口径发电装机容量达 29.2 亿千瓦，5G 基站总数达到 337.7 万个，均处于世界领先地位。

产业体系优化升级取得显著成效。产业数字化智能化加速推进，2023 年，数字经济核心产业增加值占国内生产总值的比重达到 10%，智能制造装备产业规模超 3.2 万亿元。截至 2023 年底，已培育 421 家国家级示范工厂。产业绿色化转型成效显著，工业重点领域节能降碳加快推进。截至 2022 年底，钢铁、电解铝、水泥熟料、平板玻璃等单位产品综合能耗较 2012 年降低 9% 以上，均处于世界领先水平。产业融合化持续推进，现代服务业同先进制造业、现代农业深度融合，数字经济持续赋能实体经济，催生出一大批新技术新业态，有力助推实体经济全面转型升级。

产业体系韧性和竞争力稳步提高。产业体系完备优势不断巩固，我国是全球唯一拥有联合国产业分类中全部工业门类的国家，具备强大的生产配套能力。产业体系先进性持续提升，近年来技术密集型行业快速发展，形成了新能源汽车、高铁、电力装备、船舶、工程机械、通信设备等一大批优势产业，涌现了一批技术先进、国际领先的重大标志性成果。产业链供应链韧性和安全水平进一步提高，重点产业链补短板取得明显进展，部分关键核心技术和零部件实现从无到有、从不可用到可用的重大跨越。能源资源安全保障能力进一步增强，新型能源体系加快建设，矿产资源规模化、集约化开发利用水平持续提升。

全力做好现代化产业体系建设重点任务

当前，新一轮科技革命和产业变革深入发展，各国围绕科技和产业的竞争更趋激烈。建设现代化产业体系，不仅是推动我国产业迈向全球价值链中高端的必由之路，也是增强我国生存力、竞争力、发展力、持续力的必然选择。我们将坚持以习近平新时代中国特色社会主义思想为指导，完整、准确、全面贯彻新发展理念，深入学习贯彻习近平总书记关于新质生产力的重要论述精神，扎实推动现代化产业体系建设取得新进展、新成效，为以高质量发展推进强国建设、民族复兴作出新的更大贡献。

一是推动各项产业政策落地见效。加强产业政策与其他宏观经济政策的协调配合，强化宏观政策取向一致性评估，确保同向发力、形成合力。统筹抓好"硬投资"和"软建设"，高质量推进"两重"建设，以投资带动产业体系补短板、锻长板。多措并举提高居民消费意愿和消费能力，培育更多消费新业态新热点，以消费升级带动产业升级，提高产业体系质量和效益。强化粮食、能源资源、产业链供应链、数据安全保障，提高高标准农田建设投入标准，加强能源供应保障能力建设，不断提升战略性资源供应保障能力，健全数据安全治理体系。

二是以科技创新引领产业创新。改造提升传统产业，实施制造业核心竞争力提升行动计划，推动制造业高端化、智能化、绿色化发展。培育壮大新兴产业，促进数字技术和实体经济深度融合，实施"数据要素 ×"行动计划。加快先进制造业和现代服务业融合发展，深入推动 5G 规模化应用。打造生物制造、商业航天、新材料、低空经济等新增长引擎。前瞻布局未来产业，强化宏观指导、前瞻谋划和有序布局，构建未来产业培育发展相关政策和规划体系，布局建设一批未来产业先导区，开展"人工智能 +"行动，开辟量子技术、生命科学等新赛道。

三是持续推进体制机制创新。完善市场基础制度规则，制定全国统一大市场建设标准指引，完善社会信用基础制度，加强反垄断和反不正当竞争。深化要素市场化改革，促进要素合理配置，引导高端要素向实体经济集聚。促进绿色低碳转型，坚定不移走生态优先、绿色发展之路，在已取得巨大成效的基础上，进一步做强绿色制造业，发展绿色服务业，壮大绿色能源产业，构建绿色低碳循环经济体系。实施营商环境改进提升行动，健全与企业常态化沟通交流机制，营造市场化、法治化、国际化营商环境。

四是扩大高水平对外开放。加强国际科技合作，深入实施"一带一路"科技创新行动计划，共同营造创新生态。加强投资经贸合作，稳步扩大制度型开放，深入推进跨境服务贸易和投资高水平开放。更大力度引进外资，在增值电信、基因诊断与治疗技术开发和应用等领域开展准入试点。全面取消制造业领域外资准入限制措施，继续支持一批重大外资项目建设，强化项目要素保障。扩大数字产品等市场准入，大力推动数据开发开放和流通使用。

（伍浩 《人民日报》2024 年 07 月 05 日第 10 版）

从发展哲学的角度理解高质量发展

发展是我们党执政兴国的第一要务，是解决我国所有问题的关键。党的十八大以来，以习近平同志为核心的党中央提出新发展理念，不断深化对我国经济发展阶段性特征和规律的认识。党的十九大报告作出"我国经济已由高速增长阶段转向高质量发展阶段"的重大判断，党的二十大报告提出"高质量发展是全面建设社会主义现代化国家的首要任务"。我国发展哲学以马克思主义哲学思维对发展的本质、规律、属性、趋势等作出认识论、价值论和方法论等层面的分析与把握。研究高质量发展的哲学涵义，是当前我国发展哲学研究的一个重要课题。我们要以习近平总书记关于高质量发展的一系列重要论述为指引，把高质量发展的理论和实践作为研究方向与重点，推动新时代发展哲学研究不断取得新进展。

在目的和手段的统一中把握高质量发展的地位作用

习近平总书记指出："高质量发展是'十四五'乃至更长时期我国经济社会发展的主题，关系我国社会主义现代化建设全局。"推动高质量发展，是保持经济持续健康发展的必然要求，是适应新时代我国社会主要矛盾变化和全面建设社会主义现代化国家的必然要求，是遵循经济规律发展的必然要求，具有丰富的时代内涵和重大现实意义，体现了发展目的和手段的辩证统一。

实现高质量发展是中国式现代化的本质要求之一，体现发展的目标定位和目的性功能。任何事物的产生和发展，都有其内在的根据和原因。坚持高质量发展是新时代的硬道理，也蕴含着逻辑必然。从发展哲学的角度看，每个发展阶段的转变和跃升，其背后都有一定的动力机制在推动。比如，需求驱动机制，当人的较为基本的需要得到满足后，会产生新的更高层次的需要，这就要求更高质量的发展予以满足。再如，问题驱动机制，从发展本身讲，不同发展阶段存在不同的需要解决的主要问题，这些问题往往要通过发展本身的转型升级才能得以解决。

习近平总书记指出："当前，我国社会主要矛盾已经转化为人民日益增长的美好生活需要和不平衡不充分的发展之间的矛盾，发展中的矛盾和问题集中体现在发展质量上。这就要求我们必须把发展质量问题摆在更为突出的位置，着力提升发展质量和效益。"习近平总书记的重要论述蕴含着深刻的发展价值理念和明确的价值指向。面对社会主要矛盾的转化，我国发展内在要求从重在"求量""求速"转向重在"求质""求效"，从解决"有没有""够不够"转向解决"好不好""优不优"，也就是要实现高质量发展。

发展总是在直面问题中展开、在解决问题中推进的。对于我国这个世界上最大的发展中国家来说，通过经济高速增长实现"经济腾飞"，是社会主义现代化进程的必经阶段。同时也要看到，改革开放以来，我国经济发展在取得巨大成就的同时，也不同程度地积累和暴露出一些不容忽视的矛盾与问题，如有的地方和部门片面追求速度规模，发展方式粗放，发展不平衡、不协调、不可持续等问题较为突出。习近平总书记强调："经济发展是一个螺旋式上升的过程，上升不是线性的，量积累到一定阶段，必须转向质的提升，我国经济发展也要遵循这一规律。"当经济规模达到一定水平、约束条件达到一定强度、人民日益增长的美好生活需要发生深刻变化时，经济发展的重心从高速度转向高质量就成为必然。

发展是具体的、现实的，具有一定的时代性、地域性与国别性。同样，发展哲学所分析的问题、所服务的实践，也具有一定的时代性、地域性与国别性。新时代，我国发展正呈现出新的重大变化，高质量发展成为主旋律，这在客观上要求我国发展哲学研究应当立足我国发展现实，为推进高质量发展提供理论支撑。

在理论和实践的统一中把握高质量发展的内在要求

理念是行动的先导，一定的发展实践都是由一定的发展理念来引领的。发展理念是否对头，从根本上决定着发展成效乃至成败。习近平总书记指出："党的十八大以来我们对经济社会发展提出了许多重大理论和理念，其中新发展理念是最重要、最主要的。"高质量发展是体现新发展理念的发展，是创新成为第一动力、协调成为内生特点、绿色成为普遍形态、开放成为必由之路、共享成为根本目的的发展。

发展是一个不断变化的进程，发展环境、发展条件不会一成不变，发展理念也要依据客观现实的变化进行发展和升华，这样才能更好指导发展实践。可以说，对人类社会发展规律的探索蕴含着内在的逻辑路线图，即把握现实、揭示规律、提出理念、指导实践，以此循环往复推动社会持续发展。新发展理念不是凭空得来的，而是在深刻总结国内外发展经验教训、分析国内外发展大势的基础上形成的，也是针对我国发展中的突出矛盾和问题提出来的，集中反映了我们党对发展规律的新认识。

创新发展注重的是解决发展动力问题，在国际发展竞争日趋激烈和我国发展动力转换的形势下，把发展基点放在创新上，才能塑造更多具有先发优势的引领型发展。协调发展注重的是解决发展不平衡问题，坚持区域协同、城乡一体、物质文明精神文明并重等，才能拓宽发展空间、增强发展后劲。绿色发展注重的是解决人与自然和谐问题，推动形成绿色低碳的生产生活方式，才能实现永续发展。开放发展注重的是解决发展内外联动问题，不断提高对外开放水平，才能形成深度融合的互利合作格局。共享发展注重的是解决社会公平正义问题，让广大人民群众共享改革发展成果，才能真正体现中国特色社会主义的本质要求。

新发展理念是相互贯通、相互促进的集合体，系统回答了关于发展的目的、动力、方式、路径等一系列理论和实践问题，阐明了我们党关于发展的政治立场、价值导向、发展模式、发展道路等重大政治问题，为推动高质量发展提供了行动指南。在新发展理念引领下，推动高质量发展成为全党全社会的共识和自觉行动。近年来，我国科技创新成果丰硕，创新驱动发展成效日益显现；城乡区域发展协调性、平衡性明显增强；改革开放全面深化，发展动力活力竞相迸发；绿色低碳转型成效显著，发展方式转变步伐加快，高质量发展取得明显成效。同时也要看到，制约高质量发展因素仍大量存在。习近平总书记强调："生产力是人类社会发展的根本动力，也是一切社会变迁和政治变革的终极原因。"高质量发展需要新的生产力理论来指导，新质生产力是符合新发展理念的先进生产力质态，在实践中形成并展示出对高质量发展的强劲推动力、支撑力，需要我们从理论上进行总结、概括，用以指导新的发展实践。

从某种意义上讲，人类推动经济社会发展的过程，也是一个在发展实践中丰富和发展理论，将理论应用于发展实践并不断通过实践进行反思和总结，从而进一步完善和深化理论认知的循环过程。新发展理念是引领高质量发展的"指挥棒""红绿灯"，我们必须完整、准确、全面贯彻，并在发展实践中实现发展理论的与时俱进。发展哲学应把握高质量发展理论与实践内在关联、相互促进的辩证关系，注重用现实问题研究带动基础理论研究。

在认识论和方法论的统一中推动高质量发展

发展哲学视阈中的发展，既包括认识论层面的分析，又包括方法论层面的实践。高质量发展既是一种理论形态，也是一种实践形态，要求人们付诸实践行动，为此需要在正确认识和掌握方法的统一中更好推动高质量发展。

马克思主义认为，认识是物质世界辩证发展的产物和反映。习近平总书记关于高质量发展的认识论中所阐明的主体和客体、认识与实践等一系列关系，都体现了辩证法的规律，这也要求我们在推动高质量发展实践中坚持好、运用好贯穿其中的立场、观点、方法。推进中国式现代化、实现全体人民共同富裕，归根到底要靠高质量发展，这是就其所蕴含的整体性社会效能而言的。我们既要把握高质量发展自身所具有的方法论意义，又要注重在具体方法论层面掌握若干实践原则和要求。

坚持战略思维。战略思维是着眼于总体规划的具有全局性、复杂性、长远性的思维方式。国际经验表明，建立强大的内需体系和国内市场，是大国实现高质量发展并增强国际影响力的一个重要标志。习近平总书记在党的二十大报告中对"加快构建新发展格局，着力推动高质量发展"作出战略部署。构建新发展格局，是尊重经济发展客观规律、与时俱进提升我国经济发展水平的战略抉择，也是塑造我国国际经济合作和竞争新优势的战略抉择。推动高质量发展，要善于从战略上观时察势，把握我国发展面临的新的战略机遇、战略任务、战略阶段、战略要求、战略环境，在国内国际双循环中体现高质量、高水平。

坚持辩证思维。辩证思维是坚持唯物辩证法，承认和分析矛盾，抓住关键、找准重点，洞察事物发展规律并自觉按照规律进行思考的思维方式，其核心是运用对立统一规律观察分析事物。习近平总书记在关于高质量发展的重要论述中，提出和阐明了需要处理好的若干关系，科学认识并有效把握这些关系，对于推动高质量发展尤为重要。这要求我们运用辩证思维，正确把握并处理好发展社会生产力和完善生产关系、经济发展和社会发展、经济发展和环境保护、发展速度和发展质量、效率和公平、发展和安全、发展和开放等关系，坚定不移推动高质量发展。

坚持系统思维。我们正在推进的高质量发展是一个由诸多领域、诸多方面构成的大系统。习近平总书记强调："高质量发展不只是一个经济要求，而是对经济社会发展方方面面的总要求；不是只对经济发达地区的要求，而是所有地区发展都必须贯彻的要求；不是一时一事的要求，而是必须长期坚持的要求。"实践证明，经济社会发展水平越高，系统性特征和要求就越突出，其中的任何一个环节发生变化，都将影响整个链条各个方面的运行。我们要对事关高质量发展全局的一系列要素和领域进行系统谋划和整体推进，着力提升发展质量和效益。

（邱耕田 《人民日报》2024 年 06 月 17 日第 09 版）

深刻把握高质量发展的价值导向

习近平总书记强调："我们要始终把满足人民对美好生活的新期待作为发展的出发点和落脚点，在实现现代化过程中不断地、逐步地解决好这个问题。"现代化的本质是人的现代化，中国式现代化是以人民为中心的现代化。以高质量发展推进中国式现代化，最终要落到人民群众的高品质生活中，体现到人的现代化和人的全面发展之上，这体现了高质量发展坚持以人民为中心的价值导向。

发展是唯物辩证法的基本范畴之一，主要表现为事物在矛盾运动中前进式变化、变革性进化的状态和趋势。马克思主义以人的解放和自由全面发展作为文明进步方向和价值目标，深刻揭示了人民群众是历史的主体，是社会物质财富和精神财富的创造者，指明"代替那存在着阶级和阶级对立的资产阶级旧社会的，将是这样一个联合体，在那里，每个人的自由发展是一切人的自由发展的条件"。马克思主义从世界普遍联系和永恒发展的基本观点出发，把社会看作一个多种要素有机联系和协同发展的整体。作为社会发展的重要构成，人的发展涉及肌体健康、人口数量、人的素养、社会关系以及人的精神世界等诸多方面。

历史总是伴随着人们追求美好生活的脚步向前发展的，人民对美好生活的向往和追求，是推动人类文明进步的重要力量。社会主义从空想到科学的发展历程，特别是中国特色社会主义的发展历程，正是不断探索如何以社会进步来推动、提升和实现人民对美好生活向往的实践历程。中国共产党人为的是大公、守的是大义、求的是大我，在革命、建设、改革不同历史时期始终把人民放在心中最高位置，始终代表最广大人民的根本利益。一部中国共产党的发展史，就是一部为人民谋幸福、为民族谋复兴的奋进史，就是一部在发展中保障和改善民生、让人民过上更加幸福生活的奋斗史。进入新发展阶段，人民对美好生活的向往更加强烈，期盼有更好的教育、更稳定的工作、更满意的收入、更可靠的社会保障、更高水平的医疗卫生服务、更舒适的居住条件、更优美的环境、更丰富的精神文化生活，推动经济社会发展归根到底是为了不断满足人民群众对美好生活的向往，着力解决发展不平衡不充分问题，让改革发展成果更多更公平惠及广大人民群众，促进全体人民共同富裕取得更为明显的实质性进展。

在高质量发展中坚持以人民为中心的价值导向、促进社会全面进步和人的全面发展，是一项涵盖广泛的系统工程，其中一个重要方面在于推动人口高质量发展。习近平总书记强调："人口发展是关系中华民族伟大复兴的大事，必须着力提高人口整体素质，以人口高质量发展支撑中国式现代化。"中国式现代化是人口规模巨大的现代化，在推进中国式现代化进程中促进人的现代化，必须把人口高质量发展同人民高品质生活紧密结合起来，在人口总量充裕的基础上，不断提高人口整体素质，优化人口结构，推动现代化人力资源合理分布、促进人口长期均衡发展，使人口发展与经济社会高质量发展相适应。这是促进社会全面进步和人的全面发展的题中应有之义，体现鲜明价值导向。

全部社会生活在本质上是实践的，人们创造历史的活动，如同无数力的平行四边形形成的一种总的合力，推动着人类文明的进步。人民对美好生活的向往不是自然而然实现的，而是作为实践主体的人民群众在合规律性与合目的性相统一中不断改造主观世界和客观世界的结果。在高质量发展中坚持以人民为中心的价值导向、促进人的现代化，关键在于不断强化广大人民群众的实践主体性，充分调动广大人民群众的创新创造活力，汇聚形成推动高质量发展的磅礴力量。

（欧阳康 《人民日报》2024 年 06 月 17 日第 09 版）

既干在当下　又着眼长远
推动高质量发展要保持历史耐心

　　坚持高质量发展是新时代的硬道理。习近平总书记在 2017 年底召开的中央经济工作会议上指出"高速增长阶段转向高质量发展阶段并不容易，不可能一夜之间就实现"，在 2021 年全国两会上强调高质量发展"不是一时一事的要求，而是必须长期坚持的要求"。当前，我国经济运行中的积极因素增多，动能持续增强，高质量发展扎实推进，呈现增长较快、结构优化、质效向好的特征。同时也要看到，我国经济持续回升向好仍面临诸多挑战，外部环境复杂性、严峻性、不确定性明显上升。我们要深刻认识高质量发展的长期性和艰巨性，保持历史耐心，稳扎稳打，切实巩固和增强经济回升向好态势，坚定不移推进高质量发展。

　　保持历史耐心推动高质量发展，要有清醒的认识和足够的心理准备。唯物辩证法认为，量变的积累能够引发质变，质变又开启了新的量变过程，两者相互促进、相互支撑。经过长期努力，我国经济总量已经稳居世界第二位，但经济发展的结构、效益亟须提升。进入新发展阶段，我国劳动力成本上升、资源环境约束增大，旧的生产函数组合方式已经难以持续，迫切要求转变发展方式，实现从量的扩张转向质的提高。转变发展方式不可能一蹴而就，需要通过深化改革冲破思想观念束缚、突破利益固化藩篱，摆脱对旧发展方式的路径依赖。这一过程必然伴随着试错、阵痛和调整。我们对此要有清醒的认识和足够的心理准备，不能因为有困难和挑战就半途而废、回头倒退。

　　保持历史耐心推动高质量发展，要遵循客观规律。马克思主义认为，经济运行是受一定规律支配的自然历史过程，这些规律是不以人的意志为转移的。正确运用客观规律，就可以办成很多事情；违背客观规律，就会受到惩罚，遭受挫折和失败。发展新质生产力是推动高质量发展的内在要求和重要着力点。

在实践中，无论是培育壮大新兴产业、超前布局建设未来产业，还是推动传统产业升级，促进产业高端化、智能化、绿色化转型，都离不开加强科技创新和推动科技成果转化。实现"从0到1"的突破，需要遵循科技创新规律，保持"十年磨一剑"的耐心和把"冷板凳"坐热的态度；推动"从1到N"的发展，同样需要坚持从实际出发，遵循科技成果转化规律。这就需要发扬钉钉子精神，围绕推动高质量发展、发展新质生产力的目标任务，一锤接着一锤敲，久久为功、善作善成。

保持历史耐心推动高质量发展，要坚持"致广大而尽精微"。这是成事之道。"致广大"强调从大处着眼，从全局的高度看问题、想事情、谋良策；"尽精微"要求从小处入手，精益求精、锐意进取，逐步将宏大构想落到实处。高质量发展是保持经济持续健康发展的必然要求，需要科学把握世界发展大势和我国经济发展的阶段性特征，深入分析影响我国发展的主要矛盾和矛盾的主要方面，选择正确发展方向、明确科学发展目标、确定可行发展路径。高质量发展也是对经济社会发展方方面面的总要求，是一个系统工程，需要统筹发展和安全，综合考虑政治和经济、现实和历史、发展和民生、资源和生态等多方面因素。只有锚定目标，一步一个脚印前进，积小胜为大胜，才能最终实现发展理念、发展方式、发展动力、发展领域、发展质量等的深刻变革。

（雷心悦　杜丽群　《人民日报》2024年06月06日第09版）

高质量发展需要大批高技能人才

习近平总书记强调："大国工匠是我们中华民族大厦的基石、栋梁""工业强国都是技师技工的大国""技术工人队伍是支撑中国制造、中国创造的重要基础，对推动经济高质量发展具有重要作用。要健全技能人才培养、使用、评价、激励制度，大力发展技工教育，大规模开展职业技能培训，加快培养大批高素质劳动者和技术技能人才"。习近平总书记的重要论述深刻阐明了建设高技能人才队伍的重大意义、目标方向、基本要求、重点任务。

近年来，党中央深入实施人才强国战略，作出一系列重大决策部署，推进新时代高技能人才队伍建设，推动实施高技能人才振兴计划，提高技术工人待遇，推行终身职业技能培训制度，改革完善技能人才评价制度，推行职业技能等级制度，畅通高技能人才职业发展通道，持续加强高技能人才表彰激励，健全中国特色职业技能竞赛体系……我国技能人才发展取得重大成就。目前，全国技能人才总量超过 2 亿人，其中高技能人才超过 6000 万人，为推动高质量发展提供重要的人才支撑。

党的二十大报告提出："加快建设国家战略人才力量，努力培养造就更多大师、战略科学家、一流科技领军人才和创新团队、青年科技人才、卓越工程师、大国工匠、高技能人才。"国家明确了到"十四五"期末技能人才占就业人员比例达到 30% 以上、高技能人才占技能人才的比例达到 1/3 的目标任务。这是推动形成"人力资本红利"的内在要求，是为推动高质量发展提供人才动力的迫切需要。

培育大批高技能人才，首先要适应新一轮科技革命和产业变革的需要，围绕战略性新兴产业、未来产业、绿色产业发展和传统产业改造提升，加大技能人才培养力度。实施技能强企行动和制造业技能根基工程，在先进制造业、现代服务业、康养服务等领域，培育引领产业发展的高技能人才。

培育大批高技能人才，要遵循技能人才成长发展规律，创新技能人才培养方式。推动技工教育高质量特色发展，构建多元化培养体系，发挥企业主体作用，总结提升工学一体、校企双制办学模式，全面推进企业新型学徒制，促进人才链与产业链、创新链融合发展和培训资源开放共享。建设一批高技能人才培训基地、技能大师工作室、技能大师之家，带动技能人才梯次发展。

培育大批高技能人才，要畅通技能人才发展通道。推动企业自主开展技能人才评价，以特级技师、首席技师为重点，全面推行"新八级工"制度，更大限度激发技能人才创新创造活力。依托职业资格、职业技能等级、职称和学历框架基础，拓展技能人才多元化成长空间。

培育大批高技能人才，要坚持尊重劳动、尊重知识、尊重人才、尊重创造，努力形成人人渴望成才、人人努力成才、人人皆可成才、人人尽展其才的良好局面。提高技能人才待遇水平，发挥技能人才薪酬分配指引的作用，引导企业建立健全体现技能价值激励导向的薪酬分配制度，让技高者多得、多劳者多得。持续组织好中华技能大奖、全国技术能手评选表彰奖励，组织开展各类职业技能竞赛，激励广大劳动者特别是青年走技能成才、技能报国之路。

全面推进中国式现代化，高技能人才使命光荣、大有可为，需要充分激发报国情怀、奋斗精神、创造活力，争创一流、追求卓越，做到有理想守信念、懂技术会创新、敢担当讲奉献，在民族复兴、强国建设的奋斗中实现人生出彩。

（王晓萍 《人民日报》2024 年 05 月 01 日第 04 版）

安全转型，筑牢绿色高质量发展的基础和屏障

习近平总书记指出："推动创新发展、协调发展、绿色发展、开放发展、共享发展，前提都是国家安全、社会稳定。没有安全和稳定，一切都无从谈起。"经济社会发展全面绿色转型是高质量发展的重要内容。坚持安全转型，有利于筑牢绿色高质量发展的基础和屏障，是总体国家安全观在高质量发展中的具体体现。

实现经济社会发展全面绿色转型，涉及能源结构、工业结构、交通结构、生产生活方式等各领域各方面，转型过程中难免存在技术、经济、社会等多方面风险。比如，新能源在一定程度上存在"靠天吃饭""不易储存"等问题，具有随机性、波动性和间歇性的特点，加之新型储能等配套技术有待成熟完善，实现能源过渡和替代需要一个较长时间周期。在绿色转型过程中，若传统能源保障不充分，新能源安全可靠接续能力不足，就容易引发局部时段、部分区域能源供给不足。因此，坚持安全转型格外重要。

习近平总书记高度重视绿色低碳转型中的安全问题，强调"在降碳的同时确保能源安全、产业链供应链安全、粮食安全，保障群众正常生活，不能脱离实际、急于求成"。近年来，我们坚持全国统筹、节约优先、双轮驱动、内外畅通、防范风险的原则，积极稳妥推进"双碳"工作，扎实推进生态文明建设，确保转型平稳有序、过程风险可控，我国经济社会发展全面绿色转型取得重要进展。在传统能源安全保障方面，油气领域加大勘探开发和增储上产力度，原油、天然气产量持续增长。积极发展新能源和绿色低碳产业，产业竞争优势和安全水平不断提升。可再生能源发展迅速，能源转型取得显著进展。截至 2023年 12 月底，我国可再生能源发电总装机达 15.16 亿千瓦，占全国发电总装机的51.9%，占全球可再生能源发电总装机的比重接近 40%。2023 年新增能源生产总

量中，非化石能源占比超过 40%。绿色低碳产业不断壮大，产业绿色化水平显著提升。2023 年，我国光伏多晶硅、硅片、电池片和组件产量占全球比重均超过 80%；新能源汽车产销量占全球比重超过 60%，连续 9 年位居世界第一；电动汽车、锂电池和光伏产品"新三样"产品出口首次突破万亿元大关，同比增长 29.9%。此外，我国持续加强关键矿产资源的内外统筹，形成了关键矿产产业链上游的技术优势和产业优势。

绿色低碳发展是经济社会发展全面绿色转型中的复杂工程和长期任务，能源结构、产业结构调整不可能一蹴而就，更不能脱离实际。推动经济社会发展全面绿色转型，要加强顶层设计、搞好统筹兼顾、坚持先立后破、坚守安全底线，确保转型风险可控，保障转型顺利实施。

确保能源安全。注重传统能源与新能源多能互补、深度融合。一方面，要认识到富煤贫油少气是我国的国情，以煤为主的能源结构短期内难以根本改变，传统能源逐步退出要建立在新能源安全可靠替代的基础上。要进一步提升煤炭、油气和其他关键性矿产资源的开发利用水平，增强煤炭等化石能源兜底保障能力。统筹国内外油气资源安全保障，适度增储上产以坚守国内资源保障底线，实现能源品种、进口来源、运输方式的多元化，加强各类能源基础设施安全保障。另一方面，加快构建新型能源体系，积极发展可再生能源，加强关键核心技术开发，巩固新能源领域技术优势、产业优势，着力增强能源系统的调节能力和气候韧性，保障新型能源系统的运行安全。

确保产业链供应链安全。产业链供应链安全是经济安全的重要组成部分，关系就业和社会稳定。要优化调整产业结构，大力发展绿色低碳产业。可再生能源的全产业链竞争日益加剧，要加强关键矿产资源的海外布局和技术合作，保障新能源发展的资源安全。加强关键核心技术开发，利用我国能源供需多元、应用场景丰富的优势，不断巩固和发展新能源领域技术优势、产业优势。对于传统行业，不能以简单去产能作为减碳的主要方式，而是要协同推进经济结构调整、资源减量化利用、能源结构调整和提高能源效率，稳步推动零碳燃料的替代、生产装备和工艺流程的绿色低碳改造、原材料和产品的高效循环利用等，实现绿色低碳转型。

保障人民群众正常生活。绿色转型会给人民群众带来切实的好处，但也需要关注转型在一定时期对部分地区、行业和人群造成额外的负担，需要通过机制建设予以解决。比如，构建新型电力系统需要增加对储电设施、电网改造等方面的投资，相应的成本需要通过电价等方式消化，对受到电价影响的低收入群体要给予必要的保障。传统化石能源资源丰富地区受绿色低碳转型影响较大、较直接，需要采取多种措施，支持地方经济社会发展全面绿色转型，发挥绿色转型对创造就业、助力乡村全面振兴的积极作用，保障社会安全有序运行。

（高世楫　韩雪　《人民日报》2024 年 04 月 19 日第 09 版）

加快产业结构优化升级
促进新旧动能接续转换

习近平总书记深刻指出："高质量发展是全面建设社会主义现代化国家的首要任务。"推动高质量发展是遵循经济发展规律、保持经济持续健康发展的必然要求，是适应我国社会主要矛盾变化、解决发展不平衡不充分问题的必然要求。在强国建设、民族复兴的新征程上，我们要坚持以推动高质量发展为主题，坚定不移推动高质量发展。

加快产业结构优化升级，促进新旧动能接续转换，是高质量发展题中之义。党的十八大以来，在以习近平同志为核心的党中央坚强领导下，我国经济高质量发展取得历史性成就。产业转型升级步伐加快，工业化和信息化、先进制造业和现代服务业融合发展进程加速。主要工业省份经济结构不断优化，动能转换取得显著成果。

当前经济运行面临新的困难挑战，经济恢复是一个波浪式发展、曲折式前进的过程。产业结构优化升级、新旧动能接续转换，关键在于优化与转换，难点在于升级与接续。当此之际，我们要完整、准确、全面贯彻新发展理念，加快构建新发展格局，全力推动高质量发展，推动中国式现代化建设迈出新步伐、取得新成就。

做好传统产业升级改造。眼下，经济结构正转向调整存量、做优增量并举的深度调整。要加强传统产业技术革新和设备更新，提升价值创造能力，进而提升我国传统产业在全球产业分工中的地位和竞争力。同时，加速推进传统产业集群式发展，推动制造业高端化、智能化、绿色化发展，促进现代服务业同先进制造业、现代农业深度融合。

坚持创新驱动引领。在外部环境不确定性加大、世界经济和贸易增长动能减弱之时，我们更加需要深入实施创新驱动发展战略，加快完善科技创新体系，紧紧依靠创新提升实体经济发展水平，不断培育壮大发展新动能，以科技创新激发动力活力，有效应对外部打压遏制。

充分发挥市场在资源配置中的决定性作用，更好发挥政府作用。当今世界，最稀缺的资源是市场。我们要加快构建全国统一大市场，深化要素市场化改革，建设高标准市场体系。更好发挥政府作用，遵循市场发展规律，营造市场化、法治化、国际化一流营商环境。提升金融监管能力和水平，依法加强对资本的有效监管，依法规范和引导资本健康发展。

着力推进高水平对外开放。中国越发展越开放，越开放越发展。我们要稳步扩大规则、规制、管理、标准等制度型开放。合理缩减外资准入负面清单，引导外资更多投向先进制造业、现代服务业、高新技术、节能环保等领域和中西部、东北地区，推动外资标志性项目落地、建设和达产。

坚持全面深化改革。2023 年 3 月，《党和国家机构改革方案》发布，重新组建科学技术部，组建国家金融监督管理总局、国家数据局……方案站在更高层次上聚焦发展重要领域，充分彰显了党中央坚定不移全面深化改革的坚强意志。尽管目前产业结构优化升级、新旧动能接续转换还面临一些堵点，但只要把全面深化改革作为推进中国式现代化的根本动力，就能应对各种风险挑战，不断开拓发展新局面。

展望新征程，我国高质量发展具有良好支撑基础和许多有利条件。只要深入学习贯彻习近平新时代中国特色社会主义思想和党的二十大精神，进一步激发踔厉奋发、迎难而上的精气神，必将有力推动我国经济爬坡过坎、行稳致远。

（郇金梁 《人民日报》2023 年 09 月 01 日第 10 版）

如何开创高质量发展新局面

实践篇

河南建好高标准农田
打牢农业高质量发展"地基"

位于河南省镇平县的想念食品有限公司面粉加工车间里，生产线昼夜轰鸣。经过 30 多道工序后，加工出的面粉雪白细腻。以这些面粉为原料生产的"想念"牌面条、馒头、挂面等食品，远销海内外，年产值达 23.8 亿元。

"作为'农业产业化国家重点龙头企业'，我们立足镇平县，建起了包含小麦种植、收购、储存、加工、销售各个环节的粮食加工产业链。"想念食品总经理常旭东说，"持续推进高标准农田建设，给了我们食品加工企业持续发展的底气。"

好麦磨好面，需要好地长好粮。镇平县耕地面积超过 104 万亩，目前已建成高标准农田 58 万多亩，还有 20 万亩在规划建设当中。

乘车穿行于镇平县 50 万亩全国绿色食品原料标准化生产基地，平坦的土地尽皆披绿，一拃多高的小麦苗长势喜人。自走式喷灌机、固定式喷灌机忙着喷洒。

"高标准农田建设，增强了我们抵御异常天气的能力。这个冬天降水偏少，我们加大了浇灌力度，将有力保障夏粮优质、稳产。"镇平县副县长黄玉说，镇平县同步推进高标准农田和绿色食品原料标准化生产基地建设，实行统一供种、播种、药肥供应、技术指导、收获、销售，并衍生发展出粮食收储、深加工等粮食产业全链条。"农户愿意种粮，企业敢于投资，粮食产业得到大发展，根本原因是打牢了高标准农田的'地基'。"黄玉说。

截至目前，按照"田成方、林成网、路相通、渠相连、旱能灌、涝能排"标准，河南省已建成高标准农田 9061 万亩，连续 8 年粮食总产量稳定在 1300 亿斤以上。

在河南温县黄庄镇的高标准农田提升工程现场，水文墒情监测站正在安装。机井、自走式喷灌机、监控探头等正测试联网，全部建成后，土壤和作物信息将通过物联网实时传送、处理。

"在现有高标准农田建设基础上，我们力争到 2025 年底'更进一步'，完成对 1500 万亩高标准农田的提档升级，为全省粮食年产能跨上 1400 亿斤台阶提供坚实支撑。"河南省农业农村厅农田建设处处长徐高立说。

建好高标准农田，如何管好、用好？

"巡查距离 2 公里，巡查耕地 400 亩，干得漂亮！"村级"田长"、邓州市桑庄镇桑庄村党支部书记李学亮在"河南一网两长制"APP 的提示音中结束了一天的耕地巡查工作。

"这个 APP 用上了北斗导航，能精确规划巡查路线。一旦发现乱挖、私占耕地等违法行为，或者高标准农田设施失修、损坏，我就通过它拍照上传，相关部门会第一时间派人处理。"李学亮告诉笔者。

邓州市按照"属地管理、分级责任、全面覆盖、职责到人"的原则，设置市、乡(镇)、村三级"田长"663 人、网格员 623 人，让每块耕地都有人管护。

"对耕地保护，我们全面压实各级干部的责任。"邓州市委书记邓俊峰表示。

高标准农田设施中，农田机井和配套供电设施由于使用频繁且不固定，并且裸露在外，比较容易损坏。长期以来，由于牵涉农业农村、水利、电力等多个部门，农田机井和配套供电设施的管护面临一定问题。

河南省政府 2020 年 3 月出台实施方案，明确全省高标准农田供电设施高压部分由国家电网投资、管理，低压部分和机井由当地政府建成后，交由村委会、农民用水合作组织管护。责任厘清，管护主体明确，农田机井和配套供电设施的管护有专人负责，使用效率大大提升。

明确了管护主体，还要创新管护机制。漯河市召陵区探索对高标准农田实施网格化管理，建立"一长三员"管护机制——村干部担任网格长，老党员担任监督员，有技术、责任心强的村民担任管护员，农业专家、维修专家担任技术服务员。

　　"党的二十届三中全会《决定》提出，完善高标准农田建设、验收、管护机制。我们要全面发力，确保高标准农田建好、管好、用好，为扛稳粮食安全重任，促进农业高质量发展打牢'地基'。"河南省委农办主任，省农业农村厅党组书记、厅长孙巍峰说。

　　　　　　　（毕京津　《人民日报》2025 年 01 月 17 日第 04 版）

累计培育农创客八万余人
浙江谱写乡村人才振兴"协奏曲"

冬日和煦，在浙江舟山普陀区展茅街道黄杨尖村路下徐自然村，"兔子集市"飘出阵阵焦米香。炒米的土灶，泡茶的陶壶，农村常见的竹椅……样样皆透出海岛风情。

夏子喻是土生土长的海岛人，2022年返乡创业，开起"兔子集市"，专门挖掘、包装、销售舟山的"宝藏"农特产品。"观音米是舟山的特产，我们借鉴云南炒米的做法，用土灶铁锅炒香做茶。"夏子喻一边麻利翻炒一边介绍，吸引了不少游客。目前，夏子喻的团队有21人，主要进行农特产品的商品化和品牌开发，并助力200名乡村特产带头人成为助农主播。2023年，夏子喻获得了第二届"全国乡村振兴青年先锋"称号。

在浙江，数万名农创客入乡进村创业，成为推动乡村全面振兴的重要力量。2015年，浙江提出"农创客"的概念，招募乡村青年人才，条件是年龄45周岁以下、有大专及以上学历、在农业农村领域扎根创业勇于创新。

绍兴市上虞区太平山村历史悠久。2022年，在上海创业的上虞人陈列丰第一次到村里时，发现古村风景优美，但没有农家乐和民宿。他查阅古籍，发现这个村自古盛产黄精，于是就跟太平山村签约合作，成了这里的农创客。村里以闲置山林资源入股，占比60%，发展黄精加工产业。与人工培育不同，太平山黄精采取"人种天养"方式，村民将黄精种子撒落高山林间，不用农药化肥，野外自然生长。黄精种子在全村1000余亩山林中播下后，目前已有45万余株。

"我们不追求一时的'网红'。每年播种几百亩黄精，等村里的高品质黄精长成，年年轮采，将是村里的长期财富。"陈列丰信心满满。在黄精产业带动下，参观、旅游者越来越多，村里也有了民宿、茶铺、餐饮业态。

"农创客入驻，让小村变得'热气腾腾'。"浙江宁波宁海县大佳何镇党委书记陈威说。2023 年，镇里将团联村南阳自然村废旧老宅重修利用，挖掘本地民俗、人文特色，打造乡村创客孵化平台"南阳福园"，引来咖啡、茶叙、餐饮、研学等业态的 12 家机构入驻。2024 年 2 月份开园以来，前来参观学习的团队超 100 批次，游客超 5 万人次，营收近 150 万元。

"有政府重视和扶持，我们现在不仅有了竹编工坊，还跟学校合作推动非遗进校园，在机场、五星级酒店有了陈设点，订单纷至沓来。"宁波市鄞州区湾底村西江古村的老街非遗馆内，竹编非遗传承人、90 后叶商杰十指翻飞，细如棉线的竹丝很快成为一只精巧的竹铃铛。

为推进农创客振兴计划，浙江实施"十万农创客培育工程"，在资金、用地、技术等多方面予以扶持。2024 年，浙江启动建设 100 个现代化农创园、500 个农创客共富基地，为农创客提供项目孵化、技能提升等一站式服务，推行"专家 + 创客团队 + 农户"组团创业机制。

农创客和乡村双向奔赴，越来越多的村落成为游客们的"诗和远方"。

浙江台州临海市城区往南 7 公里，一条香年溪连起了康平、垟路、宿仙、汇丰、香年、小溪 6 个建制村。沿溪漫步，古树映水，石桥典雅，景色宜人。几年前，这里还随处可见坍塌的老屋、废弃的院落。2022 年，"江南·溪望谷"乡村共富示范工程启动，推出村集体以"租金保底 + 股份分红 + 共富基金"增收、村民以"股金 + 租金 + 薪金"获利的乡村共富新路径。如今，路边有集市、茶铺、咖啡屋，还有设计新颖的乡村创意空间。

"乡村创意空间不仅展示了古村文化，也为年轻设计师们提供了创造平台。"南京大学创意产业研究中心常务副主任王祥是这里的农创客，他说："来自 23 所艺术高校的青年设计师常年驻村创作，产品常常可见乡村给予的灵感。"目前，"江南·溪望谷"已累计吸引游客 60 余万人次，新增就业岗位 1450 余个。

浙江提出，到 2025 年，累计培育农创客 10 万名，辐射带动 100 万名农民实现增收。

乡村全面振兴，人才是关键。浙江谱写乡村人才振兴"协奏曲"，目前全省已累计培育"浙农英才"300名、乡村产业振兴"头雁"4600人、农创客8.1万人、现代化"新农人"27.5万人，为乡村全面振兴打造厚实有力、活力迸发的乡村人才矩阵。

（顾春　刘军国　邓剑洋　《人民日报》2024年12月31日第04版）

浙江乡村旅游的"出圈"密码
农文旅深度融合助力共同富裕

溪流清澈，潺潺穿村而过，古色古香的村落镶嵌在绿意葱茏的青山之间。走进浙江省金华市虞宅乡新光村，绿水、青山、古村、古桥相映成趣，游人漫步其间，诗意江南的画卷在此铺展。

"'千万工程'让新光村发生了翻天覆地的变化。"虞宅乡党委书记毛悦说，"过去，村民从事水晶加工，污染大，'千万工程'部署实施后，村里的水晶加工点集中搬迁到产业园，村里探索'古村落＋创客＋农文旅'的发展模式，村民吃上了'文旅饭'。"

2023 年，新光村接待游客数量达 100 万人次，旅游营业额达 2650 万元，村集体经济收入达 117.3 万元。

行走在之江大地，一个个自然景观、人文风貌迥异的乡村，展现着乡村旅游的生机活力。湖州市安吉县余村村、杭州市淳安县下姜村、丽水市龙泉市溪头村入选联合国旅游组织"最佳旅游乡村"。

小村庄引来"大流量"，浙江乡村旅游为何越来越火、频频"出圈"？

乡土文化是金字招牌。

高空狮子争抢绣球，威风锣鼓粗犷豪放，杭州市桐庐县江南镇深澳村文化礼堂前，表演民俗技艺的村民为游客们带来了一场视听盛宴。

"精彩纷呈的民俗文化成为深澳村吸引游客的秘诀。"江南镇镇长戴亚锋说，"我们加强对深澳灯彩、深澳木杆秤等非遗的保护传承，招引和培育多名非遗传承人和手工艺人，打造百匠艺术村落。"

粉墙黛瓦的民居、多姿多彩的非遗、独具特色的小吃……乡土乡音、乡容乡貌在深澳村变得可感可知。"乡土文化散发出独一无二的吸引力，能引起大家的共鸣与共情。"戴亚锋说，"我们将继续深耕本土文化，以'绣花功夫'发展乡村旅游，让乡土文化之美滋养更多人。"

如何更好传承乡土文化？浙江有了新探索。2024年开始，浙江选派省、市、县（市、区）三级1500多名文化特派员深入农村，激发乡土文化活力，培养乡土文化人才，赋能乡村全面振兴。

产业振兴是重中之重。

衢江江畔，钟灵毓秀，漫步衢州市衢江区高家镇盈川村，长亭古渡、主题风情街、精品民宿、特色咖啡馆错落其间，游客熙熙攘攘，好不热闹。

"通过连片流转、统一经营，村里的闲置农房改造为精品民宿，成为强村富民的'优质资产'。"盈川村党支部书记占小林说。盈川村积极探索整村经营，通过经济合作社、运营商、农户等多种主体共同经营，推进农文旅融合发展，绘就了一幅"宾客闹盈盈、群众喜盈盈、口袋满盈盈"的生动画卷。

在高家镇未来农业示范园，设施农业、无土栽培、轮作换茬等农业生产技术落地生根，大棚内小番茄、辣椒、无花果等蔬果长势旺盛。"我们积极引进'寿光模式'，发展智慧农业，推动管理更高效，产出更多优质农产品。"高家镇镇长邱志飞说，"这里还集聚了休闲观光、农耕教育等，带动乡村旅游发展。"

乡村产业提质增效，推动共同富裕。浙江省1.15万家景区村中，旅游对农民收入的贡献率达20%，其中对3A级旅游景区村农民收入的贡献率达30%。

乡村全面振兴，关键在人。

层叠秀丽的云和梯田位于丽水市云和县崇头镇。"随着云和梯田游客量的增加，镇里的梅源村吸引了不少人才返乡入乡、创业就业，这些乡村人才有力推动了村子的发展。"崇头镇党委书记孔祥丰说。

人才带来新气象。"我是十几年前回村的，当时村里还在发展食用菌种植业，粗放的生产模式带来了环境问题，种植收益也上不去，产业转型迫在眉睫。"梅源村村委会副主任叶国平说。曾在外经商的叶国平返乡后，带领村民打造美丽乡村，协助村子引进新业态，积极发展乡村旅游。

陶艺工坊、乡村茶馆、特色民宿……近年来，梅源村吸引乡村人才20多名，为梅源村焕发活力夯实了人才基础。"乡村文旅产业有效带动村民增收致富。如今，梅源村共有民宿 40 多家。2024 年以来，村内民宿、农家乐总计收入 800 多万元。"叶国平说。

青年人才返乡入乡，注入乡村发展新动能。浙江培育的农创客中，90 后、00 后超半数，推动乡村全面振兴步伐不断加快。

（邓剑洋　刘军国　顾春　《人民日报》2024 年 12 月 30 日第 02 版）

浙江全力发掘地方特色农产品资源
锻造产业链条　完善共富机制

放眼看去，绿色的胡柚林一望无际，胡柚果颗颗金黄，空气里都是淡淡的清香。

浙江衢州市常山县，过去被视为山间野果的小小胡柚，如今成为当地的"共富金果"。常山县充分挖掘胡柚价值，走出一条全产业链、全价值链、全创新链融合发展之路。

"胡柚全身都是宝！"浙江艾佳果蔬开发有限责任公司董事长钦韩芬说，企业不断研发新品，引进先进设备和工艺，进一步提升了胡柚的深加工水平。

在常山，当地企业先后开发了胡柚膏、双柚汁、胡柚青果茶、衢枳壳冻干片、精油面膜等 96 款精深加工产品，深加工率达到 45% 以上，加工产值达到36 亿元。

"深加工产品的推出，提升了胡柚销售价格。"常山胡柚种植大户樊利卿说，"以前收购价每斤 5 到 6 角钱，现在每斤可以卖到 3 元钱。"

在浙江，"一只果"撬动富民"大产业"不是个例。丽水市云和县深挖雪梨价值，延长产业链，增加附加值。目前，当地已经研发雪梨果汁、果饮、果啤、果酒、果茶以及方便代餐食品等 10 余款产品，带动上千人就业，增加产业附加值 2000 余万元。

浙江各地通过补链强链延链，助力乡村特色产业发展壮大。

天气转冷，湖州市长兴县吕山乡的湖羊美食文化街迎来众多食客。

"最近的客人越来越多了，今天又有 4 桌订了烤全羊。"吕品鲜饭店负责人吕发良说。

吕山乡基本形成从种羊培育、湖羊养殖、深加工到湖羊美食、研学体验的湖羊全产业链。2023 年，吕山乡湖羊产业上下游产值达 5.2 亿元。湖羊产业的发展不仅带动当地经济增长，也为村民增收致富提供了新途径。

丽水市景宁畲族自治县澄照乡金坵村，村民采用古老的"九蒸九晒"工艺，清洗、分拣、蒸晒黄精……当地长期处于"沉睡"状态的黄精资源被重新发掘，迎来了新发展。该村将黄精产业作为推动乡村全面振兴的重要突破口，有 100 多户农户从事黄精种植。

党的二十届三中全会《决定》提出"培育乡村新产业新业态"。因地制宜发展新产业，让村民富起来。

衢州市柯城区石室乡，经过 10 余年的发展，衢州鲟龙水产食品科技开发有限公司的鲟鱼养殖基地已成为世界重要鱼子酱产地，年产量超过 200 吨，约占全球市场供应总量的 1/3。

2023 年，通过"公司＋基地＋标准化"模式，鲟鱼全产业链带动当地约 1500 人从事养殖、餐饮、旅游等相关产业，为村民带来 5000 余万元收入。

在金华市义乌市，义亭镇陇头朱村整合资源，建设近 600 亩的"稻虾轮作"田。当地注册"虾满陇"小龙虾商标品牌，将稻虾种养与餐饮、休闲垂钓等业态融合，以稻虾产业带动二、三产业融合发展。"稻虾轮作"模式实现了村集体经济和村民收入双增长。

近年来，绍兴市柯桥区平水镇引进了专业从事菊花生产加工出口的农业龙头企业——浙江海丰生物科技股份有限公司。通过与企业合作，当地村民可以获得种子、技术、设备等方面的支持，并由企业回购花卉。"海丰花卉"共富工坊以平水千亩菊园为中心，辐射周边 4 个村庄，带动村集体经济、村民增收超 800 万元，吸纳农村劳动力就业 1000 余人。

"优品""强链""联农"，浙江全力发掘地方特色农产品资源，提升"特"的优势，锻造"产"的链条，完善"富"的机制，助力"村村产业有特色、户户创业有奔头、人人就业有门路"。浙江已培育省级名优产品 300 个，建成 10 亿元以上地方特色农产品全产业链 106 条、产值 2780 亿元，全省地方特色农产品从业规模 463 万人、平均收入 4.93 万元。

（刘军国　邓剑洋　顾春　《人民日报》2024 年 12 月 29 日第 03 版）

湖南把中国特色农业现代化之路走稳走扎实

农业根基稳，发展底气足。2024年3月，习近平总书记在湖南考察时强调："要建设好高标准农田，推行适度规模经营，加强政策支持和示范引领，加大良种、良机、良法推广力度，在精耕细作上下功夫，进一步把粮食单产和品质提上去，让种粮也能够致富，进而吸引更多农户参与发展现代化大农业，真正把中国特色农业现代化之路走稳走扎实。"

深入贯彻落实习近平总书记重要讲话精神，湖南坚持农业农村优先发展，大力开展农业科技创新，保障粮食安全扎实有力，因地制宜培育壮大优势特色产业，农业农村发展迈出坚实步伐。

加大良种、良机、良法推广力度，粮食安全基础更牢

冬日的洞庭湖平原，孕育了两季高产水稻的田地，陆续进入了冬歇。

"闲不得！正忙着给我家流转的土地'做手术'哩！"常德市鼎城区谢家铺镇港中坪村村民戴宏说。2024年冬天，谢家铺镇利用农闲启动了新一轮高标准农田建设。

"过去的地块小，机器施展不开。"戴宏扳着指头算，现在不仅升级了机耕道和排灌设施，将来还要装土壤墒情监测仪等现代化农业设备，"种地更方便，成本还更低。"

粮食，一头连着百姓民生，一头连着国家安全。湖南在扛稳国家粮食安全方面担当重任——以占全国2.8%的耕地生产了占全国4.4%的粮食，水稻面积和产量均居全国第一。

数字背后，是湖南探索"中国人的饭碗应该主要装中国粮"的生动实践：建设好高标准农田、推行适度规模经营，以政策支持和示范引领，良种普遍推

广、良机顺利落地、良法可用易用，粮食生产从传统农业不断向现代化大农业发展。

"良种"是基础。"种田之前先定种，收割之前就有订单。"戴宏说，"专家建议的水稻品种组合就是好，2024年种了480亩双季稻，早晚两季都丰收。"戴宏心里美滋滋。

优良品种哪里来？常德市鼎城区国家现代农业产业园，拥有一个容纳7000多份水稻种质资源的宝库，为水稻育种提供改造材料。在省农业农村厅支持下，园区还统筹推进水稻品种选育，种子繁育生产、推广，建立起了耕、种、收、售"一条龙"的粮食供销全产业链。

既是农业大省也是种业大省的湖南，拥有以中国种业龙头企业隆平高科为代表的种业企业400余家，商业化育种规模和水平居全国前列。湖南杂交水稻、辣椒、畜禽供种量分别占全国的1/3、1/4、1/10以上。

"良机"更好用。就算在冬天，大棚秧盘里的秧苗照样长势好，在益阳市资阳区的南方智能育秧（苗）中心，从供盘、供种到覆土、码垛，全程实现机械化，只需数名工人，就能满足500亩稻田的秧盘需求。

"中联"收割机、抛秧机畅销海内外；全国每3台履带拖拉机，就有2台来自郴州农夫机电；"小农机之乡"娄底市双峰县2024年农机产值和出口均实现两位数增长……湖南发挥本省工程机械国家先进制造业集群优势，支持相关企业开展技术攻关及研发创新。数据显示，湖南农机装备产业产值占全国的10%，湖南水稻综合机械化率达83.89%。

"良法"来引路。"他是走南闯北的种粮'老把式'，'益农服务社'能搞好。"在沅江市共华镇福安村，返乡的种粮能手曾光明，被乡亲们这样称赞。

挂念着老家的地，曾光明和几名种田能手回来成立了"益农服务社"，当起片区"种田经理"。这些种粮"老把式"观念新得很，绿色防控、精准施药、测土施肥，连无人机也玩得溜溜转。

目前，湖南已培育8.1万个社会化服务组织，承担了全省六成以上粮食生产任务。

"良种＋良机＋良法"配套，粮食安全基础更牢。湖南省农业部门的数据显示，截至 2023 年底，湖南建成 4250 万亩高标准农田，亩均粮食综合生产能力提高 100 公斤左右，亩节本增产增效超 200 元。

积极发展特色农业，产业化水平更高

"看，甲鱼捞上来喽！只只都有 5 斤多，裙边厚实，是放养的甲鱼，经济价值可高了。"在汉寿县的甲鱼园，县畜牧水产事务中心渔业部部长王文波打量着新捞上来的甲鱼，说话间尽是满意。

汉寿甲鱼声名远扬，近年来，汉寿大力发展特色农业，逐步形成从孵化、养殖到加工、营销的全链条，打造出 10 余个品牌。

农特产品致富一方百姓。湖南各地因地制宜，推动特色农业蓬勃发展，提升农业产业化水平。

产业链更长。中小农户不再自产自销，产业化将他们纳入标准化生产体系，并在龙头企业带动下与市场对接。

在石门县，一只土鸡进了湖南湘佳牧业股份有限公司的食品产业园，要经过精细分割、清洗、包装等 108 道工序，才能被加工成生鲜产品。往前看，这些肉鸡来自与湘佳合作的 5000 多户养殖户，实行分散养殖、统一回收。往后看，老乡们养的土鸡变成了鲜嫩火锅鸡、藤椒鸡里脊、冷鲜老母鸡……通过冷链运输，精深加工的农产品走向 3000 多家超市。

产业链更强。科技赋能，让更多乡村产业"脱胎换骨"，生产效率、产品品质、市场竞争力大幅提高。

湘阴县樟树港辣椒阳雀湖种植基地的大棚内，辣椒树上硕果盈枝。已经过了秋季上市时间，为何仍有新鲜辣椒？"我们请了专家来指导，突破了秋延辣椒的种植技术，延长了上市期。"湖南省阳雀湖农业开发有限公司董事长曾立宇揭开了谜底。

国家地理标志产品樟树港辣椒，好吃但是量少价高。怎么办？科技来赋能。当地从 100 多个辣椒品种中选育出一款可四季种植的辣椒，还开展"太空育种"实验，推动这一品种种植规模扩大、产量效益提升、特色品牌创建。

价值链提升。从"小特色"到"大产业"，一个个乡村特色产业快速发展，农民致富有了"金钥匙"。

在桃江县，不仅竹笋可以吃，竹子还能做家具、竹材能盖楼……当地深度挖掘竹子"潜能"，钻研新材料、发展农文旅。目前，全县已拥有竹业企业 248 家，包含 17 大类 400 多个品种产品，基本实现了全竹利用，竹产业年综合产值达 265 亿元。

促成产业带，创造新价值。如今在湖南，已累计创建 9 个国家级农业产业集群、12 个国家级现代农业产业园、80 个国家级农业产业强镇，"湘"字号农产品影响力、竞争力和美誉度进一步增强。

把乡村全面振兴的美好蓝图变为现实

"2024 年，我的 40 亩油茶大丰收，每亩采收油茶果 2000 多斤，好日子就在眼前。"衡南县云集街道普贤村的山坡上，白色的油茶花开得正好，映衬着村民盛林军的笑脸。

想当初，让盛林军下决心回乡创业的，是当地推出的惠民政策：当时，衡南县投资 2000 万元新建起现代化优质油茶苗木生产基地，引导村民种油茶；鼓励村里与企业达成合作，解决油茶果销售难的问题。

乡村全面振兴的美好前景，让更多"新农人"有了好奔头。

种粮食、油茶、辣椒……种地也能致富，农业大有可为，乡亲们过上更幸福更美好的生活。

碾磨、去壳、抛光……双峰县鑫农农机服务农民专业合作社的大米加工车间里一派繁忙，一袋袋"荷叶生态米"打包好即将发往外地。

"一天加工 30 多吨，人停机不停。"合作社负责人贺俊青忙得脚不沾地。回乡种田 10 余年，她的合作社越办越大。

"让农民省心省力，种粮致富就有更大可能。"贺俊青说。

强化基础设施建设，打造公共服务平台。软硬件同步提升，构建乡村发展坚实基础。

道路是短板，普贤村就想方设法来解决。"哪怕是深山里的林子，村里也筹措资金做机耕道维护。"盛林军说。而更让他动心的，是村集体统一将村民们闲置的山地流转过来,再公开转租给有意愿发展产业的种植大户,破解土地零散分割的痛点。

盛林军一口气将油茶林从40余亩扩展到200余亩。不止盛林军一个,也不止油茶一项,普贤村1.2万余亩土地上,已形成油茶种植区、药材种植区、蔬菜种植区、科普研学区等11个功能区。

富了"口袋"富"脑袋",点亮乡村之美。乡村全面振兴,既要塑形,也要铸魂,通过培育优秀乡村文化,孕育好风尚。

在安化县沙田溪村,家家户户都挂着木刻楹联,很多都是村民自己的手笔。

"我们的村民拿起锄头能下地,来到案前能挥毫,以墨香书写乡村之美。"沙田溪村党支部书记黄勇华说。

沙田溪村是清末书法家黄自元故里,2021年,湖南省委宣传部的帮扶工作队入驻,以文化赋能,推进乡村全面振兴:建立书法研究展示中心、文学创作采风基地,打造书法艺术陈列馆,开展书法动漫研学活动……让沙田溪村成为远近闻名的"书法村"。

农业增效益、农民增收入、农村增活力,行走湖南,从田野到餐桌,处处可见高质量发展的累累硕果。

"湖南省委和省政府深入贯彻落实习近平总书记在湖南考察时的重要讲话精神,大力开展农业科技创新,持续打造种业创新和智能农机产业链发展创新高地,加速推动湖南从传统农业向现代农业转型发展。"湖南省委主要负责同志表示。

(齐强　颜珂　叶晓楠　孙超　申智林　叶子
《人民日报》2024年12月25日第01版)

湖南大力推进农业机械化、智能化
一"大"一"小"看农机

好一个大家伙！湖南长沙中联智慧产业城的农机展示区，一台近4米高的机器，它的12行浮动割台如同一排巨爪，倾斜前探。

"每秒喂入量22公斤，1小时可作业60至110亩地，通过北斗卫星定位，自动化作业精度达到厘米级，可收割玉米、大豆、小麦等20余种作物。"站在几乎比人还高的车轮前，中联农机联席总经理郭岗说，"这是国内最大喂入量的谷物联合收获机！"

有大就有小，距长沙100多公里，娄底市双峰县的湖南省农友机械集团有限公司里，一个精致的方盒子装置，正不断"咽下"金灿灿的稻谷，"吐出"白花花的大米。

这台微型鲜米机，将电机、碾磨装置、米糠加工装置等高度集成到微波炉大小的空间里，能满足小城镇家庭采买稻谷实现"新鲜大米自由"的需求。"上市一个多月，已销售4000多台。"农友机械董事长刘若桥说。

2024年3月，习近平总书记在湖南考察时指出："湖南要扛起维护国家粮食安全的重任，抓住种子和耕地两个要害，加快种业、农机关键核心技术攻关。"

牢记习近平总书记嘱托，湖南把发展农业科技放在更加突出的位置，大力推进农业机械化、智能化。围绕耕种收等前端生产全流程、精深加工等后端生产各环节，湖南大处着眼，小处着力，推进农机发展。大到标志行业最高水平的首台套装备，小到适用于千家万户的小型化产品，均成为科技赋能农业现代化的生动缩影。

泥块翻飞，田野吐新，双峰县鑫农农机服务农民专业合作社的农机手，正驾驶旋耕机，为冬种做准备。田块不大，形状也算不上规整，本地新出产的轻型旋耕机，转向灵活，十几分钟，一小丘田就耕完。

湖南的耕地广泛分布于湖区平原、山地丘陵，复杂的作业环境和生产场景，对多样化的农机种类，特别是适用于丘陵山区的农用机械，有着很强需求。

面向大市场，布局大产业，开展大攻关。支持建设湖南智能农机创新研发中心，布局以常德高新区、娄底双峰县、郴州苏仙区为基地，水稻生产全程机械化核心区、丘陵山区设施农业区、数字农业区为示范区的"一中心三基地三示范区"体系，湖南加快推进农机高地建设。

从有机可用，到有好机用，需要攻克一系列技术难题。2023 年，"丘陵山地适用高效智能农机装备研发"项目被列入湖南省年度十大技术攻关项目清单。整合高校、科研院所和农机企业科研资源，集中优势资源解决共性难题。

变速箱是农用拖拉机、旋耕机、收获机等燃油农机装备的关键部件。前不久，湖南大学机械与运载工程学院教授戴宏亮团队与包括农夫机电、农友机械、中联农机等在内的湖南众多农机企业合作，研制的多行星耦合体系无级液压变速箱发布，陆续进入各企业中试。

政策有活力，企业有定力，发展有底气。

农友机械的烘干设备生产车间里，一条投入 5000 多万元的智能化产线，已进入最后调试阶段。

"市场反馈好，产能遭遇瓶颈，订单推着我们投入。"刘若桥说，中国农业银行湖南省分行 2024 年落实农机销售贷款，授信 6000 万元，助力企业放手往前闯。

"2014 年，我办合作社时，买的农机还都是进口产品，这几年更新换代，100 多台机械几乎全变成了小巧、精致、好用的本地机械。"鑫农农机服务农民专业合作社的机库旁，负责人贺俊青感慨。

农机创新带动产业蓬勃发展，数据显示，截至目前，湖南省已有规模以上农机企业 152 家，2023 年农机装备产业营收 280 亿元。2023 年，全省水稻综合机械化率已达 83.89%。

（叶晓楠　申智林　孙超　《人民日报》2024 年 12 月 18 日第 02 版）

湖南依托特色资源延伸价值链条
一村一品产业兴

柑橘采摘虽已结束，湖南常德石门县的种植户熊哲伟却没闲着，把落果、坏果收集装筐，做着清园工作。

此时，鲜果已在当地农业产业化龙头企业湘佳橘友农业有限公司的智能分选工厂里，经历着"奇妙之旅"。

这是一片"橙色海洋"，橘香萦绕。流水线上，柑橘被清洗、除尘、称重，高清照相机快速识别它们的形状、颜色和瑕疵等，红外光谱技术检测出糖分、酸度和果肉健康度。就这样，不同大小、口味、品质的柑橘被精准分类。

厂房的一头，新鲜柑橘源源不断送入；另一头，包装精美的柑橘产品即将发往全国各地。扫一扫包装上的二维码，原产地、品种、采摘时间等信息一目了然。

从枝头到餐桌，离不开规模化种植、产业化发展。

以前，果品质量参差不齐，路边售卖是常态。近年来，石门县建成一批标准化种植基地、培育10多家龙头企业、建设好产地冷藏保鲜设施。柑橘有了品牌，进了现代化加工车间，还上了电商销售平台，特色产业之路越走越宽。

"我们采用统一的物料配送、技术服务、生产标准、回收加工、品牌销售和分散种植的'五统一、一分散'模式，为种植户提供标准化种植技术服务，从源头确保柑橘品质，联合种植基地达1.17万亩。"湘佳橘友总经理陈凌娇介绍。

从2021年起成为湘佳橘友联合种植户的熊哲伟，已尝到甜头。"与企业合作后，我们获得全程技术指导。柑橘不愁销路，收购价还比市场价高些，收入逐年提升。"熊哲伟说。

石门县现有柑橘面积45万亩，全县约60%农村人口从事柑橘产业。当地举办柑橘节，带动农文旅产业融合发展。"石门柑橘"这一国家地理标志证明商标越来越有名气。

不只是石门柑橘，宁乡花猪、桃江笋竹、汉寿甲鱼、樟树港辣椒、衡南油茶……湖南各地立足特色资源、发展优势产业，多点开花。

在桃江植之源生物科技有限公司，竹子"摇身一变"成为家畜饲料。公司负责人廖建忠介绍，工厂将竹笋加工中的剩余材料，通过精深加工做成饲料辅料，变废为宝。

拥有115万亩竹林的益阳市桃江县，围绕竹子做文章，开发出家具、玩具、餐具等产品，从竹笋、竹头到竹茎、竹尾、竹屑，全竹产业成链成群。"未来，我们将致力于竹材料在新领域的应用，如碳基材料、竹缠绕管道、竹建材等。"桃江高新区党工委书记夏薇说。

竹子"长成"大产业，稻米也发展出新气象。

常德有"洞庭粮仓"的美誉，在常德市鼎城区谢家铺镇港中坪村，智慧农业示范基地项目即将开工建设。智能灌溉系统升级改造、智能物联网设备布设……数字化、智能化将贯穿大田作物种植管理全过程。

粮食不仅要种得好，还要卖得好。谢家铺镇的陈帅宇是一名90后新农人。返乡后，他和乡亲们逐步建立起集农资全程配送、农业社会化服务和水稻种植、加工、销售于一体的全链条企业。

"让种粮农民有钱赚，不仅要产量高、米质好，还要做品牌、卖好价。"陈帅宇说，2025年要扩大农业服务规模、打通上中下游、做深稻米精深加工，让更多人吃到家乡的优质大米。

在湖南，一村一品专业村有1909个。依托特色优势产业，全省已创建国家产业集群9个、国家现代农业产业园12个、国家农业产业强镇80个。

一村一品、一乡一业，推动乡村产业高质量发展。

（叶子　孙超　申智林　《人民日报》2024年12月16日第02版）

着力种业基础创新　加快良种推广应用
一"头"一"尾"看种业

行走湖南，由"一颗种子"催生的高质量发展故事，比比皆是。

电梯门一开，香气就涌了进来。循着香气，笔者走到湖南杂交水稻研究中心的实验室内，只见4锅米饭热气升腾。晶莹透亮的米粒入口，各有风味，唇齿留香。

"这是玉香两优1958，这是芯香两优1751……都是中心培育出来的杂交水稻新品种，米质已经能够与优质常规稻相媲美。"湖南杂交水稻研究中心副研究员、杂交水稻检测中心主任柏斌如数家珍。

柏斌介绍，随着水稻育种技术的不断突破升级，杂交水稻如今迈向更绿色、更优质。

走进宁乡市花猪产业文化园，目光立即被憨态可掬的小花猪吸引。

小花猪背后有大产业。近年来，宁乡花猪年出栏近50万头，产业链综合产值达47.25亿元。20年前，在瘦肉型商品猪的冲击下，这一地方特色品种一度濒临灭绝。"无论是保护珍贵种质资源，还是让花猪增肌减肥、适应现代消费者需求，都离不开种业创新。"多年来参与宁乡花猪保护与开发的中国工程院院士印遇龙说。

习近平总书记高度重视种源安全和种业振兴，叮嘱"用中国种子保障中国粮食安全""把当家品种牢牢攥在自己手里"。作为粮食大省、种业大省，湖南始终牢记习近平总书记殷殷嘱托，坚决扛稳粮食安全重任，把种业创新融入"三高四新"战略定位和使命任务，种业创新高地建设迈出坚实步伐。

冬日，浏阳河畔，岳麓山实验室集聚区的豆类农业小试区，豆荚饱满鼓胀，长势喜人。试验田背后，座座楼栋拔地而起。

"片区建成后，可储藏超过80万份种质资源，成为我国最重要的种质资源宝库之一。"岳麓山实验室前沿技术研究部团队首席研究员、杂交水稻全国重点实验室副主任赵炳然告诉笔者。

近年来，湖南加强重大平台共建共享，通过重大平台整合科研资源，实现创新资源共享与功能互补，共同打造种业国家战略核心科技力量。岳麓山实验室应运而生。实验室集聚超过230个团队、2000多名科研工作者。依托4个功能研究部、8个公共创新平台和15个品种创制中心，一批关键优势种业创新项目启动加速跑。

如果说种业基础研究是高高昂起的"头"，那么推动科技成果转化落地、提升种业产业化水平，就是同样关键的"尾"。湖南立足种业研发，让优质种苗从实验室加快走向田间地头，让种业科技成果转化为田间地头的新质生产力。

蔬菜大棚里，辣椒挂满枝丫。湖南省湘阴县樟树镇文谊新村村民汪敬辉忙活一早上，采摘了满满一竹筐。拿起辣椒轻咬一口，味道微辣爽口。这就是国家地理标志产品——樟树港辣椒。2023年，樟树港辣椒种植面积达1.18万亩，总产值突破5亿元。

助力好品种变成好产业，湖南农业大学的团队近年来一直在做樟树港辣椒新品种的筛选、繁育工作。文谊新村的航天育种科研培育基地里，湖南农业大学园艺学院教授刘峰正在拾掇新出的辣椒秧苗。"这是'太空旅行'辣椒种子的第三代。我们探索影响辣椒各个性状的决定性因素，对太空种子做定向筛选，不断培育采摘季更长、抗逆性更好的品种。"刘峰说。

2023年中央一号文件提出，开展吨粮田创建。近两年来，湖南汉寿、溆浦、隆回等地的一些生产示范片，粮食亩产超过1吨。

1亩地能稳定产出1吨粮食，离不开高产品种和高水平管理的示范推广。从2022年开始，湖南隆平高科联合农业主管部门和科研机构，在全国开展吨粮田创建，目前主要示范片已扩大到100多个。

"作为种业企业，我们加快传统育种与现代生物技术深度融合的同时，推动实现全生命周期、全业务流程的质量管理，促使种子品质得以快速改良、优品种得到快速推广。"隆平高科副总裁、水稻首席专家杨远柱介绍。全国农业技术推广服务中心统计的2023年杂交水稻全国推广面积前十的品种中，隆平高科旗下品种占 7 个。2023 年，隆平高科实现营业收入 92.23 亿元，综合实力位居全球种业企业前八名。

既攻坚前沿探索，又注重产业应用，湖南种业正迈向更高水平。目前，湖南拥有种子企业 400 余家，商业化育种规模和水平居全国前列：杂交水稻供种量占全国 1/3 以上；辣椒选育品种累计推广面积约 1.7 亿亩；三倍体鲫鱼优良品种已在多地推广养殖，生产优质苗种 60 亿尾……

（孙超　申智林　叶子　《人民日报》2024 年 12 月 13 日第 04 版）

安徽坚持在发展中保障和改善民生

中国式现代化，民生为大。习近平总书记多次到安徽考察调研，对民生福祉念兹在兹——

2020年8月，在位于合肥市的渡江战役纪念馆，习近平总书记强调："任何时候我们都要不忘初心、牢记使命，都不能忘了人民这个根，永远做忠诚的人民服务员。"2024年10月，在安庆桐城市六尺巷，习近平总书记指出："民生无小事，把民生的事情办好了，社会矛盾就少了，社会就和谐了。"

牢记习近平总书记殷殷嘱托，安徽坚持在发展中保障和改善民生，补齐民生短板，增进民生福祉，以高质量发展创造高品质生活，不断满足人民美好生活需要。

以科技"含新量"，激发生活新动能

2024年11月初，《中国区域创新能力评价报告2024》发布，安徽居全国第七位；珠海航展，不少大国重器、明星装备都是"安徽造"；11月13日，合肥正式发布规划，计划未来3年构建城市空中交通载人运输网络……

新能源汽车、新型显示、通用航空、生物医药、空天信息……前沿领域捷报频传，尖端成果纷纷涌现。创新，在安徽已经成为一种驱动力量、一种鲜明气质和一种生活方式。

科技为民，让生活更美好。

走进位于蚌埠市的中建材玻璃新材料研究院集团，你会改变对"玻璃"的认知。一块比A4纸还薄的玻璃，竟能做到百万次弯折不破损，如今这项技术已实现产业化，产品广泛应用在最新款折叠屏手机和汽车卷曲屏上。

国内最薄的电子信息显示玻璃、最硬的高铝盖板玻璃、最轻的空心玻璃微珠……在这个老工业基地城市，传统玻璃正被施以"科技魔法"，变身新材料，切实改善着人们的生活。

服务百姓生活，是科技创新的原动力。安徽把惠民、利民、富民、改善民生作为科技创新的重要方向，推动科技创新和产业创新深度融合，不断激发美好生活新动能。

U盘大小的高性能激光传感芯片模组，打破了国外的技术垄断，大幅降低家庭火灾报警设备成本；一种夜晚自发光植物，白天可以美化环境，清新空气，晚上则会像萤火虫一样发光，化身天然的小夜灯……"皖字号"科技创新成果，向民生领域渗透，成为发展新质生产力的重要方向。

场景丰富，让创新动力更充沛。

早高峰时段，合肥市包河大道高架桥上车水马龙，桥上各处的68个传感器，正实时搜集各项数据，传回后方的智慧监管中心。

给桥梁戴上"健康手环"，让它"开口说话"，正是合肥城市生命线安全工程的一部分。这一工程依托信息化、数字化手段，对城市燃气、供水、桥梁等设施进行实时监测，为守护城市安全运行建起一个立体化监测网络。

始于合肥的探索，城市生命线安全工程实现了"从一域探索向全国推广"，在全国60多个城市落地。而负责研发的清华大学合肥公共安全研究院，也在这一过程中实现了"从实验室到生产线"的转变，直接孵化"金娃娃"企业16家。

科技改变生活，生活催生创新。在安徽，科技进步的魅力不断释放，科技创新正在带来高品质生活。

创新生态，让人才与城市双向奔赴。

人称"千载诗人地"的池州，如今有了一张新名片——"航天城市"。走进安徽星河动力装备科技有限公司，总装车间内一枚直径3米多、全长50米的"智神星一号"火箭正待组装，2025年上半年有望实现首发。

引入链主型企业，带动上下游产业集聚，既开辟了发展赛道，也拓展了就业空间。据介绍，池州已签约落户商业航天项目4个，总投资111.2亿元，正在对接的产业链上下游企业超过20家。产业落地，无疑将提供大批高质量就业岗位，吸引大量高层次人才。

事业能留人，产业可聚才。安徽通过实施人才兴皖工程和人才安徽行系列活动，推进创业安徽行动，不断创造新技术、新产业、新业态、新模式，实现技术、人才、资本、场景良性互动，浓厚的科创氛围、创新气息，吸引越来越多年轻人奔赴而来。

一个指标很有说服力：作为曾经的劳务大省，安徽近年来人口净流入态势明显，2023 年合肥市人口增加 21.9 万。人口红利正加速转化为人才红利，为高质量发展提供坚实支撑。

以生态"含绿量"，塑造生活新空间

铜陵市狮子山独立工矿区居民安成美，2024 年 1 月份乔迁新居后，过上了舒适的生活——菜市场干净又整洁，离家步行只需 5 分钟；上下楼乘坐崭新的电梯，再也不用爬楼梯；医院、学校走着就能去……

随着资源枯竭、矿山关停，因铜而兴的城区发展活力渐失，生态问题凸显。安成美清晰记得，当初一家人住在老楼里，附近地质灾害频发、基础设施陈旧、公共服务落后。

一边修复生态、整治环境，一边新建家园、打通路网，同时引进产业吸纳就业，如今的狮子山独立工矿区重焕生机，正向一座产城融合、宜居宜业的现代化新城嬗变。

安徽山川秀美。黄山、九华山、天柱山群峰竞秀，长江、淮河、新安江川流不息，巢湖、太平湖烟波浩渺，"三山三江两湖"构成精彩的山水版图。如何让绿水青山成为群众诗意栖居的幸福空间，是推动高质量发展的一道现实考题。

狮子山之变是一个缩影。安徽近年来坚持生态优先、绿色发展，持续实施长江、淮河、江淮运河、新安江生态廊道建设工程，统筹推进皖南、皖西两大区域生态保护修复，持续推进"四廊两屏"重点工程建设，让生态屏障更牢固，让生态福祉更厚实。

"走千走万，不如淮河两岸。"一句民间俗语，道出了江淮儿女的深情。淮河穿蚌埠城而过，是蚌埠人的"母亲河"。

但曾经母亲河"病"了，给城市带来的也是"痛"。防洪排涝能力弱，常常泛滥成灾；生态环境恶化，"临河不见河、近水难亲水"。

2022年，蚌埠启动"靓淮河"工程。一方面切滩、拓槽、疏浚、清淤，让主河道由原来枯水季不足200米拓宽至500米，复现"一条大河波浪宽"盛景；另一方面重新改造利用堤坡、滩地、河岸等近水区域，骑行道路、沙滩、栈桥、亲水平台一应俱全，大河沿岸化身"城市客厅""市民公园"。

蚌埠靓淮，淮亮蚌埠。生态环境改善，带来的居住、商业、产业类收益超70亿元。更重要的是，这座百余年来因水而兴的工业之城，开启了从"跨河发展"向"拥河发展"转变的发展新阶段。

在新安江，皖浙两省探索出全国首个跨省流域生态保护补偿机制的"新安江模式"，正着手建设新安江—千岛湖生态环境共同保护合作区，"一水共护"走向"一域共富"；在长江，一体推进治污、治岸、治渔，实现"滨江不见江"到"城市生态客厅"的美丽蝶变；在巢湖，系统实施"五大工程""四源同治"，巢湖水质实现历史性好转，东方白鹳舞翩跹……

两组数据，直观展现了保护之效和发展之变——

2023年，全省PM2.5平均浓度34.8微克/立方米，比2015年下降1/3，优良天数比率提升到82.9%；长江干流安徽段、淮河干流、新安江干流总体水质均为优。

过去10年，安徽全省单位国内生产总值能耗累计下降近30%，煤炭消费占能源消费比重下降14个百分点。

保护好山好水，发展向绿而行，绿美江淮"千里画卷"徐徐展开。

以治理精细度，增强生活幸福感

保障和改善民生，离不开创新社会治理。

文化底蕴深厚、素有改革创新传统的安徽，熔铸优秀传统文化和现代法治精神，创造性推动新时代"枫桥经验"落地转化，形成了"新时代六尺巷工作法"等特色做法，有效提升了基层社会治理能力水平。

就业是民生之本，如何实现供需精准对接，考验着公共服务的精细化水平。

11月8日上午，铜陵市铜官区幸福社区的石城广场上，一场社区招聘会正在进行。家住附近的求职者，不仅可以直接与前来招聘的企业面对面沟通，还可以扫码注册小程序，通过手机就可以接收附近的工作岗位推荐。

此外，依托网格化管理，社区党员、干部随时收集岗位信息和就业意愿；通过设立在社区或商超、银行的就业驿站，进一步扩大服务覆盖面……建在居民家门口的就业体系，打通了就业服务"最后一公里"。

这就是如今在安徽普遍推广的"三公里"就业圈服务品牌，它聚焦社区就业困难人员等群体，借助信息化赋能，通过"政府主导推动、社会力量参与、线上线下结合"服务模式，提供常态化就业服务。

一项服务模式创新，同时探索求解社区劳动者就业难、小微企业招工难、基层治理难等问题，凸显着城市治理精细化的重要意义。

善于运用现代科技手段提升智能化水平，是推进服务供给精细化的重要途径。

在马鞍山市政务服务中心，马鞍山市公安局行政审批科科长谢静现场演示了如何办理"无犯罪记录证明"：点击"政民通·马上办"桌面交互终端，选择业务，"刷脸"核验，证明出具，整个过程用时约40秒。

办证明"无感"，幸福更"有感"。无证明办理，既便利了办事企业和群众，也节省了审核查验的时间、提高了工作人员的办事效率，几乎让办事窗口前排大队的现象成为历史。

数据多跑路，群众就少跑腿，其中的关键是打破数字壁垒，实现数据共享。截至目前，马鞍山共打通27个数据接口、23类电子证照接口，实现50类证明材料免提交，免提交率超90%。

科技赋能，无疑大大提高了治理效能。但要"绣"出城市的品质品牌，绣花般的细心、耐心、巧心不可或缺，永不过时。

走进合肥市的中铁臻庭小区，宽敞明亮的住宅楼、修葺一新的健身步道、随处可见的绿植让人眼前一亮。

深入了解一番，这个小区更是不一般：4栋安置楼设计了11种不同的户型，尽量满足差异化、多样化需求；老年人较多，小区就增设了许多适老化设计，比如在儿童活动区设置老年人座椅，降低窗户把手方便开关……

很难想象，这样高品质的小区，是由老旧小区改造而来。而且，小区内500多户居民实现原地回迁，交付时间还较原计划提前了6个月，有何秘诀？

居民自治起到了关键作用。拆不拆，怎么建，居民说了算。由11名居民组成的居民征迁自治小组，参与征迁、建设、安置、治理全过程。

坚持问需于民、问计于民，好事办到了群众心坎上。"还能住进这样的房子，以前哪敢想！"合肥仪表厂退休工人田宗金，住进了三居室的新房，脸上洋溢着笑容。

发展永无止境，保障和改善民生没有终点。"我们将认真学习贯彻党的二十大和二十届三中全会精神，深入贯彻落实习近平总书记考察安徽重要讲话精神，坚持以人民为中心，以促进社会公平正义、增进人民福祉为出发点和落脚点谋划推进改革，不断擦亮高质量发展的民生底色，努力创造高品质生活，奋力谱写中国式现代化安徽篇章。"安徽省委主要负责同志表示。

（吴焰　刘维涛　邹翔　徐靖　罗阳奇
《人民日报》2024年12月09日第01版）

从一家科创企业成长历程看
如何畅通从"书架"到"货架"的路

"我希望自己的研究不仅仅是为了发论文，而是能够解决产业问题。"见到安徽合肥乘翎微电子有限公司创始人程林的时候，他正带领团队进行高性能电源管理芯片的测试工作。

公司从事的是高端电源管理芯片的研发、设计和销售，所在的科大硅谷已经成为安徽创新发展的一张名片。"目前我们有几款产品处在测试阶段，具备量产条件。"程林说。

2024年10月，习近平总书记在安徽考察时指出："构建支持全面创新体制机制，统筹推进教育科技人才体制机制一体改革，完善金融支持科技创新的政策和机制，推动创新链产业链资金链人才链深度融合。"

作为中国科学技术大学微电子学院教授，程林正是得益于科技体制机制创新，才一步步走出实验室，走向市场。

此前，程林的研究工作与产业联系紧密，他也早有创业的念头，却一直没有付诸行动。

"科研人员职务科技成果产权属于学校，学校要'作价'入股，对知识产权和转化公司进行谨慎评估，审核流程比较繁琐，可能要等一到两年。"程林说，"不少前沿成果会在这个周期里失去产业化的契机。"

2022年，程林筹备成立公司，出乎意料的是，前后只用了不到两个月。

流程缩短是深化改革的结果。2020年，科技部等9部门印发《赋予科研人员职务科技成果所有权或长期使用权试点实施方案》，中科大成为试点之一。方案通过赋予科研人员职务科技成果所有权或长期使用权，促进科技成果转化应用。

"学校可以把职务科技成果的部分知识产权赋予科研人员个人或团队，我们就能直接组织团队、成立公司进行转化。此外，学校不必一开始就入股，决策风险也可控。"程林说。

改革成效显著，大量科研成果加快完成了从"书架"到"货架"的转化。2023 年底，安徽在 106 家单位全面推广"赋权+转让+约定收益"职务科技成果赋权改革。截至 2024 年 10 月底，全省已累计赋权职务科技成果 1044 项，成果估值 5.44 亿余元，成立或入股企业 85 家，企业市值 116.4 亿元。

从在实验室里做研究，到经营一家公司，转变没那么容易。要实现成果转化，还需优化服务。

2022 年，安徽印发《"科大硅谷"建设实施方案》，在合肥划出一片"试验田"，大刀阔斧进行科技体制机制改革。通过"精准滴灌"，科大硅谷为人才团队或企业提供"一站式"服务。

"在企业落户、团队搭建、企业管理、股权融资等方面，科大硅谷可以说是手把手教我这个'门外汉'。"程林说。

"我们竭尽所能给创新创业者一种归属感。"科大硅谷服务平台公司董事长吴海龙表示，"专人辅导每一位创业者、每一个科研团队，辅助他们探索成果转化、成立企业。"

"结合安徽本地的产业链，科大硅谷为我们拓展了不少应用场景和客户。目前，我们在光伏新能源、人工智能等领域，已经逐渐打开局面。"程林说。

截至 2024 年 9 月底，科大硅谷片区新入驻科技型企业 1725 家，累计集聚科技型企业和科创服务机构超 6000 家，各类创新创业人才超 6 万名，设立海内外创新中心 12 家，集聚各类基金 200 多只，总规模超 2400 亿元。

除了辅助初创团队把技术导入已有的产业链，科大硅谷服务平台公司还提供一整套的服务，包括融资、找订单、找合伙人、找技术市场等。

2024 年初，程林收到了科大硅谷引导基金的 300 万元投资。通过科大硅谷，还有多家金融机构寻求合作。"作为一家芯片企业，产品研发有一定周期，刚开始很难具备造血功能，金融扶持对我们来说无疑就是'雪中送炭'。"

科大硅谷服务平台公司投资经理赵柱说："科大硅谷引导基金注册成立以来，一直致力于'投早投小投科技'，通过'子基金+直投'双轮驱动，实现资金放大、资源增长，在汇聚创新资源、支持项目落地发展、引育留用人才等方面取得了明显成效。"

安徽已组建总规模 150 亿元的省级天使母基金群，累计设立子基金 33 只。优化科技贷款，建立总行级科创金融中心 8 家、特色机构 64 家。同时，优化融资担保，建立省市县三级联动担保机制。

"科技成果转化的道路并不平坦，但每个环节都能得到贴心的帮助和服务，我对未来充满信心。"程林说。

（徐靖 邹翔 《人民日报》2024 年 12 月 08 日第 02 版）

从安徽发展全域旅游看
好风景如何带来好效益

全长 85 公里，连接起宏村、塔川、黄山风景区等 10 处景点和 16 个特色村镇……安徽省黄山市，有一条四季多彩的自驾游长廊——醉美 218 旅游风景道。

行驶于风景道，沿途可见新能源汽车充电桩、位置宽敞的观景台、修缮一新的旅游厕所、醒目的旅游交通指示牌。"我们投入了 1.34 亿元，对醉美 218 旅游风景道进行了改造，颜值品质和服务功能都得到提升和优化。"黄山市交通运输局党组成员、副局长许钧愿说。

目前，黄山市已实施旅游风景道一期工程，对 5 条 450 公里风景道进行改造升级，未来还将对另外 5 条共 485.3 公里风景道进行改造。

用风景道串联起沿线风光，正是黄山市发展全域旅游的创新思路。"黄山市不断向外界表明：黄山是一座山，更是一座城。不只一山独秀，更是一城锦绣。"黄山市委书记凌云说。

2024 年国庆假期，黄山全域旅游人数达 812.24 万人次、同比增长 12.85%，旅游总收入 63.53 亿元、同比增长 13.27%，其中过夜游客 87.25 万人、同比增长 50%。

面对纷至沓来的游客，如何摆脱简单的门票经济，走出一条生态、经济、社会效益协同共进的发展新路？这是黄山市黟县塔川村党支部书记韩敏一直在思考的问题。

塔川秋色斑斓，美不胜收，是久负盛名的赏秋胜地。门票收入一度是塔川村的主要集体经济来源。2023 年初，塔川村却作出了一个大胆的决定——取消门票。取消的底气，来源于塔川不断丰富的旅游业态。

走进塔川风景区，红叶如火，稻田金黄，树下开了一家"塔川咖啡"。不少游客选择点一杯醇香的拿铁，再漫步于美景之中。咖啡店内，还有冰箱贴、书签等各类黄山文创产品。

见旅游火起来了，外出的年轻人想返乡创业，村里也有闲置房屋要找好项目，双方一拍即合。"既盘活了资产，每年带来 10 万元左右收入；又支持了本村年轻人，带来了人气。"韩敏说。

在塔川风景区入口，是热闹的塔川市集。摊位上售卖着黄山烧饼、五城茶干等各类当地特产，通过出租摊位，村集体每年也增收 10 万元左右。

在塔川，村集体通过旅游分红提留、村集体公房租赁、土地流转等方式，进一步引入社会资本打造了一批高端民宿。目前，塔川 412 户居民中有 68 户经营民宿、农家乐，从业人员由 90 余人发展到 200 余人，年经营性收入超 1000 万元。塔川村民人均收入由 2015 年的 14760 元增长到 2023 年的 28857 元。

滁州琅琊山风景区、黄山徽州古城、合肥包公园……在安徽，已有多家 A 级景区取消或者减免门票，倒逼景区优化旅游结构，丰富旅游消费场景和消费业态，满足游客的多样化需求。

宽阔纯净的湖面倒映着蓝天白云，驾车来此，犹如在云朵间穿行——这里是池州市平天湖景区。

"我们先后投资了 1.26 亿元，完成平天湖湿地保护和生态修复项目，改造升级平天湖湿地科普馆，对景区内的楼宇进行了修缮升级。"池州市文旅局旅游发展综合服务中心主任冯民飞说。

当地还串联起周边的湿地科普馆、齐山、动物园等景点，打造"齐山平天湖自然科技探索之旅"线路。在每年举办的池州马拉松中，平天湖 1 公里"水上天路"被嵌入马拉松赛道，每年吸引 1.5 万名跑友打卡。

2023 年底，安徽出台《大黄山世界级休闲度假康养旅游目的地建设行动方案》，提出推动包括大黄山地区（黄山、池州、安庆、宣城）传统观光旅游向现代休闲度假康养旅游升级、旅游产业向跨界融合的高端服务业延伸，打造休闲度假、创意经济、体育赛事、医疗康养、会展经济、文化服务等高端服务业集群。

2024 年上半年，大黄山地区接待国内游客 1.4 亿人次，国内旅游收入 1499.6 亿元，同比分别增长 8.4%、18.2%，分别占全省的 31.1%、32.2%。

（罗阳奇 《人民日报》2024 年 12 月 01 日第 04 版）

聚焦科技创新　拓展增长空间
安徽因地制宜发展新质生产力

一座轻盈灵秀的皖南小城，何以能托举起运载火箭这样的国之重器？

走进位于安徽省池州市的安徽星河动力装备科技有限公司总装车间，一个直径 3 米多、全长 50 米的"大家伙"给人带来视觉冲击的同时，也给人带来这样的疑问。

2023 年 5 月 17 日，这里成功总装下线了首枚池州造的"智神星一号"液体运载火箭。火箭的主发动机"苍穹"，是星河动力公司完全自主研发的。这家商业火箭领域的国家级专精特新"小巨人"企业，截至目前已完成商业发射任务 14 次，累计服务客户 25 家，顺利将 54 颗商业卫星送入太空。

从一颗"种子"，到一片"森林"。目前池州市已签约落户商业航天项目 4 个，总投资 111.2 亿元，正在对接的商业航天相关行业龙头企业超过 10 家。

为什么选择池州？星河动力公司动力制造部部长邢柏强介绍，水运交通便利、制造业资源丰富是重要原因。尤其是当地具备优势的轻合金材料、半导体等产业与航天关联度大，能够相互协同，形成相对完善的产业链和产业生态。

地利更需人和。池州商业航天产业的崛起，政策扶持发挥了关键的"催化剂"作用。一方面，针对企业初创阶段面临的市场较小、研发资金短缺等问题，提供真金白银支持，护航企业爬坡过坎；对有创新潜力的高成长型企业，给予全方位全要素全流程服务保障。另一方面，加大产业政策供给，编制商业航天产业链实施规划，设立商业航天产业基金，积极推动商业航天产业发展。

开辟产业新赛道、塑造发展新动能，要有攀"高"向"新"的魄力，也离不开锐意创新的勇气。

可导电、可发电的玻璃，密度最低仅为水的 1/10、构成深海探测装置关键浮力材料的微米级玻璃粉体，弯折寿命突破 100 万次的 30 微米柔性可折叠玻璃……在位于安徽省蚌埠市的中建材玻璃新材料研究院集团有限公司，能够直观真切地感受到玻璃的"无处不在"和"千变万化"。

玻璃，这一日常生活中再常见不过的材料，何以向"高精尖"迈进，在蚌埠锻造一个规上工业企业110余家、产业规模突破280亿元的大产业？

提升科技前沿领域的原始创新能力，突破关键核心技术，才能赢得发展空间。2019年8月，我国首条8.5代TFT—LCD玻璃基板生产线在蚌埠一次性引板成功，实现了相关技术"从0到1"的突破，保障了我国信息显示产业的战略安全。30微米柔性可折叠玻璃的性能表现已达全球顶尖水平，可被广泛应用于折叠手机、卷轴电视机、柔性医疗检测装备等产品。依托一批"中国首创、世界领先"的玻璃新材料成果，中建材玻璃新材料研究院集团有限公司实现全球高端玻璃技术工程与高端玻璃装备占有率均超65%。

加强产业链协同合作，推动优势产业延链、新兴产业建链才能不断塑造新优势。瞄准产业链上下游企业需求持续创新迭代，构建创新链、工程链、产业链"三链融合"新模式，有效支撑了信息显示、新能源、半导体和高端装备等领域对先进玻璃材料的需求。当前，蚌埠已形成"高纯石英砂—高强度盖板玻璃、超薄玻璃基板、柔性玻璃—ITO导电玻璃—触摸屏—显示模组—终端应用产品"的产业链。

创新的地基打得牢，产业发展的大厦才能建得高，才能形成产业集聚的强大向心力。以薄薄一片玻璃为牵引，蚌埠市新材料产业高质量发展的画卷加速铺展。

新赛道不只从新兴产业中孕育，传统产业改造升级，也能发展新质生产力。

走进安徽亳州市华佗国药股份有限公司的中药材提取车间，映入眼帘的是密密麻麻的大型罐桶和管道。"这些都是浓缩设备，把药汁通过负压循环浓缩成浓稠的膏状，工作人员只需在操作台上输入时间、压力和参数，设备就会自动运转。"华佗国药质量负责人宋杏花说。

不只是浓缩环节。借助与高校合作研发的智能化中药提取控制系统，智能化中药加工车间能够实现中药原材料清洗、挑选、切制、炮制、提取、浓缩全流程自动化，在大幅提高效率的同时，有效提升产品质量稳定性。

开展道地药材种质资源保护、药材良种繁育与药材品种创新，用科技锻造中药材"芯片"；推进中医药制造业高端化、智能化发展；开发中医药大模型……数智化改造升级，成为传统产业焕发新生的"秘诀"。

"千年药都"的中医药产业在转型升级中迈上发展"快车道"。2023年，亳州现代中医药产业规模达1852.5亿元，同比增长11.3%；规上医药制造业产值426亿元，同比增长19.5%。2024年，亳州入选国家中医药传承创新发展试验区。

日前，《安徽省未来产业发展行动方案》印发，聚焦量子科技、空天信息、先进材料等重点领域，旨在通过技术创新策源、产业先导集聚、机制改革赋能等行动，抢抓未来产业新赛道，培育未来发展新动能。

广袤的江淮大地上，涌动着科技创新的活力和产业焕新的动能。

（邹翔　徐靖　《人民日报》2024年11月30日第01版）

北京在高质量发展中持续增进民生福祉

中国式现代化，民生为大。

习近平总书记指出："人民对美好生活的向往就是我们的奋斗目标，抓改革、促发展，归根到底就是为了让人民过上更好的日子。"

深入贯彻落实习近平总书记重要讲话精神，北京市从解决群众最关心最直接最现实的利益问题入手，在高质量发展中持续增进民生福祉。

坚持就业优先，健全就业服务和促进机制；推动城市更新，让百姓生活更美好；深化接诉即办，解决群众急难愁盼……访北京，看发展，探民生。一项项民生暖政、一条条惠民举措，把温暖送到百姓身边，人民群众的获得感成色更足、幸福感更可持续、安全感更有保障。

多措并举，促进就业增收

新时代以来，减量发展成为北京高质量发展的鲜明特征。十大高精尖产业全部突破千亿元级，新一代信息技术集群产值突破 3 万亿元……腾笼换鸟，聚焦"高精尖"，做好"白菜心"，北京产业结构深度调整。

产业向"新"，激发就业新活力。"当前，汽车产业正在加速向新能源和智能网联方向转型，需要大量的高技能人才。"北汽集团副总经理谢伟介绍，集团现有技能员工 5.4 万余人，占全体员工的比例近 60%，"向高端智能制造转型升级，提升技能人才素质是关键。"

破解结构性就业矛盾，北京以服务就业、促进发展为导向，不断健全完善技能人才培养、使用、评价、激励机制：出台加强新时代首都高技能人才队伍建设实施方案，实施"金蓝领"培育行动计划；统筹推进教育、培训与产业深度协同，推行以"校企合作、工学一体"为主要内容的企业新型学徒制；完善技能人才评价激励机制，全面实施"新八级工"职业技能等级制度……

"一系列改革措施，为高技能人才开拓了更广阔的职业发展空间。"北汽集团国家级技能大师工作室带头人赵郁，先后带出了120多名徒弟，其中19人晋升为高级技师，55人晋升为技师，"团队已累计完成攻关项目110余项，创造经济效益超过5500万元。"

"要在发展新质生产力、推进高精尖产业发展和制造业数字化转型、培育新产业新业态新模式中稳定和扩大就业，促进就业质的有效提升和量的合理增长。"北京市人力资源和社会保障局副局长吴晓军介绍，截至目前，北京技能人才达到355万人，其中高技能人才达到121万人。

就业是民生之本，收入是民生之源。

"说一千道一万，增加收入是关键。"红叶满山，慕田峪长城脚下，怀柔区渤海镇北沟村的板栗又到了收获季节。村党支部书记王全介绍，村里2400亩板栗，年产量约50万斤，收入200多万元。

由于位置偏远、土地贫瘠，北沟村曾被人们称为"北旮旯"。近些年，北沟村践行绿水青山就是金山银山的理念，靠绿"生金"，发展乡村旅游，村民人均年收入约3万元。除了种植板栗，北沟村150多户居民，有30多户开民宿。2023年来村里的游客达6万人次。

腰包鼓了，乡亲们日子越过越滋润。傍晚，北沟村的"幸福晚年驿站"饭菜飘香。"四菜一汤，村里70岁以上老人全免费。"75岁的村民曹吉付介绍，村里符合条件的老人还能免费享受血压监测、冬季洗浴、理发剃须等服务。

学习运用"千万工程"经验，北京各区立足区位优势和资源禀赋，千方百计拓宽农民增收致富渠道：延庆区石峡村，开发长城文旅资源，成为一房难求的民俗村；密云区套里村，成立蔬菜种植合作社，"村里头"品牌蔬菜礼盒供不应求；大兴区鲍家铺村，盘活闲置农房打造文化空间，艺术家驻村和村民做邻居……

2024年前三季度，北京实现地区生产总值3.3万亿元，同比增长5.1%；城镇新增就业25.9万人，城镇调查失业率均值同比下降0.4%；居民人均可支配收入同比名义增长4.2%，农村居民人均可支配收入同比增长快于城镇居民2.6个百分点。

以人为本，推动城市更新

城市更新，既是民生工程，也是发展工程。夜晚的亮马河，两岸灯光璀璨，绵延 6 公里的光影秀美轮美奂。谁能想到，如今这道亮丽的城市风景线，曾一度淤泥堆积、杂草丛生。

2019 年，朝阳区启动亮马河国际风情水岸建设。河、岸、桥、景多维共治，慢行连通、景观亮化、旅游通航等六大工程陆续展开。80 万平方米的滨河公园，串起沿岸 23 个小区，也串起了三里屯、燕莎、蓝色港湾三大商圈。

"亮马河两岸企业从'背河经营'变为'拥河发展'，带来了人气，也带火了经济。"朝阳区商务局局长刘佳介绍，2023 年，亮马河周边商业收入约 40 亿元，同比增长 37%。

人民城市人民建，人民城市为人民。钥匙丢了去哪里配？鞋开胶了到哪儿粘？电水壶的开关坏了怎么修？……在海淀区中关村街道，只需拿出手机，点击"中关村 E 刻钟生活圈"电子动态地图，早餐店、菜店、裁缝店、洗衣店……家门口的服务一目了然。

按照"缺什么补什么"的原则，中关村街道在城市更新中不断补齐城市功能。将闲置空间和边角地改造成集装箱式的便民小店，把经营不善的餐饮企业转型为果蔬销售网点……近 3 年，中关村街道共增加便民网点 15 处、"小修小补"网点 32 处，果蔬网点经营面积新增 2000 平方米。

便民生活圈建设与城市更新工作相结合。"截至 2024 年 10 月，北京已经建成一刻钟便民生活圈 501 个，覆盖社区 2280 余个，服务人口 990 余万人。"北京市商务局生活服务业一处副处长宋志雷介绍，2025 年，北京将实现便民生活圈全覆盖。

暖心服务，提升城市温度

"从体检到取证，不到 10 分钟。"拿到新的驾驶证，王先生对丰台区政务服务中心的自助体检机赞不绝口，"全程语音提示，可对身高、视力、听力等进行现场检测。"

位于北京南中轴地区的丰台区政务服务中心，7 万平方米的空间内整合了 23 个专业办事大厅，企业开办、房屋买卖、结婚登记、医保社保等 1600 余个区级事项"一门办理"。为了方便群众办事，中心设置 24 小时自助专区，428 项市、区级事项全天候自助办理。

"既要办得快，更要办得暖。"丰台区政务服务和数据管理局局长刘楣介绍，除了政务服务，中心还能提供法律帮助、公证咨询、政策解读等便民服务。

为群众办事提"速度"，为民生服务加"温度"。近年来，北京持续完善市、区、街（乡）、村（居）四级政务服务体系，建成政务服务中心 481 个，村居服务站 7000 余个，设置综合窗口 2.5 万个。市、区两级政务服务事项基本实现"全程网办"。

微笑是城市最美的表情，传递温暖也治愈人心。走进北京市 12345 市民热线服务中心，电话响铃声、热情回应声、键盘敲击声，此起彼伏。墙面上，一行大字格外醒目："让您听到我们的微笑"。

2019 年，北京市把原来分散在各部门的几十个热线电话，融合成全新的"12345 市民服务热线"，赋予其"接诉即办"的新职能。供电供暖、垃圾分类、交通拥堵、邻里纠纷……不管涉及何事何部门，只需一个电话，就会有人主动联系，限时回复。

"有了'12345'，生活很踏实""烦心事揪心事，有人听有人管""贴心又暖心，就像身边带了个顾问"……群众的口碑胜过金杯银杯。

借助对热线的大数据分析，北京还积极推动改革从"有一办一"向"主动治理"深化。围绕群众反映的高频共性难题，建立"每月一题"机制，近年来针对房产证难办、老楼加装电梯等 60 多个问题进行专项治理。既解决了群众身边的关键"小事"，也攻克了城市治理的难点"大事"。

北京市政务服务和数据管理局副局长孙舫介绍，5 年来，这条"滚烫"的热线共受理 1.47 亿件市民诉求，解决率、满意率分别达到 96.5%、96.9%。

增进民生福祉是发展的根本目的。翻看 2024 年北京公布的重要民生实事项目清单：新增 3 岁以下普惠幼儿托位 1 万个、打造 100 个街道（乡镇）区域养老服务中心、筹建保障性租赁住房7万套（间）、竣工各类保障性住房8万套（间）……34个项目，涵盖从衣食住行到教育医疗再到安全宜居各个领域。

北京市相关负责同志介绍，民生实事项目清单已坚持运行30余年，"年初立军令状、年底交成绩单"，年复一年，周而复始。"保障和改善民生没有终点，只有连续不断的新起点。"

（王昊男　柯仲甲　李建广　王洲　戴林峰

《人民日报》2024年11月27日第01版）

北京朝阳区持续推进城市更新

尽管要乘坐 10 多站地铁，25 岁的李然还是约了朋友在朝外见面。朝外，即北京朝阳区朝阳门外大街。这条百年老街，有过热闹繁华，也曾因业态老旧而一度沉寂。"上初中的时候，逛过这边的电脑城，之后就很少来了。"李然说，"现在的朝外，新潮、时尚，是我喜欢的样子。"

"年轻人是城市活力的源泉，吸引住了年轻人，也就把握住了未来。"朝阳区委书记文献说，以人民为中心推进城市更新，离不开民生方面的各种考量，其中也包括给年轻人留出空间。

瞄准年轻业态，激发城市活力。朝外周边，国贸、三里屯、亮马河等商圈环绕。以点带面连通整个经济带，一个片区更新的新思路就此诞生。2021 年，朝外片区更新改造全面启动，这也是北京首个片区类城市更新项目。

夜幕下，街角处，一座"盒子"造型的建筑被灯光与屏幕包围。曾经老旧的百货大楼，如今变身"朝外年轻力中心"，策展零售、艺术展示、潮流快闪等新场景新业态，吸引着年轻人来这里"打卡"。

"楼内近四成的空间场景可以随时更换，固定店铺中潮牌首店占八成多，每年约 300 场活动，满足年轻人的消费需求。"中心运营负责人何诚介绍，"2023 年 5 月开业至今，已吸引 1500 多万人次。"

既是消费目的地，也是社交新空间。楼外，一个"空中篮球场"挂在"盒子"东侧，等待上场的年轻人三五成群，开怀畅谈。球场下方，还有开放式的滑板场，负责人马炎说，"在这里，能推广滑板运动，也能遇到与你聊得来的人。"

善于继承才能善于创新。"潮"起来的朝外，方砖青石铺就的东岳文化广场上，总能看到身着传统服饰的年轻人驻足拍照，将附近的琉璃牌楼、东岳庙纳入镜头。

"这里将近 5500 平方米，原本是停车场。"北京朝阳文旅发展集团有限公司董事长韦平介绍，停车场变成了市民广场，不仅让"东岳庙—神路街—日坛"这一历史景观脉络得以重现，每周举办的市集、光影秀、美食节等各类活动，也给城市增添了烟火气、亲和力。"天气晴好的周末，客流量能过 5 万人次。"

人民城市人民建，人民城市为人民。党的二十届三中全会《决定》提出，"建立可持续的城市更新模式和政策法规"。"潮"起来的朝外大街，步履不停：2025 年，二期更新将全面启动；2028 年，三期更新将完成……老街新故事，还将接续上演。

（王昊男 柯仲甲 《人民日报》2024 年 10 月 28 日第 01 版）

北京创新举措推进公交便民
"创"出便利 "通"向幸福

金秋正午，从北京前门大街搭乘仿古铛铛车造型的观光巴士，开启"大美中轴线"之旅——先向南到永定门，再转北奔鼓楼去，1个多小时的车程里，中轴线风貌尽收眼底。"省时又舒心，真是不虚此行！"来自湖北的游客吴女士说，车内的京韵装饰、京味美食、京腔快板让她沉浸式体验了北京的文化。

一台铛铛车，"面子"是古风古韵，"里子"是改革创新。2024年1月起，为满足游客出行需求，激发文旅产业活力，北京市在重点节假日开行通游公交专线，变"大席"为"小灶"，实现景点串联、一线直达。"精准化服务让铛铛车叫好又叫座。"北京公交集团线网中心业务主管李晓坤介绍，目前全市共开通以铛铛车为代表的通游公交线路35条，累计服务游客300余万人次。

北京以改革创新推进公交便民，先后推出多款"通"字系公交车，以精准公交服务助力解决超大城市交通课题，通学公交车是第一个应用场景。

不少家庭在接送孩子上下学时，都曾面临这样的窘境：没车接送，冬冷夏热；开车接送，堵车误事；常规公交，拥挤嘈杂；若不接送，又不放心……瞄准百姓痛点，2023年9月，北京市创新推出通学公交车试点，在社区端和学校端设置站点，接送时段专车专线，实现从家门到校门的"对接"。

实现起来却不容易。通学距离各不相同，乘车需求有多少？老城新城的学校和社区停车条件迥异，通学车站点如何设置？惠民同时兼顾经济效益，应当采取何种运营模式？

面对诸多课题，北京市区两级组建专班，以调研开路。奔赴青岛、合肥等地，深入北京市城六区近20所中小学蹲点调研，面向全市40万名小学生问卷调查……"家长提需求、学校来汇总、政府作研判，大家一起商量，让通学车试点达到了预期效果。"北京市交通委地面公交处处长赵震说，"比如有家长反映，通学公交 84 路途经北京学校南门时经常遭遇拥堵。于是，各方共同研究调整路线，避开拥堵路段，让学生更早到家。"

早上 7 点 30 分，通学公交 2 路从芍药居北里准时出发，15 分钟后到达人大附中朝阳学校和平西桥校区。学生依次下车，由值班老师引导走进校园。这趟车每天负责接送近 200 名学生上下学。"通学车安全准时，帮家长省了不少事儿。"学生家长周女士说，"不然每天送完孩子再赶去东直门附近上班，时间太紧张。"

目前，北京市通学公交试点已从起初的 13 所学校、23 条线路、服务学生 780 人增加到 2024 年秋季学期的 110 所学校、276 条线路、服务学生 1.5 万人。"不少开私家车接送孩子的家长转而选择通学车。"北京市公安局交管局秩序处工作人员孟瑜介绍，通学车试点以来，学校周边接送孩子的私家车数量下降了 12%，城市局部交通压力得到有效缓解。

"我们将始终践行以人民为中心的发展思想，在通学、通游公交车运营经验的基础上，持续以改革创新推进公交便民，完善多样化、精准化公交服务，让群众出行更便捷、更舒心。"赵震说。

（王洲 《人民日报》2024 年 10 月 25 日第 04 版）

北京久久为功推进"回天行动"计划
超大型社区焕发新活力

北京市昌平区，迈出天龙苑小区南门，居民赵俊东手指前方，语带兴奋："你瞧，一出门就是京都儿童医院，公园、学校、商场也都不远，跟我刚来回龙观时有了很大变化。"

昌平区回龙观和与之相邻的天通苑并称为"回天地区"，是北京城市化进程中形成的超大型社区。2008年，28岁的赵俊东在回龙观安了家。那时，她家小区外除了光秃秃的路和密集的住宅楼，就是片片农田。"睡在'观'里，堵在路上，工作和生活在城里。"赵俊东回忆。

沿着回龙观东大街往东，赵俊东来到了公司办公室。这里原是一片空置楼宇，昌平区协调市属国企改造盘活后，增设4万平方米产业园，赵俊东供职的公司2023年9月正式入驻。告别了往返3个多小时的通勤路，赵俊东感慨"现在的生活有了松弛感"。

如今，在"回天地区"，越来越多居民和赵俊东一样感受到职住平衡的"松弛感"。在建设嵌入式产业空间的同时，昌平区统筹考虑"回天地区"与未来科学城、中关村科学城等周边区域的协同发展，打造60余万平方米产业园区，吸纳就业9000余人。

挥拍、发球、跑位……下班后，赵俊东经常到自家小区附近的回龙观体育文化中心打球。这座体育文化中心，集羽毛球馆、滑冰馆、攀岩馆、游泳馆等11类体育场馆于一体，还有图书馆、剧场等，是居民休闲娱乐的好去处。"孩子放学后，我俩经常在这儿一起运动。"赵俊东的女儿就在离家不到1公里的学校读六年级。

回龙观体育文化中心运营、自行车专用路开通、林萃路贯通、积水潭医院回龙观院区二期扩建……赵俊东家门口的变化，源于北京市2018年开始实施的

"回天行动"计划。

2018年，北京市出台《优化提升回龙观天通苑地区公共服务和基础设施三年行动计划（2018—2020年）》，聚焦群众最关心的交通、学位、床位等问题，补齐公共服务短板。2021年7月，新一轮行动计划发布。"老百姓急难愁盼的事，就是我们要干的事。"昌平区发展改革委副主任、回天治理工作专班副班长曹煜介绍，两轮"回天行动"计划目前已实施240个重点项目，总投资400多亿元。

把群众的"愿景清单"变成"项目清单"，在一次次破解难题的过程中，"回天地区"走出了一条共建共治共享的基层治理之路。

上班时间将近，办公楼车位已满，咋办？扫码登记、减速过闸、倒车入库，回龙观居民吴戈虽不住龙锦苑小区，却对这里熟门熟路。"这个小区里的潮汐停车场，是经居民协商议事机制征得大家同意后开放的。"吴戈说，每天8时至20时，小区车位向社会开放，8小时仅收费4元。

大家的事大家商量着办。电梯维修费用谁来出？新能源汽车充电设施装在哪？违建拆除后做什么用？近年来，"回天地区"累计召开各级党建协调会4300余次，协商解决各类问题近万件，并推出党建引领、主动治理的"回天有约"基层协商议事体系。"现在可以说是齐心协力'一起干'。"回龙观街道金域国际社区党支部书记、居委会主任陈东岩说。

从"硬件"建设到"软件"治理，从治"大城市病"转向谋高质量发展，"回天行动"计划推进中形成的共建共治共享的社会治理创新模式——"回天有我"愈发成熟：坚持人人有责、人人尽责、人人享有，37家市级部门、70余家区级单位倾力投入，120多名社区党组织书记、1400多名社区工作者忙碌奔波，2000多家社区社会组织融入基层治理……

党的二十届三中全会《决定》提出："在发展中保障和改善民生是中国式现代化的重大任务。"赵俊东对"回天地区"的未来充满期待："学越上越好，路越走越顺，家越建越美。"

（李建广　戴林峰　《人民日报》2024年10月24日第04版）

重庆积极培育新业态新模式新动能
科技创新与产业创新融合发展

身着装有传感器的紧身衣，动作捕捉演员舞动棍棒，LED屏上的孙悟空也跟着耍起了金箍棒。在重庆永川科技片场的虚拟拍摄科技影棚，片场场景正实时转化为影视"大片"。

从浩瀚的宇宙到繁华的都市，各类场景可以快速切换。"这个充满科技感的片场，不仅拥有LED虚拟拍摄屏，还配套了虚拟制片、动作捕捉、全景声、数字资产、视效、渲染等生产环境。"达瓦（重庆）影像科技有限公司董事长卢琪说，围绕永川科技片场，公司构建起虚拟拍摄完整产业生态、统一的流程标准和专业的服务体系。科技片场中虚拟拍摄棚的使用率已超过90%。

除了技术服务，还有平台支撑，越来越多剧组实现了"拿着剧本来，带着成片走"。正在片场准备新项目的众合千澄（无锡）有限公司执行制片人李真说："利用片场的服务平台，我们能够线上勘景、对接合适的演员，而且片场在食住行、服化道、场景协调等方面也提供了优质服务，极大提高了工作效率。"据了解，片场通过VR技术上架504个拍摄基地、837个外景点位，可为剧组节约60%的勘景时间。

永川科技片场是重庆以科技赋能文化产业高质量发展的一个缩影。文化产业加上数字技术，还让精美的石刻"开口说话"。

世界文化遗产大足石刻历史悠久，当地引入数字技术，让游客全方位体验这份沉淀了千年的美。

走进游览中心，两侧的4K、8K剧场，抢先为观众带来艺术震撼。4K宽屏电影《天下大足》介绍了大足石刻的开凿历程，8K球幕电影《大足石刻》记录了大足石刻的经典造像。

《大足石刻》由实景拍摄和CG（计算机图形图像技术）动画结合制作而成。

在剧场特殊设计的座椅上顺势仰躺，屏幕中的石刻仿佛扑面而来，游客可以将石刻的每个细节看得一清二楚。

"数字建模、特殊的拍摄方式、特制的呈现手法，让游客获得沉浸式观影体验，从而对大足石刻有了直观了解。"重庆大足高新区党工委委员、管委会副主任黎卫东介绍。

创新驱动，一大批高科技含量产品不断问世，一个个新场景新应用不断涌现。通过推动科技创新和产业创新融合发展，重庆因地制宜发展新质生产力，加快传统产业转型升级，积极培育新业态新模式新动能，促进经济高质量发展。

重庆荣昌区的国家级生猪大数据中心，作为畜牧单品种国家级大数据服务平台，依托"数字监管平台""智慧养殖管理系统""生猪金融数据分析平台"三大平台，有效解决生猪养殖产业"日常监管""疫病防控""金融贷款"难题，还实现了生猪养殖、贩运、屠宰"一网式"实时监管。

"我们推出了生猪产业大模型和三大数字化服务平台——'荣易养''荣易管''荣易卖'。赋能智慧养殖、数字监管和线上交易。"国家级生猪大数据中心主任秦友平说。

随着大数据中心的建成与运营，荣昌生猪产业步入全新的发展阶段，引进和培育了养殖、饲料、兽药、深加工、智能养殖装备、销售等企业100家，形成畜牧全产业链，总产值超过200亿元。

（王欣悦　段宗宝　沈靖然　《人民日报》2024年10月23日第02版）

重庆加快构建现代化产业体系
提质扩能添活力

机械臂精准挥动、运输机器人往来穿梭……重庆赛力斯超级工厂总装车间里，一辆辆新能源汽车陆续下线。

"工厂拥有超 1000 台智能化设备，超 3000 台机器人智能协同，关键工序 100% 自动化，实现高效生产，保障及时交货。"赛力斯集团副总裁康波说。2024 年前 9 月，赛力斯新能源汽车销量超过 31.67 万辆，同比增长 364.23%。

龙头企业带动下，重庆汽车产业发展势头良好，2024 年前 8 月，汽车产量达 154 万辆，同比增长 11%。

作为支柱产业，汽车产业的发展带动重庆经济行稳致远，也是重庆构建现代化产业体系的典型。"紧盯制造业构建现代化产业体系，既要增'量'，又要提'质'。"重庆市经济信息委负责人表示，在量的方面，重庆持续做大做强智能网联新能源汽车、新一代电子信息制造业、先进材料三大主导产业集群；在质的方面，深化传统产业转型升级和战略性新兴产业培育，推动制造业高端化、智能化、绿色化发展。

近年来，重庆抢抓机遇，开拓渝新欧通道，吸引一大批笔记本电脑龙头企业入驻，电子信息产业聚沙成塔，以惠普、OPPO 为代表的智能终端产业和以京东方为代表的新型显示产业苗壮成长。

汽车与电子信息制造双轮驱动，重庆乘势而上，着手打造万亿元级先进材料产业，包括先进有色金属材料、先进化工材料、储能材料等。

重庆铜梁区注重错位发展，把新型储能产业定为主攻方向，成功引进海辰储能重庆基地项目。以此为牵引，当地布局储能电池材料生产基地，引进四川金汇能新材料公司等一批配套企业落户。

目前，铜梁区 10 平方公里储能产业园基本建成，新型储能产业本地配套率达到 60%，川渝配套率约 70%，初步构建起储能一小时锂电供应链圈。

企业齐发力，产业添活力。2023 年，重庆三大主导产业集群发展稳步向好。智能网联新能源汽车产业增加值增长超 10%，其中新能源汽车产量增长 37%。新一代电子信息制造业中，功率半导体及集成电路、传感器及仪器仪表增加值分别增长 18.9%、12.8%，先进材料产业增加值增长 11.5%。

体量不断增大，质量稳步提升。

在汽车领域，赛力斯等整车龙头企业与科技型领军企业合作，研发中高端产品，重庆传统汽车产业转型发展为智能网联新能源汽车产业。

传统产业转型升级，新兴产业拔节生长。在重庆科学城，软件和信息服务业发展迅速，国产化智能计算机制造基地建成投用、AI 全参数成药性预测平台发布；在璧山区，重庆康佳光电科技有限公司瞄准微型发光二极管方向，相继发布一系列新一代显示屏……

截至 2023 年底，重庆战略性新兴产业增加值占规上工业比重达 32.2%，已培育科技型企业 5.8 万多家、高新技术企业 7500 多家。

（朱俊杰　刘新吾　《人民日报》2024 年 10 月 22 日第 02 版）

重庆奋力打造内陆开放综合枢纽

印有"中欧班列"字样的集装箱码放整齐，橙色龙门吊紧张作业，转运货车来回穿梭……在重庆市沙坪坝区团结村中心站，随着汽笛声响起，一列列国际班列缓缓驶出站台。

看着眼前繁忙的景象，很难想象团结村曾是一个以农业为主的小山村，两面靠山、交通不便。

2011 年，我国第一列中欧班列"渝新欧"在此始发。随着共建"一带一路"倡议的实施，团结村建成国际物流枢纽园，越来越多的"中国制造"从这里走出国门。

团结村是重庆不断加快对外开放步伐的一个缩影。地处内陆、不沿边、不靠海的重庆，如何走向世界？

向东，借力长江黄金水道出海；向西，通过中欧班列直达欧洲；向南，西部陆海新通道通达东南亚；向北，"渝满俄"班列直达俄罗斯。从"一条线"开始，到"一张网"铺开，内畅外联的通道，支撑重庆构建全方位的开放格局。

坐落于巴南区的重庆公路物流基地，一辆满载着香蕉的西部陆海新通道跨境公路班车驶入。这批货物来自老挝万象，从云南磨憨口岸入境，全程通过公路运输。此前大部分东盟商品进口，走江海联运耗时约 1 个月。如今，货物通过跨境公路班车运输最快 3 天就能到达，物流时效大幅提升。

"目前，重庆公路物流基地已形成 3 向 11 线 24 口岸的国际运输体系，与东盟国家 30 余家境外企业在国际货代、报关报检、仓储配送、海外仓储等方面开展深度合作。"重庆公路物流基地总经理杨敏介绍。

重庆两江新区果园港码头，场桥鳞次栉比，货船川流不息，集卡车往来频繁。

"2023年，我们经果园港进口了汽车零部件等货物2000多标箱。"长安福特汽车有限公司关务运输经理姚娟在重庆港海关报关大厅办完通关放行手续后，抓紧联系开展"沪渝直达快线"订舱。这条快线班轮，可以压缩内河航行时间近30%。

优通关、畅物流。重庆在全国率先使用"离港确认"模式，压缩口岸通关时间1至2天；推动智慧物流监管场景应用，创新搭建内河锚地电子围网，港口货物运转效率提升30%以上。

2024年前8个月，重庆经西部陆海新通道3种主要物流组织方式共运输货物16.59万标箱、同比增长53%，货值312.85亿元、同比增长85%。通道已有铁海联运班列、国际铁路联运班列、跨境公路班车3种物流组织方式，目的地从71个国家和地区的166个港口，拓展到124个国家和地区的523个港口。西部陆海新通道，成为一条开放动力澎湃的经贸通道。

贸易日益繁荣，倒逼通道建设不断创新。以往的国际贸易中，海运属于"提单"，而国际铁路则是"运单"，不具备物权凭证功能，难以获得金融机构认可。重庆探索铁海联运"一单制"试点，通过铁路集装箱班列衔接全球海运网络，创造性地建立了一次委托、一次保险、一单到底、一次结算的全程服务模式，为企业开展跨境贸易提供了更多便利。

内陆开放的通道越来越宽，一次次国际合作、一场场国际盛会随之而来：全球知名物流公司马士基集团等方面决定加强同重庆的合作，重庆国际友好城市合作大会、第二届"一带一路"国际技能大赛等国际展会赛事密集登场。

新时代的重庆，担负起"努力在西部地区带头开放、带动开放"的重大使命，奋力打造新时代西部大开发重要战略支点、内陆开放综合枢纽。

（王欣悦　段宗宝　《人民日报》2024年10月20日第04版）

重庆坚持在发展中保障和改善民生

"中国式现代化，民生为大。党和政府的一切工作，都是为了老百姓过上更加幸福的生活。"2024年4月，习近平总书记在重庆考察时强调。

深入贯彻落实习近平总书记重要讲话精神，重庆坚持在发展中保障和改善民生，从解决群众最关心最直接最现实的利益问题入手，做好普惠性、基础性、兜底性民生建设，全面提高公共服务共建能力和共享水平，满足老百姓多样化民生需求，织密织牢民生保障网。

夯实民生之本，将就业作为头等大事来抓

一间不到60平方米的小屋内，空调、饮水机、微波炉等配备齐全；电子屏上，"销售经理""新媒体推广"等招聘信息实时滚动，不时有求职者前来咨询。这里是渝中区石油路街道煤建新村的"劳动者港湾"。

"类似的'劳动者港湾'，渝中区已经建成43个，重庆市共有1396个。"渝中区就业和人才中心主任秦伦介绍，重庆在交通便利处积极建设"劳动者港湾"，将服务送到环卫工人、出租车司机、快递小哥等户外劳动者和求职者身边。

"热了能乘凉、冷了能取暖、渴了能喝水、累了能休息，还能帮助找工作，在这里，劳动者能感受到城市管理的温度。"煤建新村就业服务驿站负责人卿优说。

就业是民生之本。重庆市始终将就业作为头等大事来抓，实施就业优先战略，深化"大就业"工作格局，多渠道稳岗扩岗。

惠企援企方面，重庆市2024年为30余万户企业降低失业保险费22亿元，向9175家用人单位发放社保补贴等就业补助8.6亿元；实施助企用工保障专项

行动，为智能终端产业招工 6.6 万人；提供"稳岗贷"208 亿元。

聚焦重点人群，提供精准服务。重庆实施百万高校毕业生等青年留渝来渝就业创业行动计划，2024 年以来促进青年留渝来渝就业创业 27.5 万人；着力打造"义渡就业列车"等公共就业服务品牌，打通家门口就业"最后一公里"。2024 年以来，全市举办线上线下招聘会 2100 余场，升级打造零工市场 108 个，提供就业服务 263 万人次。

一系列有力举措，推动实现高质量充分就业。重庆市人力资源和社会保障局数据显示，2024 年 1 至 8 月，全市城镇新增就业 54.9 万人，完成年度目标的91.4%。

织密保障之网，兜住、兜准、兜牢民生底线

"以前我自己租房，后来试着申请公租房，没想到一下就摇中了。"来自重庆南川区的韦女士，是沙坪坝区美丽阳光家园公租房小区最早入住的居民之一，也是重庆保障性住房工作实实在在的受益者和见证者。

美丽阳光家园公租房小区占地 26 万平方米，有约 1.52 万套住宅，租金每月10 元 / 平方米，目前入住 1.46 万户、3.94 万余人。一大批像韦女士这样在重庆打拼的年轻人，在此安家落户。

住有所居，是保障和改善民生的重要内容。重庆市住建委主任唐小平介绍，为了解决新市民、青年人等群体住房困难问题，重庆市近年来梳理存量土地和房屋资源，形成专项台账，有序推进存量资源转化，在重点区域加快筹集保障性租赁住房，截至目前，已建设公租房（含廉租房）58.3 万套，保障性租赁住房 23 万套（间）。

与此同时，为了让老百姓更有归属感，重庆积极探索公租房转为配售型保障性住房改革，自 2024 年 9 月 2 日起，开放部分公租房申购。美丽阳光家园作为第一批公租房转配售型保障性住房试点小区，目前已有 100 多套房源被申购。"主要是这里住习惯了，而且配套越来越好，总价也不高。"申购大厅里，不少公租房老居民前来咨询，表达申购意向。

保障性住房是重庆保障和改善民生工作的一个缩影。近年来，重庆市紧贴民

生推动经济社会发展，织密保障之网，兜住、兜准、兜牢民生底线。截至 2024 年 8 月末，全市城乡养老、失业、工伤保险参保人数分别达 2667 万人、642 万人、693 万人；职工基本养老保险与城乡居民养老保险结构优化为 56：44，高于全国平均水平；全域先行实施个人养老金制度，已覆盖 379.8 万人；新开工工程建设项目工伤保险参保率达 100%。

聚焦急难愁盼，扎实推进老旧小区改造

城市发展日新月异，新建楼房拔地而起，许多失养失修失管的老旧小区也迫切需要"新陈代谢"。2018 年，重庆启动城镇老旧小区改造试点，一批老小区焕发新生机。

房屋漏水、道路破损、私搭乱建、车位不足……2022 年初，九龙坡区谢家湾街道民主村社区更新改造项目启动，在征集意见过程中，社区居民提出了"一箩筐"问题。

小区怎么改，居民说了算。"社区通过居民提议—群众商议—社区复议—专业审议—最终决议的工作机制，邀请规划师、建筑师、工程师'三师'进社区，最大程度回应老街坊对自己家园的更新诉求。"九龙坡区住建委副主任苏彦西说。目前，民主村社区已改造 11 万平方米，拆除危房 4.3 万平方米，提升配套环境 9 万平方米，不仅房屋新了、道路平了，还建起了社区食堂、休闲广场等，居民生活质量大幅提升。

拆掉了不便，留下了记忆。作为原国营建设机床厂的配套家属区，民主村社区有着独特的历史。"一号信箱"、红砖建筑、工业风格……改造过程中，民主村社区大量运用"西迁""援建""复兴"等文化元素，为社区居民保留了一份珍贵的集体记忆。

"各位邻居，二单元老李的儿子月底就要结婚。小区电梯正在施工，老李家希望能加快一下进度，争取办喜事时能坐电梯上楼。今天和大家商量商量，看能不能先安装二单元的电梯？"小区加装电梯遇到了特殊情况，南岸区花园路街道南湖社区花园五村党支部书记谭明玲组织召开坝坝会。

"早日坐上电梯，是我们盼望的事，但老李家娶媳妇是小区的喜事，我举

双手赞成。"老党员刘大爷说。优先安装二单元电梯的方案，得到大家一致同意。在党支部协调下，施工方加快电梯安装速度，让老李一家高高兴兴办上了喜事。

南湖社区是一个典型的老旧散社区，有 75 栋老旧小区散居楼栋、2 万多常住人口。"过去，这里基础设施老旧，居民缺乏归属感，像老李家这种特殊情况，肯定解决不了。"南湖社区党委书记余建说，针对社区"散""乱"情况，花园路街道坚持党建统领，在抓好道路硬化、环境绿化这些"硬件"的同时，将思政工作与传统文化、基层治理相融合，探索益人、益己、益家园的"三益"工作理念，让共建、共治、共享成为居民的自觉行动。

唐小平介绍，目前重庆累计实施老旧小区改造 8439 个、1.87 亿平方米，惠及群众 197.8 万户；累计改造提升养老托幼、农贸商超、社区食堂、文化体育等配套设施 9200 余处，新增停车位 5.75 万余个，加装电梯 5760 余部，新增文体休闲场地 71 万平方米。

数智赋能增效，探索超大城市现代化治理新路子

重庆集大城市、大农村、大山区、大库区于一体，经济社会民生需求多样。重庆深度开发利用数智技术，以政府"无感"服务，提升市民"有感"幸福，积极探索超大城市现代化治理新路子。

"14 时 30 分，江北区数字化城市运行和治理中心监测到某小区附近沼气浓度超标，根据地址，任务被智能分配至寸滩街道；14 时 50 分，作业人员赶赴现场采取警戒措施，通过开盖排气、冲水稀释的方式消除安全隐患。"江北区寸滩街道党工委书记张中举介绍。

20 分钟快捷响应的背后，是重庆打造三级数字化城市运行和治理中心，以数智赋能城市综合治理的探索实践。截至目前，定位为"城市大脑"的市级治理中心，已链接 41 个区县治理中心"实战枢纽"、1031 个镇街基层治理中心"联勤联动"平台，其"神经网络"延伸到 1.1 万个村社，有 6.5 万个网格，汇聚 1000 余万个感知设备，初步形成"实时、快速、精准、有效"的协同处置能力。

兜牢民生底线，特殊群体需要多一重保障。"以后我一定注意用火安全！"家住巴南区圣灯山镇永隆村的李天国，是一名独居老人。7 月 22 日晚，李天国

吃完晚饭后出门遛弯，没想到灶内余火掉落，引燃灶前柴火。所幸当地政府为高风险独居老人统一安装了烟感、一氧化碳和燃气感知设备，识别危险后，系统立即向镇基层治理指挥中心、当事人、监护人、邻居等发送警告信息。11 分钟后，当社区网格员到达现场时，李天国和邻居已将火势扑灭，未酿成大祸。

将数智技术融入基层治理，最终目的是提高群众办事体验感和获得感。2024 年 3 月，依托一体化智能化公共数据平台，"渝快办"APP 重构上线，统一服务入口、统一服务体验、优化完善服务能力，努力让群众办事实现一次办、马上办、就近办、暖心办。

以"教育入学一件事"应用为例，过去办理中小学入学手续程序繁琐：家长要跑 3 次、线下排长队、交 4 份材料、耗时超 15 天。简化后，办理仅需提供学生或家长身份信息，最快 25 秒完成报名、最快 10 秒完成审核、最快 5 天内收到电子版入学通知书，目前已服务全市 50 万名中小学生完成报名入学。

民生为大，实干为要。"我们将在增进民生福祉、创造高品质生活上谱写新篇，牢记'中国式现代化，民生为大'，常态化开展'三服务'，用心用情用力解决群众急难愁盼问题，努力让人民群众的获得感成色更足、幸福感更可持续、安全感更有保障。"重庆市委主要负责同志表示。

（王赐江　李增辉　朱俊杰　姜峰　段宗宝　刘新吾　王欣悦
《人民日报》2024 年 10 月 16 日第 01 版）

坚持保护为先、治污为重、扩绿为基、转型为要、发展为本
云南争当生态文明建设排头兵

2015 年 1 月，习近平总书记在云南调研时强调，希望云南"努力成为民族团结进步示范区、生态文明建设排头兵、面向南亚东南亚辐射中心，谱写好中国梦的云南篇章"。2020 年，习近平总书记春节前夕赴云南看望慰问各族干部群众时指出，"云南生态地位重要，有自己的优势，关键是要履行好保护的职责。"习近平总书记的殷殷嘱托，为云南探索高质量跨越式发展之路指明了方向。

绿色发展是高质量发展的底色，新质生产力本身就是绿色生产力。云南广大干部群众坚持以习近平生态文明思想为指导，紧扣"生态文明建设排头兵"的战略定位，坚持以生态优先、绿色发展为导向，坚定不移走生态绿色高质量发展之路，推动发展方式绿色低碳转型。

云岭大地上，天更蓝、山更绿、水更清的生态画卷不断铺展，生态优势正持续转化为产业优势。2023 年，云南地区生产总值历史性迈上 3 万亿元新台阶。

保护为先，筑牢生态安全屏障

多样但脆弱，是云南生态环境的特点。

在中国科学院昆明植物研究所昆明植物园，"植物中的大熊猫"华盖木，引人驻足。作为我国特有的、世界广为关注的极度濒危物种，华盖木最初被发现时，野外仅找到 6 株。

抢救性保护让华盖木重获新生：2013 年，由西畴县引种到昆明植物园的华盖木历经 30 年生长发育首次开花，标志着迁地保护成功；纳入云南省极小种群野生植物保护名录，科研人员攻克组织培养快繁技术，高可达 40 余米的大树，被装进了十几厘米的瓶子，实现"一生三""三生九"；上万株人工繁育的华盖

木，回归广袤的滇东南大山……

不仅是华盖木，银缕梅、连香树、滇桐等一大批珍稀濒危植物也得到有效保护。正如中国科学院昆明植物研究所副研究员杨静所说，"园内每一种极小种群野生植物的开花结实，都意味着又有一种植物摆脱了灭绝风险。"

率先提出极小种群物种保护理念，抢救性保护极小种群植物，成为云南守护好得天独厚的生物多样性和优质的生态环境、筑牢生态安全屏障的缩影。

构筑"三屏两带六廊多点"生态安全格局，划定生态保护红线 11.35 万平方公里，建立各类型自然保护地 366 处，实施山水林田湖草沙一体化保护和系统治理……云南以高标准严要求推进生态文明建设，以高水平保护支撑高质量发展。

白鹭栖古树，群鱼曳碧湖。在大理白族自治州洱源县，经弥苴河入湖口湿地净化，农田退水中七成的氮磷被湿地"吸收"。

"从水果莲子到海菜花，我们在湿地推广种植兼具生态价值和经济效益的水生植物。"洱源县湿地保护管理中心主任杨春冰介绍，洱海流域的产业发展，生态是首要考虑。

一江清水出云南，长江上游重要一级支流赤水河在云南的出境断面水质连续多年保持 II 类。

山水被守护，生物也得到呵护。珍稀鱼类繁育研究工作，对鱼类种群数量的恢复、群落结构的改善以及水生生态的修复具有重要意义。突破人工繁殖技术，开展增殖放流，被称为"滇池古董"的滇池金线鲃重新游回滇池，建立稳定种群，云南濒危"土著鱼"实现从保护到可持续利用的突破；落实十年禁渔，开展水生态修复，素有"水中大熊猫"之称的长江鲟再现云南水富段。

在云南，还有亚洲象北上南归的温暖之旅，有高黎贡山猿啼鸟鸣的自然之音，有收集保存各类野生生物种质资源 2 万余种 30 余万份、其中野生植物种子 1.1 万多种 9.4 万多份的"种子银行"……云南不断完善生物多样性保护体系，人与自然和谐共生的图景更加动人。

如今，持之以恒守护绿水青山的理念深入人心。万余名护林员参与高黎贡山巡护，86 支高黎贡山保护队穿梭于崇山密林，数万村民在生态产业发展中走上增收路；30 多年寒来暑往，昆明市西山区"巾帼打捞队"队长李云丽用实际行动保护滇池，在她眼中，这是为子孙后代留下天蓝、地绿、水清的美丽家园多出一份力。

驰而不息，云南交出亮眼的生态保护答卷：全省自然保护地体系日趋完善，90% 的典型生态系统和 85% 的重要物种得到有效保护，生态系统质量稳中向好；森林覆盖率 55.25%，林木植被碳储量达 11.7 亿吨，占全国 10.9%。云南省林业和草原局党组成员、副局长丁鲲表示，云南坚持保护优先、系统修复、科学治理、有效利用，坚决筑牢西南生态安全屏障。

转型为要，加快绿色低碳高质量发展

不赚带污染的钱、不要带污染的项目，云南着力推动经济社会发展全面绿色转型。

步入安宁市中石油云南石化有限公司，机器轰鸣。单是污水处理和回用设施，就投入了 6.2 亿元。

"花这笔钱，值！"云南石化有限公司质量健康安全环保部副主任包永新说，循环用水后，不但园区水清草绿，炼油厂每年还能减少取水 330 万吨。全厂加热炉以天然气为燃料，全过程采用脱硫、脱氮等技术。"这里提高 1% 的能源利用效能，每天就能节约 1.2 万立方米的天然气，足够 120 户人家用一年！"包永新说。

云南石化有限公司所在的安宁产业园区，重点打造绿色石化、冶金、新能源电池三大千亿元级主导产业。园区内企业使用清洁能源占比超 90%，成为云南省首批创建的"零碳园区"之一。"我们持续推动产业优化升级，加快工业领域低碳工艺创新和数字化转型。"云南安宁产业园区党工委副书记李少康说。

加快形成绿色发展新的增长点，云南建设因地制宜的现代化产业体系。一边做"加法"，绿色铝、硅光伏和新能源电池产业，从零起步、由弱到强；一边做"减法"，持续降碳减排、坚决淘汰落后产能。一加一减之间，绿色动能蓄势聚力。

向"新"而行，能源低碳转型助力可持续发展。2024 年 7 月初，随着澜沧江上游托巴水电站 3 号机组投入运行，云南省电源装机容量达 1.44 亿千瓦，清洁能源装机占比超 90%。2023 年，云南光伏和风电的装机均超过火电装机，成为云南省的第二、第三大电源，绿色低碳成为当地能源结构的突出优势。

以"质"致远，特色产业优化升级。在昆明市呈贡区斗南花市，花农杨涛早早卖完了一天的花。用上了水肥一体化设施和全天候监测的物联网设备，杨涛的鞋上不再沾泥巴。线上与线下结合的供货和销售模式、完善的冷链物流，让千里之外的消费者 48 小时内就能收到从植株上新鲜切取的花束。"好花有好价，种花也要'现代化'。"杨涛说。如今，"一朵花"赋能"一条链""一座城"，"花十条"强有力的政策支持助推产业高质量发展，云南鲜切花产业建成辐射全国、面向亚洲的花卉交易市场和流通体系，鲜切花年产量达 180 亿枝，日均供货量 687 万枝，鲜切花产销量连续 28 年稳居全国前列。

点绿成金，生产经营方式提质转型。走在昆明长水国际机场，除了随处可见的待售花束为"云花"代言，云茶、云菜、云药、云咖、云菌、云果等元素也不时映入眼帘。随着"云菜进京""云菜供港""云菜入沪""云菜入粤""云菜入疆""云菜出海"6 条云菜出滇线路的打造，云南已逐步成为我国重要的"南菜北运"和"西菜东送"基地。积极延伸和拓展农业产业链，蓬勃发展的云南高原特色农业，绿色化、特色化、品牌化水平不断提高。"云系""滇牌"农产品广开销路，渐成金字招牌。

化废为宝，技术创新赋能绿色发展。在大理洱海流域，云南顺丰洱海环保科技股份有限公司实现了有机废弃物收集全覆盖。智能管理平台上，251 辆废弃物收集车辆不停运转，一目了然。"餐余垃圾、水草藻泥，经过收集处理、科学转化，成了有机肥和生物天然气。"云南顺丰洱海环保科技股份有限公司董事长钟顺和介绍，公司拥有 100 余项专利，助力"变废为宝"，实现了洱海流域各种有机废弃物全收集、全处理和再利用。

发展为本，拓宽"两山"转化通道

生态保护与绿色转型，擦亮高质量发展底色。

云南省腾冲市和顺古镇，五山环抱，三泉交汇，两水穿流。2023 年，和顺古镇监测到 280 余种鸟类，森林覆盖率超 70%，生态保护成果显现。

稻田青绿、莲池成碧、白鸥翔集，古建静谧、节庆多彩、书香馥郁。和顺镇党委书记彭海邦说："以茶马古道和西南丝绸之路重镇闻名的和顺古镇，在保护、传承、开发一体化发展中，自然生态与人文景观实现了融合。"

在和顺，绿水青山的"高颜值"，已经转变为金山银山的"高价值"。2023 年，和顺镇接待游客 120 万人次，旅游收入 3 亿元，全镇 80% 以上村民参与生态旅游产业。和顺顺和集镇开发有限责任公司董事长陈杰说："村民在家门口吃上'生态旅游饭'，保护生态的内生动力更足了。"

为大力度、高标准推动"两山"转化，云南坚定不移转方式、调结构、优布局，创建 20 个国家生态文明建设示范区、9 个"绿水青山就是金山银山"实践创新基地。生态旅游、森林康养等新兴产业快速发展，林草产业体系、发展路径和方向更加明晰，联农带农效益日益凸显。

在红河哈尼族彝族自治州元阳县，依托哈尼梯田的森林、村寨、梯田、水系，农文旅融合发展持续推进；山共林，林生茶，茶绕村，在普洱市景迈山，"一片茶叶"创造多元价值……

放眼云南，绿水青山转化为金山银山的路径进一步拓展。

一粒咖啡豆，能延伸出怎样的产业链？

走进普洱市来珠克咖啡庄园，连片的咖啡树缀满果实，集种植、加工、品鉴、教学和旅游体验为一体的咖啡文化研学项目受到欢迎。

2024 年消博会上，一名采购商在展台上试饮新品咖啡后感慨，"来珠克"咖啡豆的品质每年都有提升，"未来还有无限可能"。

2022 年，云南出台一系列政策措施，推动咖啡产业高质量发展。两年来，全省咖啡精深加工率从不到 20% 提高到 54%，更多附加值留在了当地、留给了咖农。

一棵驱虫草，可以产生多少生态效益？

"你看，这就是'跳蚤草'炼出来的油！"西双版纳傣族自治州勐腊县勐仑镇大卡村大卡老寨村民小组的"跳蚤草"炼油厂里，村民展示着金黄的精油。

在大卡老寨，村民们利用坡地、橡胶地和柚子地发展林下经济，种植自带香气、驱蚊虫有奇效的"跳蚤草"。

这种西双版纳独有且曾濒危的药用植物，近年来经多方协同进行科研成果转化，不仅实现了规模化种植，还开发出系列驱蚊产品，让哈尼族传统使用的野生植物"跳蚤草"回归生活，成为促进生物多样性可持续利用与惠益分享的成功案例。

"现在，我们村几乎家家户户都种'跳蚤草'。"大卡老寨村民小组组长迁周介绍，2023 年，相关精油产业为农民增收 176 万元。

绿色引领，系统施策。云南省农业农村厅党组成员、副厅长张杰表示，云南通过种植业结构调整、测土配方施肥、强化农业废弃物资源化利用等措施，努力厚植高质量发展的绿色底色。

摸清家底，盘活价值。实施"碳汇云南"行动，建设涵盖全省的林草碳汇数据信息平台，统筹推进九大高原湖泊流域生态产品价值核算，云南通过给绿水青山"定价"，推动"两山"转化，探索生态产品价值实现新机制。

擦亮生态底色，突出产业特色，提升发展成色。"我们将贯彻落实党的二十届三中全会精神，深化生态文明体制改革，健全生态保护机制，实施绿美云南行动，以改革为动力，守护好绿水青山，走好生态绿色高质量发展的路子。"云南省委主要负责同志表示。

（朱思雄　徐红梅　杨文明　王瑨　董丝雨　栾心怡　张驰

《人民日报》2024 年 09 月 18 日第 01 版）

云南加快发展方式绿色转型

云南滇池，西山耸立，流水逶迤。

位于滇池南岸的昆明市晋宁区上蒜镇牛恋村的小渔村村民小组，村居土坯墙上的螺蛳壳，见证着小渔村与滇池的今昔。

上午9点，村民赵春花开始了一天的忙碌，她经营着村里的第一家餐馆。"这两天，餐馆从早到晚基本满客，每天收入能达到六七千元。我准备把空余的客房打造成民宿。"

赵春花回忆，曾经的小渔村，茅草顶土墙房，路泥泞环境差，村民以捕鱼为生。近年来，滇池生态保护与治理工作深入推进，小渔村开始转型。

雨污分流、户厕改造，打造环村生态廊道，村集体流转土地进行生态种植，村民自发建设绿色庭院……村庄美起来，绿色发展理念在村民心里扎下了根。

美丽乡村，怎样发展特色产业？于小渔村而言，以水破题，便能因水而兴。有水、有院、有人家，游客出门见景；水上文娱中心，引进文化体验、艺术创作空间等特色业态。

好生态，富口袋。现在每月有2万多人次来小渔村旅游。"2023年，小渔村旅游营业收入近900万元。小渔村74户人家，每户都有人在村里就业、创业。"牛恋村党总支书记赵飞虎说。

古寨，山峦，莽莽苍苍的树。

景迈山的清晨，黄一簇，绿一簇，红一簇。村民们的日子，围着茶林转。

景迈山的发展也曾走过一段弯路。曾经，当地试种过密植高产的台地茶，产量虽然高，品质却跟不上，卖不出好价钱。后来，茶农把密植的茶树间稀，再在茶园中栽种香樟、山樱花、多依树等，找回"林下茶"种植传统。通过生态种植，茶叶产量虽有所降低，但品质高了、不愁卖了。

现在，9 家景迈山古茶林诚信联盟企业中，有 6 家企业年产值超 1000 万元。茶农收入显著提高，每亩收入 6000 元至 8000 元。

普洱景迈山古茶林保护管理局局长、澜沧拉祜族自治县委副书记张丕生介绍，依托茶文旅融合发展，2023 年，景迈山景区实现旅游收入约 1.58 亿元，同比增长 43.6%。

"古茶林不仅是我们的生活家园，也是整个景迈山的生态资源。"景迈大寨村村民岩温发说。

静的山、动的水，蕴藏着"改善生态环境就是发展生产力"的道理。

近年来，生态旅游成为云南旅游的优势和特色。全省 600 多家 A 级以上景区，生态旅游景区占 72%。迪庆的普达措国家公园、丽江的玉龙雪山、昭通的大山包等，成为人们向往的生态旅游目的地。2023 年，云南旅游总收入达 1.44 万亿元，2024 年"五一"假期共接待游客 3800 多万人次。

乡村旅游、休闲农业、文化创意……放眼云南，新产业新业态红红火火。

协同发力，久久为功。2008 年起，昆明市在滇池湖滨建设"四退三还一护"生态工程，恢复湿地功能。中铁交通集团西南运营中心党工委书记、总经理佘国斌说："滇池草海湿地公园的建成，进一步推动了湖滨生态湿地的修复。"

全面深化河湖长制，58 块湖滨湿地"串珠成链"，23 公里的滇池绿道环草海段全线贯通，打造"滇池旅游黄金岸线"，深耕滇池沿岸"一村一特色"……这些折射的是云南生态治理和推进乡村全面振兴的新成效，为云南加快发展方式绿色转型写下生动注脚。

（王珏　张驰　《人民日报》2024 年 09 月 01 日第 01 版）

云南大理探索生态价值与经济效益双赢
洱海源头海菜花又开

洱海北端溯源而上 20 公里，一度濒危的海菜花，在云南大理洱源县簇簇盛开。

"海菜花怕脏，只有清澈见底的湖水才能留住它。"2024 年 8 月 21 日，洱源县右所镇松曲村村民早育茂蹚入水塘，举起手机开始直播。

这些年，国家二级保护野生植物海菜花在洱海重建了群落，洱源县人工种植的海菜花也端上了各地的餐桌。早育茂回到家乡，直播售卖村民种植的海菜花。

"小时候，河沟里才能见到零星几朵。现在，海菜花回来了，我也回来了。"早育茂说。

海菜花重开，见证了洱海流域生态环境的修复。

有"水质试金石"之称的海菜花，对水体清澈度要求很高。2023 年，洱海水质总体优良。然而，回望世纪之交，开发无序，污染入湖，水质恶化，蓝藻暴发，海菜花难觅踪迹。

问题在水里，根源在岸上。狭长的洱海流域，周边居民近百万，世代"靠水吃水"；每年大量外来游客，也增加了治污压力。

"流域农业面源污染，是洱海水质恶化的重要原因。"长期研究洱海水质的上海交通大学教授王欣泽说，"施在农田的氮磷化肥，留在土壤的生活垃圾，都可能随降水和地表径流冲刷进洱海，加剧水体富营养化，造成蓝藻暴发。"

截污控污，势在必行。"采取断然措施、开启抢救模式"，还一泓清水于洱海，云南举措频出——"七大行动""八大攻坚战""六个两年行动"和"九个三年精准提升行动"接续保护洱海，每年 6 亿元专项资金用于支持洱海治理，129 公里洱海环湖生态廊道建立起生态屏障，3.75 亿吨生活污水经截污治污体系收集处理……入湖污染负荷减少、再减少。

曾经大规模种植大蒜的右所镇，是洱海流域农业面源污染防治的难点区域。"大蒜喜水喜肥，种植过程中会产生富含氮磷的农田尾水，对洱海造成面源污染。"王欣泽说。

2018 年起，大理白族自治州调减大蒜种植面积，逐步在洱海流域实现大蒜"零种植"。此外，一张长达 5743 公里的地下污水收集管网在洱海流域铺开。民居、客栈、餐厅和企业的污水，都接入这张网。

洱海水复清、海菜花又开，村民们也打心底里高兴。可放弃了亩产值超万元的大蒜，"钱袋子"一直鼓不起来——生态价值与经济效益，如何兼顾？

直到海菜花出现。"不仅不用施加氮磷肥，海菜花还能吸附泥沙，吸收氮磷，净化水质。"洱源海菜花产业研究基地总工程师钟岚说。

洱海水清，游客自来，特色美食海菜花也跟着"水清花价高"。海菜花越种越多，现实的难题随之而来——"娇气"的海菜花，保鲜期较短，难以远销。2023 年，洱源县人民政府与上海交通大学陆伯勋食品安全研究中心携手，开展技术攻坚，将海菜花的保鲜稳定期限提升至 12 天，大大拓宽了销售市场。截至目前，全县共种植海菜花 3000 亩，年产量 5400 吨，带动 158 户种植户增收 1080 万元。

"海菜花既是'生态菜'，又是我们的'致富菜'！"早育茂是松曲村三江源水产品种植专业合作社的一名主播，"带货"海菜花每年为她带来 15 万元的收入。松曲村党总支书记芮龙佳谈起海菜花来也赞不绝口："这么好的菜，为什么不种？村里种植海菜花，年收入 200 万元。"

海菜花生根、发芽、绽放，老百姓种植、销售、增收。"人不负青山，青山定不负人"的道理，正蕴于其中。

"不赚带污染的钱、不要带污染的项目，不断推动产业生态化和生态产业化。"云南省生态环境厅副厅长兰骏表示，云南将坚持以高品质生态环境支撑高质量发展，推动经济社会发展全面绿色转型，争当生态文明建设排头兵。

（栾心怡 杨文明 《人民日报》2024 年 08 月 30 日第 01 版）

坚持生态优先、陆海统筹
福建谱写绿色低碳发展新篇章

2014 年 11 月，习近平总书记在福建调研时指出："要大力保护生态环境，实现跨越发展和生态环境协同共进。"2021 年 3 月，习近平总书记在福建考察时强调："要坚持生态保护第一，统筹保护和发展，有序推进生态移民，适度发展生态旅游，实现生态保护、绿色发展、民生改善相统一。"

福建深入贯彻落实习近平总书记重要讲话精神，践行习近平生态文明思想，立足"山多海阔"的地域特征，坚持走生态优先、陆海统筹的绿色发展道路，深入实施生态省战略，扎实推进国家生态文明试验区建设。

行走八闽大地，满目郁郁葱葱，抬头仰望是清新的蓝，环顾四周是怡人的绿。

如今的福建，作为首个国家生态文明试验区，坚持生态环境"高颜值"和经济发展"高素质"协同共进，拓宽绿水青山向金山银山的转化通道，绿色低碳发展不断取得新进展，以约占全国 3% 的人口、1.3% 的土地、3% 的能耗，创造了全国 4.3% 的经济总量。

生态优先，"绿水青山"底色愈发鲜亮

武夷山国家公园桐木辖区内，徐自坤几乎每天都要上山，察看有无火灾隐患、盗砍乱伐，以及有无新的动物出现。

徐自坤是武夷山国家公园福建管理局星村执法大队桐木中队的中队长。每次和巡护人员一起巡护前，他们都要点开手机上的"巡护助手"应用程序，记录巡护路线。

"过去，巡护全靠人。现在，不光人员增加了，还有了科技的帮忙。"徐自坤说，天上有卫星，空中有无人机，地上有巡护人员，国家公园生态保护更

全面。

武夷山国家公园的生态保护状况，正是福建全省推进生态文明建设的缩影。

福建森林覆盖率连续多年居全国首位。这既是福建着力构建从山顶到海洋的保护治理大格局的实践成果，又与坚持"致广大而尽精微"的努力分不开。

一艘游船，能做怎样的生态文章？

三明市泰宁县大金湖上，一艘艘纯电动游船正载着游客徜徉于山水之间。一艘游船每日往返 2 趟、每趟可满载 120 名游客，与同等级燃油船舶相比，每年可以减少二氧化碳排放 8.25 万吨。

生态旅游是泰宁的主导产业之一。泰宁县旅游管委会副主任陈宁璋介绍，近年来，泰宁实施"零碳"旅游建设，"零排放、零污染"电气化产品大量应用。

一条小溪的污染治理，带来怎样的生态效应？

南平市延平区炉下镇斜溪村，一条清溪穿村而过。20 世纪 90 年代，这里曾因无序养殖，生态污染严重。痛定思痛，开展污染治理，引进环保治理技术，试点"循环经济""净水工程"……一系列严格的环保措施和修复治理下，斜溪村发生美丽蝶变，成为远近有名的生态旅游打卡地。

延平区委书记黄桂诚介绍，延平建立生态智慧巡查中心，创新"跨区域协作"机制，开展闽江上下游"巡河交水"，守护一江碧水。2023 年，延平全区 10 个省控重点小流域断面水质达标比例 100%。

2024 年 7 月，福建省颁布闽江、九龙江流域保护管理条例，明确在法治层面增强流域保护管理的系统性、整体性、协同性，推动流域高质量发展。

治水努力，治山同样要下功夫。

位于龙岩市上杭县的紫金山铜金矿床，是世界级高硫化浅成低温热液金属矿床。近年来，这里持续开展金铜矿渣废弃地和边坡治理及生态恢复技术研究，总结出"分层治水、截短边坡、土壤改良、植物选择"恢复"十六字诀"。金铜矿渣堆成的人工山经过治理后，植被密集，长势蓬勃。

与上杭一县之隔的长汀，曾是我国南方红壤区水土流失最严重的县份之一。山地植被恢复、茶果园生态治理、崩岗综合整治、生态清洁小流域系统治理……长汀县持续探索，走出了一条适合当地实际的水土流失防治之路。2023

年，长汀全县水土保持率已提升至93.56%。

"绿水青山"底色愈发鲜亮，福建水土保持率从2011年的90.05%提升至2023年的92.95%，位居全国第一方阵，成为南方红壤区水土流失治理的典范。

福建省生态环境厅负责人介绍，近年来，福建统筹高质量发展和高水平保护，坚持生态优先、绿色发展，大力推进流域性、区域性、行业性污染整治，为高质量发展腾出环境容量，努力在更高起点建设生态强省。

创新变革，在加强生态保护中改善民生

"不砍树也致富，哪能想到，如今'空气'也能卖钱了！"回忆代表常口村领取到编号为"0000001"的全国首张林业碳票时的情景，三明市将乐县高唐镇常口联村党委书记张林顺仍然难掩兴奋。

2021年5月，三明市举行林业碳票首发仪式，签发、转让首批林业碳票5张，共计碳汇29715吨，涉及常口村的3197亩生态公益林。这批林业碳票为常口村村集体带来了14万元收入。2022年9月，常口村村民收到了首批林业碳票分红。

多年来，福建持续将林改向纵深推进，通过发展林下经济、森林旅游、林业碳汇等，青山逐渐点绿成金；通过培育新型经营主体，鼓励适度规模经营，林业经营质量不断提高，绿水青山的守护者有了越来越多的获得感。

与此同时，福建不断创新生态保护机制，推进绿水青山与金山银山相互赋能。

武夷山市星村镇燕子窠生态茶园，一畦畦茶树间，大豆茎叶已长到小半米高。"通过在林间套种大豆和油菜，茶园不施化肥、不打农药，种出来的茶品质更好，单价更高。"基地负责人杨文春笑着介绍，"茶叶收益少说提升30%。"

不远处，名为"茶香径"的小道就设于绿水青山之间。品茶、玩水、登山……小小茶香径，人气不低。为了更好保护武夷山国家公园，南平市在1001.41平方公里的武夷山国家公园福建片区外，划定4252平方公里的环武夷山公园保护发展带，并按照重点保护区、保护协调区、发展融合区，分层分区保护和发展。

"对于国家公园范畴的重点保护区，我们实施最严格的生态环境保护措施；

在国家公园红线外约 1 公里区域的保护协调区，坚持生态保护优先，统筹保护与发展；在保护协调区外围约 4 公里的发展融合区，引导发展绿色产业。"南平市自然资源局总规划师魏金俤介绍。国家公园周边分散的自然风光、山水田园、传统文化、人文景观等资源串珠成线，成为发展生态旅游、带富一方百姓的最好资源。

良好生态环境是最公平的公共产品，是最普惠的民生福祉。如今的福建，天更蓝了，2023 年全省设区城市空气质量优良天数比例达 98.5%；水更清了，全省主要流域国控断面优良水质比例达 99%；海更净了，全省近岸海域水质优良比例达 88.7%。

良好的生态环境，也让群众在生活中有了更多的幸福感。

在福州，乘一艘游船行驶白马河上，两岸绿意连绵、美景不断。在福州，内河游正成为越来越多市民和游客的新选择。拥有 139 条内河的福州，多年来持续推进城市水系综合治理，大力开发水上交通和内河旅游，目前已开发晋安河、东西河、流花溪等 18 条河湖水系，累计通航 59 公里。"生活在这里，就像生活在画中。"福州市民黄学鼎说。

无价之宝愈显珍贵。数据显示，2023 年，福建省游客接待量、旅游收入分别达到 5.72 亿人次、6981.08 亿元，文旅经济成为全省 GDP 占比达 10% 的支柱产业。

转型升级，实现绿色低碳高质量发展

海上的风，如何"吹"亮陆上千家万户？福清兴化湾给出了答案。

这里是我国海上风电资源最丰富的地区之一，蔚蓝海面上 59 座"大风车"挺立。福清海峡发电有限公司电力运行部副经理王家彬指着一台 10 兆瓦的海上风电机组介绍："它转一圈所发电能，就够普通三口之家用一天。"

海上风电装备制造与海上风电场建设齐头并进。兴化湾海上风电场几公里之外，就是福建三峡海上风电国际产业园，这里也是我国首个全产业链海上风电产业园。截至 2024 年 6 月底，福建海上风电并网装机规模达到 372 万千瓦，预计每年可替代标准煤 400 多万吨，减排二氧化碳超过 1100 万吨。

新征程上，福建以创新推动产业转型升级，着力实现绿色低碳发展。福建省发展和改革委员会负责人介绍，福建正加快实施重点领域节能降碳改造升级，有序推进能源结构不断优化，系统构建沿海产业节约集约布局、山区生态重点保护、山海协同联动的绿色发展格局。

逐"新"而行，节能降碳提质增效。在厦门象屿综合保税区，通过园区光伏设备全覆盖、用能绿色化、装卸设备电动化、照明设备低能耗化等手段，实现了园区绿电能源的"自给自足"，多措并举实现产业园区深度减排，成为国内领先的"能源自平衡零碳园区"。

迎"蓝"而上，激发海洋经济潜力。福州连江县的"闽投1号"是全国首台半潜式渔旅融合深海养殖装备，可年产大黄鱼约600吨，依托智慧化平台，养殖只需要1至2名操作人员。船下养鱼，船上还可发展生态旅游，实现多重收益。目前，福建正在加快推进惠安、秀屿等地的深远海养殖装备的建造工作，不断推动水产养殖向深海、绿色、智能化转型升级。

点"绿"成金，做强做大生态产业。泉州晋江市以河长制为依托，将湖库塘长制纳入全面实行河长制工作体系，水岸同治，九十九溪再焕新颜，溪畔3485亩高标准农田生机再现，农业种植效益提高30%以上。南平市延平区发挥山水生态资源优势，大力培育乳业、百合花、竹产业、茶产业和闽江水资源保护与利用等特色产业。从全省数据看，茶叶、蔬菜、水果、畜禽、水产、林竹、花卉苗木、食用菌、乡村旅游、乡村物流等福建十大乡村特色产业，总产值已超2.3万亿元。

化废为宝，披绿生金蹄疾步稳。龙岩市永定区龙潭镇开展历史遗留废弃矿山生态修复工程，引入园林企业，发展蝴蝶兰"美丽经济"，一座座温室大棚陆续矗立在山头，过去的"黑煤山"华丽转身为"花果山"，成为省内知名的蝴蝶兰生产基地，带动近2000人就业，年人均收入可达5万元以上。2023年起，福建组织开展历史遗留矿山生态修复三年行动，划定8个生态修复集中区，分解下达10万亩废弃矿山修复任务，现已完成3.4万亩。

生态要素的"含绿量"，激发高质量发展"含金量"。近年来，福建创新生态文明激励机制，大力推行排污权、碳排放权等资源环境权益交易制度。排污权交易市场活跃，企业节能降碳减排内生动力有效激发。

2021 年，兴业银行厦门分行设立"蓝碳基金"，专项用于委托厦门产权交易中心采购碳汇以抵消指定的碳排放，引导客户践行碳减排，通过"蓝色碳汇"助力碳中和。当年 9 月，兴业银行厦门分行通过"蓝碳基金"购入首笔海洋碳汇，完成泉州市洛阳江红树林修复项目海洋碳汇交易。

"我们将深入学习贯彻习近平生态文明思想和党的二十届三中全会精神，咬定青山不放松，一任接着一任干，接续推进生态省建设，坚持以改革破解难题、求解新题，谱写人与自然和谐共生的美丽中国建设福建篇章，努力让绿水青山永远成为福建的骄傲。"福建省委相关负责同志表示。

（蒋升阳　张意轩　余荣华　刘晓宇　王鉴欣　林渊
《人民日报》2024 年 08 月 28 日第 01 版）

福建以高水平保护支撑海洋经济高质量发展
立足海的优势　做实海的文章

　　漫步福建省厦门市环东海域，碧海银滩边，茂盛的红树林点缀着海岸线，多个生态公园串珠成线，构成滨海旅游的怡人风景。"瞧！白鹭又来了！"轻按快门，数只白鹭在摄影师陈博的相机中留下曼妙身影。

　　在本地人陈博眼中，环东海域曾经是另一番景象——因水产养殖无序、海域淤积严重，环东海域生态修复困难重重。2006 年，厦门启动环东海域综合整治工程，经过长期努力，海水干净了，中华白海豚、黄鳍鲷等野生海洋生物也重新回到人们视野。

　　沿着海岸线向南，漳州市云霄县的漳江入海口赫然入目，陆地与海洋的交接处，一片红树林郁郁葱葱。这片曾被互花米草等外来入侵物种占据的海滩，如今已重新披绿。不远处的佳洲岛上，亭台立水，白鹭觅食，每一帧都是好风景。

　　2016 年以来，漳江口红树林国家级自然保护区通过开挖潮沟、局部清淤等方式，恢复退化红树林 500 亩，并持续开展退养还湿和互花米草、三叶鱼藤等有害生物的除治工作。

　　"烂海滩"摇身变成"浪漫线"，厦门环东海域和漳州漳江口的美丽蝶变，映射出福建省近年来扎实推进海洋生态高水平保护的成效：建立源头至末端的全链条海洋治理体系，生态开发和保护并重，海洋生态持续向好，2021 年至2023 年，福建省近岸海域优良水质比例持续高于 85%，海水水质稳步提升，海域生态环境质量稳中向好。

　　从霞浦海岸的辽阔无际到平潭岛的礁岩傲立，从湄洲湾的海波浩瀚到环东海域的诗意洒脱，作为海洋资源大省，福建有 13.6 万平方公里的海域，为陆域面积的 1.1 倍，大陆海岸线长达 3752 公里，居全国前列。

多年来，福建省着力加强海洋生态的高水平保护，颁布《福建省海岸带保护与利用管理条例》《福建省"十四五"海洋生态环境保护规划》《加快建设"海上福建"推进海洋经济高质量发展三年行动方案（2021—2023 年）》等政策举措，系统谋划海洋生态环境保护目标、重点任务、重大工程与政策措施等，坚定不移走生态建设与增收致富有机结合的绿色发展之路——

万顷碧波可"耕田"。在宁德，从 2018 年起，着力开展海上养殖综合整治，推行海域权属分配的"四权""两证"改革，走出了一条依法用海、规范养殖、多方共赢的改革之路，大黄鱼、海参、紫菜等多项海产品产量领跑全国。在福州连江，全国首台半潜式渔旅融合深海养殖装备"闽投一号"的养殖水体内，大黄鱼成了"健身鱼"，科技助力"海上牧场"建设，水产品质再上新台阶。2023 年，福建省海洋经济总量近 1.2 万亿元，水产品出口额、水产品人均占有量等居全国前列。

浩荡海风产绿电。福清市兴化湾是我国海上风电资源最丰富的地区之一，在这里，59 台海上风电机稳稳矗立——总装机容量达 357.4 兆瓦的三峡福清兴化湾海上风电场，源源不断将海风化为绿电，点亮千家万户。截至 2024 年 6 月底，福建省海上风电并网装机规模达到 372 万千瓦，预计每年减排二氧化碳超过 1100 万吨。

万亩滩涂化风景。霞浦坐拥 265 万亩的浅海滩涂，近 10 年来，"风光摄影胜地""最美滩涂"等因摄影而生的美誉，让"滩涂摄影"这一金名片越擦越亮，每年都吸引着 70 多万人次前来观光摄影，摄导、摄模等新职业顺势而生，直接带动 2 万多群众就业，促进旅游增收 10 亿元以上。2023 年，福建省推出 5 条滨海旅游路线，延伸拓展滨海旅游产业链条。

"多年来，福建立足海的优势，做实海的文章，以高水平保护支撑高质量发展，海洋经济、现代渔业建设走在全国前列。"福建省海洋与渔业局有关负责人说。

2024 年 7 月，福建省委和省政府印发《关于更高起点建设生态强省谱写美丽中国建设福建篇章的实施方案》，明确要深化山海全域污染防治、守牢美丽福建安全底线，到 2027 年，海岸海域海水优良水质比例接近 90%。

"我们将坚持生态护海，进一步呵护海洋良好生态，在新征程上加快建设'海上福建'，为新福建建设注入强劲'蓝色动能'。"福建省有关负责同志表示。

（刘晓宇　林渊　《人民日报》2024 年 08 月 18 日第 01 版）

福建探索完善林业生态产品价值实现机制
山林好生态　致富好资源

位于福建省三明市沙县区的将军山，最近格外热闹。

山脚下，沙县区凤岗街道际硋村的林农魏发松每周都要来看看。他种了近3年的林下作物，这几个月就要迎来第一次收获了。放眼望去，牛奶根、穿山龙、黄精、草珊瑚等遍布林间。"好山好水孕育好产品。如今不砍树也能致富，亩均年收益少说也有千元！"魏发松说。

山林里，沙县区国有林场场长鲍兴坤也是常客，这里有他们培育的立体种植示范林。沿着山路往上走，闽楠、鄂西红豆等珍贵阔叶树套种其间；再向上，10多米高的人工杉木林郁郁葱葱。"山下种药，山上种树，山间套种珍贵树种。通过立体科学种植，我们的树木长势更好，林间利用率大大提升，亩均收益是单纯种树的10倍。"鲍兴坤说。

山间小道上，马岩休闲度假有限公司总经理张敏正带领游客参观。依托好生态，这里建起一片森林康养基地。"正值暑假，游客周周爆满。住林间小屋，品生态美食，客人来玩，看中的就是好生态。"张敏说。

山上能种树，山下能种药，山间能旅游。分类经营，丰富产品，提高林业空间利用效率，这是近年来福建探索完善林业生态产品价值实现机制的一个缩影。

2023年，福建森林覆盖率达65.12%。而过去，广大林农守着青山，生活不富裕，乱砍、盗伐现象也一度比较严重。2002年，福建在全国率先开展集体林权制度改革，随着林改的推进，从砍树到种树，荒山变青山；从卖木头到卖多种林业生态产品，青山逐渐点绿成金。现如今，林业生态产品如何更丰富？山林利用率如何进一步提升？林业效益如何进一步增加？福建不断寻求从好到更好的答案。

制度保障是基础。从"分山到户、均林到人"的林权证；到推动"三权分置"改革，将经营权从承包权中分离；再到林下空间经营权证，一张张凭证的发放，让越来越多的林业经营主体定了心。

"生金"方式越发丰富。从卖木头，到卖林下经济产品，到更大范围的林业生态产品，林业生态价值实现路径不断拓宽。在南平市延平区，从过去无序养殖，到实现"由乱到治""由治到美"的蝶变，如今依托山林好生态，"一瓶奶""一朵花""一根竹"等生态绿色产业蓬勃发展。2023 年，延平全区百合花种植面积 8500 亩，产值达 6 亿元；乳业年产值达 20 亿元。

森林绿色产业的效益如何进一步提升？在山区，技术短板是企业的普遍难题。基于此，南平市绿色产业创新服务平台应运而生。企业研发有哪些技术瓶颈？在哪里又有答案？通过平台即可精准对接。位于南平邵武市的兴达竹业有限责任公司，曾长期受困于竹建材的易腐问题。企业将需求上传至平台后，平台对接专家库，兴达竹业与来自武夷学院、南京林业大学专家的研发方向精准匹配。双方碰撞需求，一拍即合。"经过两个多月的试验，目前进展顺利，新技术运用投产后，企业产值预计提升 10 倍。"邵武市兴达竹业有限责任公司负责人吴敏达说。

林子之外，更有新突破。在三明市将乐县高塘镇常口村，这里珍藏着一张特殊的碳票。2022 年，就是凭着这张碳票，常口村 3197 亩生态公益林，核算 5 年的碳减排量后进行交易，1000 多名村民每人领到了 150 元的碳票收益。"空气也能卖钱啦！"村民孙桂英高兴地说。

"近年来，福建实施最严格的生态保护政策，在此基础上大力发展林业绿色产业，林业产品品类不断丰富，林业产品附加值不断增加。2023 年，福建实现林业总产值 7651 亿元。"福建省林业局副局长林旭东说，下一步，福建将以建设全国深化集体林权制度改革先行区为契机，在调动发展动能、畅通"两山"转化、统筹保护发展上走在前头，不断完善林业生态产品价值实现机制，继续坚定不移走生态优先、绿色低碳发展之路，大力促进生态美和百姓富的有机统一。

（王崟欣　林渊　《人民日报》2024 年 08 月 16 日第 01 版）

福建不断健全绿色制造体系
产业向绿　生态向美

走进位于福建晋江经济开发区的凤竹纺织科技股份有限公司，挑高 12 米的车间里，机器轰鸣，一批针织面料正在经过蒸汽的高温熨烫，再过半小时，这批面料就将运抵下游成衣企业，化身为整洁有型的运动衫。

用于熨烫的蒸汽并没有在空中消散，而是经由一条条腰身粗细的管道回收后又投入染色环节。"染色的温度要求比熨烫低，蒸汽重复利用可以有效降低能耗。"凤竹纺织行政副总经理叶炜刚说。

如今的凤竹纺织，有多项"绿色"技能助力：柔性支架搭建的太阳能光伏，新型智能、节水、节能和环保工艺设备，智能染色中控系统……

"一套组合技术下来，我们的综合能耗降低了 20% 以上"，叶炜刚说，从传统的能耗大户到智能、绿色印染的践行者，凤竹纺织在绿色制造中受益。

强化创新支撑与示范、加大政策扶持力度……凤竹纺织所在的晋江经济开发区，近年来持续加强对绿色制造的投入，成效明显。以印染纺织行业为例，从 2021 年至 2023 年，开发区内该行业单位生产总值废水排放、挥发性有机物分别减少 47% 和 79.3%，单位工业增加值二氧化碳排放强度减少 36.6%，有效实现"碳""污"同减。"产业智造向'绿'而行，园区生态环境不断提升。"开发区党工委书记许国鑫说。

与晋江经济开发区隔江相望的泉州数字经济产业园内，大河数智（泉州）增材技术有限公司的 3D 打印生产车间里星火闪耀，金属粉末在激光作用下熔化，再经氮气吹粉凝结，每次凝结的厚度仅 0.4 毫米，经过数百上千层的精细堆叠，近 20 个小时后，一双鞋模具逐渐成型。"效率比传统生产浇铸模具技术提高了 60% 以上，还避免了重污染的酸洗工序和边角料的浪费。"公司运营部负责人鄂涛介绍。

锚定金属 3D 打印和拓扑结构设计的细分领域，破解传统模具生产高污染、高耗能的难题，大河数智在 2022 年被引入泉州。"鞋服产业提质升级，必然要在模具、纺织、面料等上游环节把好'绿色关'。"泉州数字经济产业园负责人陈胄表示。

鞋服产业持续向绿的发展轨迹，展现出福建不断健全绿色制造体系的发展思路：作为全国首个国家生态文明先行示范区和全国首个国家生态文明试验区，福建坚持生态环境"高颜值"和经济发展"高素质"协同并进，通过政策引导、标杆带动、示范推广、优化生态等举措，深入推进工业数字化转型，全面推动制造业绿色发展。数据显示，福建以约占全国 3% 的能耗，创造了全国 4.3% 的经济总量。

——持续推动产业链延伸，促进能效稳步提升。在龙岩上杭县，传统金铜矿开采业的产业链不断延伸，通过将铜冶炼的副产品硫酸"变废为宝"，氢氟酸、含氟材料等新材料产业快速发展；锂电池材料、半导体材料、高端湿电子化学品材料产业也在拔节生长，共同推动上杭成为全国百强县。

——持续推进工业资源循环利用。在莆田湄洲湾国投经济开发区，华兴玻璃厂的厂房内，从全国各地回收的碎玻璃经清洗、分拣等流程后，被送入窑炉高温炼制，成为全新的玻璃瓶制品——每年有 20 多万吨废弃玻璃在这里被赋予新的生命。湄洲湾国投经济开发区如今已拥有 5 家国家级绿色工厂和 6 项国家级绿色设计产品，新质生产力蓬勃发展，成为当地新的增长极。

——持续深入推进节能降碳。在厦门海沧台商投资区，海润码头的绿色智慧港口建设正快速推进，过去有"油老虎"之称的龙门吊已改为电力驱动，纯电动巡逻车和叉车忙碌往返，拖车过闸已完全实现智能化运作，生产节能率已达 18.9%。2024 年 1 月，厦门及海沧台商投资区入选全国首批减污降碳协同创新试点城市和产业园区。

——持续探索碳计量自主标准。在南平工业园区，获国家市场监督管理总局批准设立的国家碳计量中心（福建），正着力探索填补我国碳计量领域的空白。中心构建了一套"空天地一体化"碳监测体系，参与国家重点研发计划项目"碳排放监测数据质量控制关键测量技术及标准研究"。中心还与当地企业南平铝业合作，为企业"量体裁衣"定制碳排放自动监测解决方案。

"福建省绿色制造体系正不断健全，全省国家级和省级绿色工厂共实现工业产值超万亿元。"福建省工业和信息化厅副厅长郑伟表示，今后，福建将继续加快制造业数字化智能化同绿色化深度融合，持续推进工业资源综合利用。

森林覆盖率连续 45 年保持全国第一，历年污染防治攻坚战成效考核均为优秀，主要污染物排放强度为全国平均水平的 60%……产业向绿与生态向美同频共振，绿色是福建的发展底色，也是产业机遇。

"我们将认真贯彻落实《中共中央国务院关于加快经济社会发展全面绿色转型的意见》，把绿色转型的要求融入经济社会发展全局。"福建省发改委有关负责人表示，下一步，福建将推动重点领域绿色转型，加快山海联动协同转型，统筹推进创新安全转型，着力打造绿色发展高地。

（刘晓宇　余荣华　《人民日报》2024 年 08 月 15 日第 01 版）

江西积极推进能源结构转型
"绿电"这样诞生

夏日，走进江西省吉安市万安县韶口乡韶口村，远远望去，水库的开阔水面上，一排排深蓝色的太阳能光伏板一眼望不到头。走近来看，水面下方，活泼的鱼儿竞相追逐。

水上发电，水下养殖。2020年起，万安县与三峡新能源万安发电有限公司合作，在仙人港水库等闲置水面及周边抬田区域上千亩水域上，建成了54兆瓦"漂浮式"渔光互补光伏发电区。

三峡新能源（集团）股份有限公司江西分公司总经理王强介绍，这里的水库已经转变为生态渔业产业和清洁能源生产示范基地。顶着大太阳，村民曾广平来到库区查看。他是这里的鱼塘承包人。"以前从没想过水面上也能发电，还不占地方。现在发电养鱼兼顾，比单纯养鱼能增收不少。"

"光伏发电与渔业养殖都会占用大量土地和水面资源，'渔光互补'模式开创性地把两个产业有机融合，一举多得。不仅空间上提高了土地利用效率，还输出了环境友好的清洁能源。"行走库区，韶口乡党委书记邱野向笔者介绍。

韶口乡的另一个村——梅岗村，谋的则是"地上发电、地面种草"的差异化路子——地上同样装太阳能光伏板，下面种牧草，目前已建设38兆瓦"打桩式"农光互补发电区。

自2021年6月首批并网发电以来，韶口乡"渔光＋农光"项目累计发电约2亿千瓦时。项目完全建成后，预计每年可发电约1亿千瓦时，与相同发电量的火电相比，每年可减少空气污染物排放约9.7万吨。

在万安县，除了光，水、风也能发电。近年，万安依托绿色生态资源优势，聚焦打造全省最大的清洁能源基地、中部地区风光储国家综合能源示范基地和国家级新型能源示范县目标，推动水、风、光多能互补一体化、产业化、集群化发展。据统计，万安县清洁能源实际装机总量达 100 余万千瓦。

万安是一个缩影，在江西，清洁能源产业四处开花。按照"分布式与集中式并举、优先就近就地利用"原则，江西加快提升风电和光伏发电占比，因地制宜推动农林生物质和城镇生活垃圾发电。

——在宜春市靖安县三爪仑乡和宝峰镇的崇山峻岭间，国网新源江西洪屏抽水蓄能电站利用高低不同的地势，通过低抽高发，以"调峰填谷"的独特优势，促进电力消纳。

——在赣州市崇义县乐洞乡，"绿电"从龙归风电场输送到千家万户。江西省最大的高山风电组成项目之一——兴国茶园风电场，年发电量约 2 亿千瓦时，可为当地每年节约标准煤约 8 万吨、减少二氧化碳排放约 20 万吨……

——江西洪城康恒环境能源有限公司是南昌市的生活垃圾处理地，"年处理 100 万吨生活垃圾。"公司副总经理龚宇亮告诉笔者，"垃圾焚烧发电时产生的烟尘、氮氧化物等经过先进烟气处理工艺进行无害化处理后才排入大气，真正实现'垃圾'变'绿电'。"

——上饶市拥有国家光伏高新技术产业化基地，组件产能占全球的 4.5%。这里集聚了晶科能源、信义光能、海优威新材料等龙头企业，形成了"硅片—电池片—辅材—组件—应用"一体化的全产业链条。2023 年，全市光伏新能源产业营业收入超过 1600 亿元。

"2023 年，江西省可再生能源发电装机已超过火电。"江西省发展改革委党组成员、省能源局局长温俊杰表示，截至 2024 年 5 月，江西省可再生能源发电装机达 3536 万千瓦，占全省总发电装机容量的 55.2%。绿色，已成为江西省电力装机增长的主色调。

（王丹　何欣禹　《人民日报》2024 年 07 月 17 日第 02 版）

江西多措并举保护长江水质
为了一江碧水东流

万里长江奔流不息，在江西留下 152 公里的"黄金水道"。

2023 年 10 月 10 日，习近平总书记在九江市考察调研时指出，无论未来长江经济带怎么发展、发展到哪个阶段，都不可能离开长江的哺育。要从人与自然和谐共生的生命共同体出发，着眼中华民族永续发展，把长江保护好。

为了守护一江碧水，江西多措并举，持续做好治山理水、显山露水的文章。

站在中国石化九江分公司储运运行部 2 号码头，可见长长的银色管道整齐排列，连接引桥和泊位。"这就是运输管道。在管道陆域和水域交接的地方，我们安装了远程紧急切断阀，一旦出现意外，可以防止油污外泄。远处江面上的橙色带子是充气式围油栏。"九江石化储运运行部副总工程师胡荣江告诉笔者。

来到九江石化斑鸠园水生态景区，只见池水清澈，锦鲤游弋……各类污水经过处理后，能够养鱼。抬头一望，不远处便是钢铁森林一般的石化设备。池塘边的电子屏幕上，环境实时监测数据一目了然：污染物浓度远低于国家标准。

这些年，江西长江沿岸的"绿"意越来越浓。

九江市独拥长江江西段 152 公里岸线。市产业升级促进中心副主任龚辛孙告诉笔者："九江市近年来对长江沿岸的小型化工企业进行整顿清退，已完成 127 家分类排查和整顿，其中清退 33 家。同时，九江大力发展战略性新兴产业，共有国家级绿色工厂 26 家、国家级绿色园区 2 家。"

为防止生活垃圾填埋对地下水水质产生影响，进而威胁长江水质安全，"近年来，九江市新建 3 座垃圾焚烧发电厂，实现了生活垃圾'零填埋'，100% 无害化处理。"九江市生态环境局副局长王新民对笔者说。

九江市彭泽县，是长江在江西的最后一站。

盛夏时节，彭泽县御龙湾长江湿地公园满目葱茏。难以想象，这里曾是废弃的狮子山采石场，一度岩壁裸露、水土流失严重。经过综合治理，废弃矿山变身公园，亲水平台、观江亭、游步道一应俱全，成为市民休闲、娱乐、健身的打卡地。

在彭泽县，像狮子山采石场一样的废弃矿山不止一处，多集中在长江沿岸。彭泽县拥有46.5公里长江岸线，以往的无序采矿给长江岸线留下一道道"疤痕"。

彭泽县聘请专业施工单位实行专业化修复，"目前，已完成51处废弃矿山生态修复工作，3家矿山成功创建国家级绿色矿山。"彭泽县自然资源局副局长欧阳垂星说。

江西长江流域面积约占全省面积的97%，几乎每条河都与长江相连，每年汇入鄱阳湖、经鄱阳湖调蓄后流入长江的水量接近1500亿立方米，约占长江总水量的15%。近年来，江西推进赣江、抚河、信江、饶河、修河、鄱阳湖全流域综合治理，成绩亮眼。

江西最大的河流赣江是长江主要支流之一，它的水质直接影响长江。在赣江支流乌沙河岸边，一处看起来像口袋公园的地方，其实是南昌礼步湖污水处理站。

曾经，沿线居民区的生活污水直排导致乌沙河污染严重。2018年，为快速解决水体黑臭问题，占地面积4000平方米、日处理污水量2万吨的礼步湖污水处理站开建，两个月内便完工投运。

据江西金达莱环保股份有限公司总监张强华介绍，这座污水处理站运用新型污水处理工艺，避免了异味散逸，周边居民区的生活污水经处理后，出水可达地表水准Ⅳ类标准，直接回补乌沙河。

在附近居住多年的居民胡美锋对笔者说："以前河里都是污水，天气一热臭味飘好远，我们根本不到这里来。"有了污水处理站，乌沙河和礼步湖的水质好了起来，胡美锋经常一大早就来锻炼。

类似的故事，还发生在其他河湖沿岸。

五河归鄱湖，鄱湖入长江。站在长江边眺望，滚滚东去的江水，见证着江西奋力保护长江的绿色答卷——

长江干流江西段连续6年保持Ⅱ类水质，江豚在江面嬉戏的场景频频出现……长江生机勃勃，江西欣欣向荣。

（刘发为　何欣禹　《人民日报》2024年07月16日第02版）

江西奋力打造生态文明建设高地

党的十八大以来，习近平总书记每次到江西考察，都对生态文明建设念兹在兹。

2016年2月，习近平总书记在江西考察时指出："江西生态秀美、名胜甚多，绿色生态是最大财富、最大优势、最大品牌，一定要保护好，做好治山理水、显山露水的文章，走出一条经济发展和生态文明水平提高相辅相成、相得益彰的路子。"

2019年5月，习近平总书记在江西考察时要求："要加快构建生态文明体系，做好治山理水、显山露水的文章，打造美丽中国'江西样板'。"

2023年10月，习近平总书记在江西考察时强调："坚定不移走生态优先、绿色发展之路，推动全面绿色转型，打造生态文明建设高地。"

江西广大干部群众深入学习贯彻习近平生态文明思想和习近平总书记在江西考察重要讲话精神，扎实推进美丽江西建设，奋力打造生态文明建设高地。

从长江之畔到赣江两岸，从赣北到赣南，行走赣鄱大地，生态优先、绿色发展的势头愈加强劲。

擦亮"最大品牌"，拥有"好生态"

走进南昌市"江中药谷"，只见大雁游弋水上，天鹅散步岸边，林间小鹿不时探出头来……这里既不是动物园，也不是自然保护地，而是一家制药企业——华润江中制药集团有限责任公司湾里制造基地。

来到新余市新钢集团，炼钢厂区附近有多个公园。其中，青花瓷公园最受关注，是远近闻名的拍照"打卡"地。冷却塔披着青花瓷彩绘，与蓝天白云交相辉映，塔下不远处芳草茵茵、湖水澄澈。

　　江西生态"高颜值"，有底气也有压力。

　　向内看，江西自然禀赋优良、"生态家底"丰厚，森林覆盖率和生态质量指数居全国前列。如何守好绿色生态"最大财富"，发挥绿色生态"最大优势"，擦亮绿色生态"最大品牌"？如何守住"生态环境质量只能更好、不能变坏"的底线？这是江西的必答题。

　　向外看，江西生态关系全国。以水资源为例，这里拥有 152 公里长江黄金岸线，每年从赣江、抚河、信江、饶河、修河汇入鄱阳湖，经鄱阳湖调蓄后流入长江的水量平均接近 1500 亿立方米，约占长江总水量的 15%。如何确保"一湖清水入江，一江清水东流"？江西重任在肩。

　　江西生态"高颜值"，有机遇更靠努力。

　　在我国生态文明建设版图上，江西是兼具国家生态文明试验区和生态产品价值实现机制国家试点的省份。近年来，江西持续打好蓝天、碧水、净土保卫战，全面落实长江十年禁渔，推进赣江、抚河、信江、饶河、修河、鄱阳湖全流域综合治理，加强危险废物、尾矿库等重点领域环境风险排查整治，不断提升生态环境监测治理执法能力。

　　好消息一个个传来：长江流域重现"水清岸绿、鱼跃鸟飞"美景；江豚时隔 40 余年，重返南昌主城区赣江江段；许久未见的鳡鱼、大黄花虾脊兰等珍稀野生动植物，再次出现；全球 98% 以上的白鹤、95% 以上的东方白鹳等候鸟，在鄱阳湖越冬……

　　近年来，江西累计整治河湖突出问题 1.9 万余个。在全国水土保持规划实施情况评估中，连续 5 年获得优秀。2018 年以来，全省环境空气质量连续 6 年达到国家二级标准。2024 年上半年，全省空气优良天数比率为 93.9%，国考断面水质优良比例为 97%，县级及以上城市集中式饮用水水源地水质达标率为100%，长江干流 10 个断面、赣江干流 33 个断面保持Ⅱ类水质。"近年来，江西坚持水资源、水生态、水环境'三水统筹'，全面加强系统保护治理，交出了亮眼成绩单。"江西省水利厅副厅长陈何铠介绍。

　　江西生态"高颜值"，品牌效应日益显现。

　　"庐山天下悠、三清天下秀、龙虎天下绝"，江西美景举世闻名。近年来，当地新的文旅品牌不断涌现。凭借绿色生态优势，有"梯云村落、晒秋人家"美誉的婺源县篁岭、"从废弃矿区变身仙侠小镇"的上饶市望仙谷、让人"诗意栖居大自然"的大余县丫山等景点在全国知名度日益提升，成为"明星村""网红景点"。

江西的一些探索成为全国样板。赣州市曾因水土流失严重，许多丘陵山岗红壤裸露，经过 40 多年综合治理，这里重现绿水青山。崩岗治理"赣南模式"和废弃矿山修复"寻乌经验"已向全国推广。

此外，望仙谷"两山转化"、丫山"点绿成金"、长江江豚保护等典型经验在全国推广，九江石化绿色智能炼化、靖安绿色发展模式广受好评，赣南脐橙、南丰蜜桔、广丰马家柚等地理标志产品荣登全国百强榜。

推动"两山"转化，实现"高价值"

近年来，江西不断拓宽生态产品价值实现路径，让绿水青山的"高颜值"转变为金山银山的"高价值"。如何转变？位于赣西北的靖安县璪都镇港背村的实践，颇有代表性。

小村青山环抱，清溪潺潺，绿树成荫，森林覆盖率 95.7%。一度，港背村靠卖林木赚钱，成了"万元村"。后来，村子生态环境恶化，村民开始外出务工另谋生计。港背村"靠山吃山"，"吃"成了"空心村"。痛定思痛，港背村要翻身，还得"靠山吃山"。

"不过，'吃法'变了，现在要依山靠水。"村支书吴竹林说，近年来，村里发展养蜂等特色产业，又吸引乡贤投资，提升基础设施，打造竹筏漂流等项目，走上了生态旅游的新路。

"2023 年，全村旅游营收近 200 万元，村集体经济收入 40 余万元。港背村又风光了起来，绿水青山就是金山银山！"吴竹林说，从"万元村"到"空心村"，再到如今的生态富民村，港背"坐了一趟过山车"。

让资源变资产、资产变资本、资本变资金，发展生态旅游，江西有资源、有路径。

"我们充分挖掘绿色生态这个最大优势的价值，实施'生态 + 文旅'行动，深度融合生态旅游、文化旅游、红色旅游等产品形态，依据各地资源禀赋及特点，打造了全域一体型、城乡融合型、产业主导型、文化特色型、休闲康养型五大类生态旅游业态产品，满足游客个性化、差异化、多层次生态旅游需求。"江西省文旅厅厅长梅亦介绍，江西现有国家级旅游度假区 5 个、国家级森林康养基地 6 个、国家级"绿水青山就是金山银山"实践创新基地 10 个，2023 年全省林业旅游与休闲服务产值超千亿元。

推动"两山"转化，三产旅游大有可为，一产二产也"当仁不让"。

盛夏的清晨，樟树市店下镇芦岭村葱郁的山林里，树枝摇曳，光影斑驳。村民们早早出门，直奔林子，忙着给林下种植的中药材黄精松土、除草。

"店下镇森林多，土壤富硒，这里仿野生种植的黄精有 1.2 万亩。"种植承包人熊宇繁说。在"药都"樟树，有 10 多味中药材实现林下种植，总种植面积达 11.6 万亩，带动 2.9 万农户增收。

林下经济，不与粮争田、不与林抢地，是林业生态价值实现的重要途径。江西有国家林下经济示范基地 34 家，林下经济利用林地面积达 3762 万亩，2023 年林下经济综合产值达 1836 亿元。江西提出，到 2027 年，全省林下经济年产值达 3000 亿元以上，利用林地总规模达到 5000 万亩以上。

用林活绿，延伸产业链。竹建筑用材、竹纤维制品、竹家具、竹餐具、竹工艺品……立"竹"资源，做"竹"文章，江西在改造低产低效竹林基础上，加快推动竹加工产业发展，建竹产业集群、培育竹加工龙头企业、加强竹产业科研。江西现有 1400 余家竹加工企业，2023 年全省竹产业总产值达 798 亿元。

"两山"转化，需要量化生态价值，探索建立生态产品价值实现机制。

摸家底，算价值。近年，江西出台试行全省统一的生态系统生产总值（GEP）核算规范、统计报表制度、结果应用意见和生态资产价值评估管理办法，建成全省统一的生态产品信息共享与核算平台，完成省市县三级 GEP 初步试算。

资溪县在全省率先开展县域 GEP 图斑级精算。经核算，该县 2021 年 GEP 总值为 478.76 亿元，约为当年全县地方生产总值的 9.23 倍。

"截至目前，江西碳汇、水权、排污权、用能权累计成交额近 4500 万元，林业类生态产品累计成交额近 90 亿元。"江西省发改委副主任刘兵说。

坚持"双碳"引领，支撑"高质量"

佛吉亚歌乐电子（丰城）有限公司位于宜春市丰城市，工厂外墙上有 10 余扇大型"扇叶"。

"它们会随着阳光移动智能开合，在夏天减少建筑内热能辐射，帮助降低室内空调能耗。"佛吉亚中国区首席运营官李丽介绍，工厂建造之初就进行了一系列节能布局，如光伏发电设备、雨水收集系统、隔热建筑材料，地下还有地源热泵系统。这家工厂，正在引领当地汽车电子产业向更可持续、智能化的未来迈进。

节能降碳，各有高招。在南昌，华勤电子公司引入"5G+ 智慧能耗管理云平台"，综合能耗降低 20% 以上；在鹰潭，江铜贵溪冶炼厂利用数字化技术降低综合能耗 7% 以上；在赣州，江西金力永磁科技股份有限公司负责人介绍，将近 60% 的电能是被电机消耗掉的，而稀土永磁电机比传统电机节能 25% 以上。

数据显示，"十三五"时期，江西以年均 3.1% 的能耗增速拉动年均 7.6% 的地区生产总值增长。

构建废弃物循环利用体系，是加快发展方式绿色转型的重要举措。

一台酷似巨型"抓娃娃机"的抓斗机，忙碌地进行着抓卸作业。来到位于吉安市的井冈山经济技术开发区，走进光大环保能源（吉安）有限公司的垃圾吊控制室，一个能够存贮 1.3 万吨垃圾的巨大垃圾仓赫然立于眼前，2 台抓斗机正抓取垃圾倒入投料口焚烧。

公司总经理许鹏介绍，这里日均焚烧生活垃圾 1200 吨，年发电量达 1.3 亿千瓦时，服务人口超 200 万。截至 2024 年 6 月，公司已累计处理生活垃圾 188.4 万吨，提供绿色电力 7.44 亿千瓦时。"令人头痛的生活垃圾、餐厨垃圾及秸秆等固体废物，已成为我们发电企业的'香饽饽'，吃干榨尽、变废为宝，转换为绿色能源。"

在景德镇市浮梁县，景德镇金绿能新材料科技有限公司每天都在见证"神奇"变化——砖石碎块等固体废料被一车车运来，经过球磨机研磨、高温烧制等工艺，最终变成罗马柱、仿石砖、异形吊顶等建筑材料。公司董事长薛俊东说："我们的生产原料，85%以上是固体废料。在国外参加建材展时，我们的产品、生产方式还有生产理念都受到欢迎和认可。"

产业结构持续向好，进一步推动绿色发展。

近年来，江西壮大电子信息、航空、装备制造等优势产业，大力发展新能源汽车、锂电、光伏等绿色低碳制造业，电子信息产业营业收入站稳万亿元台阶。南昌高新区光电及通信产业集群、上饶经开区光伏产业集群，成为千亿级新兴产业集群。

据统计，2012年到2023年，江西高新技术企业从356家增长到近7000家。2023年，江西战略性新兴产业占规模以上工业增加值比重达28.1%，较"十三五"末提高6个百分点，数字经济增加值突破1.2万亿元，能耗产出效益指数达到1.3。

能源结构也在不断优化。"江西省可再生能源装机突破3370.1万千瓦，占发电总装机的比重突破50%。"刘兵介绍，2021年至2023年，江西完成现役煤电机组节能降碳改造2000万千瓦，占现役机组比例超80%，100个县市区中有92个接通管输天然气。在江西，城市中心区和高速公路服务区实现公共充电基础设施全覆盖，充电站"县县全覆盖"。铅山县压缩空气储能、分宜县混合储能2个项目，入选国家新型储能项目试点。

江西省委书记尹弘表示，要坚定不移走生态优先、绿色发展之路，努力在生态环境质量、绿色低碳转型发展、生态产品价值实现、生态文明制度建设上走在全国前列，走出一条具有江西特色的人与自然和谐共生的现代化道路。

（韩晓丽　郑少忠　陈振凯　周欢　程晨　刘发为　何欣禹　王丹

《人民日报》2024年07月14日第01版）

依托优美自然环境发展特色产业
江西推进生态与文旅深度融合

雨后初晴，薄薄的白云还绕在山腰，阳光已经唤醒了篁岭的清晨。曹日忠把雪白的衬衫扎进西裤，上山开始了一天的忙碌。曹日忠是江西省上饶市婺源县江湾镇篁岭村村民，也是"篁岭晒秋"民宿的主人，还是篁岭景区的一名员工。曹日忠说："2023 年我家民宿收入相当不错。我还在景区工作，每个月有六七千块钱工资。"

2023 年 10 月，习近平总书记在江西考察时指出："优美的自然环境本身就是乡村振兴的优质资源，要找到实现生态价值转换的有效途径，让群众得到实实在在的好处。""发展林下经济，开发森林食品，培育生态旅游、森林康养等新业态。"

森林覆盖率高达 92%，流水潺潺，鸟鸣幽幽……曾经，地处深山是篁岭经济发展的阻碍；如今，优美的自然环境是篁岭全面振兴的基底。

"以前上山的路是黄泥巴拌石子，一下雨就打滑。"曹日忠回忆，"一家人也不常生活在一起，我们夫妻俩在外地打工，老人孩子在老家。"

2009 年，当地引入婺源篁岭文旅股份有限公司，在山下建设篁岭新村，通过产权置换引导篁岭村的村民搬迁至新村，对山上的老村进行统一开发，建设篁岭景区。景区还在建设时，曹日忠和妻子就决定回到家乡，搭上发展的快车。他们将山下的房子改造成有 16 间客房的民宿。2013 年，篁岭景区试营业，曹日忠家的民宿也开始试营业。

梯田花海、徽派古建、晒秋民俗……优美的自然环境和独特的人文风貌吸引了大量游客。2014 年，篁岭景区被评为国家 4A 级旅游景区。2023 年，篁岭景区接待游客 272 万人次，总营收达 4.2 亿元，篁岭村入选联合国旅游组织"最佳旅游乡村"。

2024年，曹日忠又投资200万元将房子翻新，"现在游客多了，我们要让各方面都再上档次，等到'十一'假期，我家的房子就是电梯房了。"

篁岭景区周边，村民人均年收入超过5万元。"景区700多名员工，有大约500名是周边村民。"篁岭文旅股份有限公司景区总经理瞿正阳说。

距离篁岭村约半小时车程的石门村，植被多样，空气清新。饶河支流乐安江从村边流过，河中间的沙洲上栖息着国家一级重点保护野生动物蓝冠噪鹛。

为给蓝冠噪鹛提供安静的栖息环境，每年4至7月，石门村都要封闭月亮河周边区域。可游玩区域变小了，游客却多了。"有的客人喜欢我们村的环境，来过之后还带家人、朋友来旅游疗养，每天起床就去林子里散步。现在我开民宿收入稳定，还准备和表哥合伙开个农家乐。"村民王土英说。

开民宿、种茶、经营竹筏……现在，石门村家家收入有保障。"要坚决保护好绿水青山。有绿水青山在，不光是我们现在，子孙后代都能享福。"村民俞旺金说。

依托优美的自然环境，吃生态饭、走生态路的，不只篁岭村和石门村。

在赣州市，大余县在丫山着力打造以"生态＋运动休闲""生态＋康养"等为主题的新型旅游综合体，丫山所在的黄龙镇大龙村从一座贫瘠无名的小山村变身为国家级旅游度假区；崇义县推进森林康养步道建设，将景区景点、传统古村落有机串联，打造沿线乡村旅游示范带。

在景德镇市，浮梁县依托良好生态发展茶产业和民宿产业，2024年以来，全县茶叶及相关产业实现营收8.98亿元，民宿接待游客20万人次，实现营收5000万元；4A级景区瑶里古镇素有"瓷之源，茶之乡，林之海"的美称，瀑布、湖泊、林海处处成景，古村、古建、古树遍布乡野，2023年吸引游客41万余人次。

绿水青山是资源，也是资产。2024年6月，九江市武宁县的"罗坪七里坑水资源＋集体建设用地"资产包，通过江西省公共资源交易平台自然资源网上交易系统实现成交，由一家企业以367万元成功竞得。该企业将按照出让合同要求，打造生态水上漂流项目，不仅可以为武宁县罗坪镇长水村增加直接收入，还有可能带动当地相关产业发展。

　　"下一步，我们将持续巩固提升生态环境质量，着力畅通'两山'转化通道，让绿水青山的'高颜值'转化为金山银山的'高价值'。"江西省委主要负责同志表示。

　　　　　　　　（程晨　周欢　《人民日报》2024 年 07 月 12 日第 01 版）

陕西延安实施水土保持、推广节水灌溉
水润黄土地　结出"金果果"

小暑时节，万物葱茏。黄土高原上，满山遍野的苹果树，青果半熟，累累叠叠。

1060 亩矮化密植苹果园，100 亩黑枸杞，60 亩樱桃园，20 亩草莓园，还有葡萄、油桃等 10 余个水果采摘品种……走进陕西延安市安塞区南沟村，山上栽下"摇钱树"，树上结下"金果果"。

水果水果，"水"字先行。干旱少雨的黄土高原上种水果，如何解决"水"问题？

"淤地坝和水肥一体化的精准滴灌是延安水果种植的黄金搭档。"安塞区水土保持工作队副队长刘涛说。

"沟里筑道墙，拦泥又收粮"。南沟村配备多个淤地坝，下雨时通过排水系统把水引到坝里，又在山顶建水塔，天气干旱时用水泵抽水上山。村里还配套了水肥一体滴水灌溉设施，通过管网压到每一棵树底下。

南沟村的梁峁间，拦泥蓄水的"南沟 2# 淤地坝"，修建于 20 世纪 80 年代。这几年，这里又安装了不少新设备。这些运行管理及防汛预警信息化监测设备，全天候 24 小时监测淤地坝水位升降、放水工程运行状态等情况。"大坝的功能也在完善，淤地坝积水可用于梁峁上果园灌溉。"刘涛说。

据了解，延安市共建成中小型灌区 857 处，有效灌溉面积 80 万亩，节水灌溉面积 61.95 万亩；农田灌溉水有效利用系数为 0.5736，达到全国平均水平，农业灌溉用水效率不断提高。

农水互促，延安探索出了小流域治理与产业融合发展的独特经验。"沟道打坝、梁峁整地、山坡绿化"，凭借一系列科学用水、生态用水等综合治理措施，昔日荒山变绿洲，旱地"水"果产业结出累累硕果。目前，延安苹果种植面积约占陕西的 1/3、全国的 1/9、全球的 1/20，全市农民经营性收入超过六成来自

苹果产业。

做好水文章不只促产增收，水净水美亦可赋能美丽乡村。

2024年5月，延安市宝塔区南泥湾国有生态林场传来好消息，经过30多个小时的漫长等待，一只朱鹮顺利破壳。这是2023年10月朱鹮引入延安后，首次成功孵化出朱鹮宝宝。

被誉为"东方宝石"的朱鹮，对栖息环境很挑剔，要有树木营巢，要有河湖觅食，还要有安静的环境。"这是动物对南泥湾环境的肯定。"南泥湾管委会项目管理部部长刘岗说，"除了朱鹮，在南泥湾湿地公园，白鹭、苍鹭等水鸟数量明显变多。东方白鹳、黑鹳这些国家一级保护动物也常停留觅食。"

黄河一级支流汾川河流经南泥湾。2020年，水系连通及水美乡村建设试点项目在宝塔区开展，总投资3.67亿元，着力打造黄土高原丘陵沟壑区农村水系整治示范区、绿色生态与红色文化相结合的旅游目的地，持续改善人居环境和河湖生态环境。

水润南泥湾，再看"好江南"。河畅水清，岸绿景美，人水和谐，群众生产生活环境持续改善，乡村实现宜居宜游宜业，南泥湾处处都是好风光。

"现在接待旅游团比较多，湖北、四川、广东……能听到各地方言。游客玩累了，就到我们家吃碗香菇面、尝尝炖土鸡。"南泥湾镇桃宝峪村村民冯延东说。

看到家乡的游客日渐增多，常年在外打工的冯延东2021年回到老家，改造自家的7间房办起了农家乐。2023年，这家小馆的净收入有30多万元。"冬天再在后院建十几间民宿，争取把客人留下来。"冯延东盘算着未来。

2023年，南泥湾年接待游客突破100万人次，红色旅游、生态旅游产业助力乡村全面振兴。

山因水而美，水为山增色。延安持续开展治山治水，截至目前累计建成各类水库41座、淤地（拦沙）坝1.16万座、建成各类饮水工程6056处，惠及农村人口163.43万。"延安市水土保持综合效益正充分彰显，水生态建设迈向新高地。"水利部黄河水利委员会规划计划局副局长张洪星说。

（张丹华　王浩　《人民日报》2024年07月11日第03版）

陕西推动发展方式绿色低碳转型

习近平总书记在陕西考察时强调："陕西生态环境保护，不仅关系自身发展质量和可持续发展，而且关系全国生态环境大局。"

牢记殷殷嘱托，胸怀"国之大者"，陕西广大干部群众坚定走好生态优先、绿色发展之路。

连续多年的卫星遥感图，记录下黄土高原的生态之变：从 2000 年至 2023 年，延安市植被覆盖率由 46% 提高到 81.3%，由此，陕西的植被覆盖向北推移了 400 公里。

不只山川添绿，陕西践行绿水青山就是金山银山理念，推动发展方式绿色低碳转型，不断厚植高质量发展生态底色，绿色产业兴起来，绿色动能强起来，绿色发展扎实推进。

植绿增绿，牢牢守护好生态底线

仲夏时节，行走在陕西富平，石川河水清岸绿，黄土塬草木葱茏。很难想象，这里曾经荒山秃岭、黄沙漫天。

水连土，土连塬，塬连田。聚焦山水林田塬一体化保护，见缝插绿、固沟保塬；筑埝改坡、保土蓄水，干旱地变身水浇地，让"望天田"成为"吨粮田"。综合治理、久久为功，荒坡逐渐披上绿装。"目前全县森林覆盖率达到 36.78%，水土保持率达到 89.76%。"富平县水土保持和移民工作中心主任周琪说。

守住黄河流域生态保护基准线，陕西一步一个脚印：建成 212 口矿山含水层监测井，有效防止超采地下水；推动黄河沿岸煤炭井田开发后移 0.55 公里，留足江河生态缓冲带。"目前，黄河干流（陕西段）全线连续两年水质达到 Ⅱ 类，流域年均新增水土流失治理面积约 4000 平方公里，黄土高原成为全国增绿幅度最大的区域。"陕西省发展改革委副主任徐田江介绍。

一路向南，和合南北、泽被天下的"中央水塔"秦岭绿意葱茏。

走进秦巴深处，汉中宁强县汉水源村里，山高谷深、飞瀑高悬。三千里汉江从此发源，这里也是南水北调的重要水源涵养区。

为确保南水北调工程中线"一泓清水永续北上"，自2009年起，汉中市大力对汉江源头进行生态修复。改造河道滩地、栽植水生植物、打造生态护坡、拦截径流垃圾……真招实招换来绿水青山。"通过综合整治，全县林草覆盖率由治理前的55.8%提升至84.7%，汉江出境断面水质连续多年稳定达到Ⅱ类。"宁强县水利局局长高正宝说。

奋力当好秦岭生态卫士，2023年，陕西推动秦岭七省（市）跨区域保护，修订秦岭区域产业准入清单，秦岭陕西段生态环境质量达到"优良"等级的面积占比提升至99.3%。汉江、丹江干流流域内7个国控断面水质达到Ⅰ类，江水丰盈，水流澄澈。

如今，陕南对"护水"的执着，已化作当地干部群众的行动自觉。汉中累计建设农村生活污水集中处理设施218个，覆盖744个行政村，确保生活污水达标排放；安康专门设立南水北调环境应急处置中心，实施在线监测流域数据，保障汉江水质稳定达标；商洛在坡度25度以上的坡耕地还林还草，植被盖度大幅增加，水源涵养能力稳步增强。

多年耕耘不辍，交出亮丽答卷。"以秦岭区域、黄河流域为重点，近5年来组织实施26个省级山水工程和226个历史遗留矿山修复项目，推进山水林田湖草沙综合治理。"陕西省自然资源厅副厅长冯涛说。

逐绿前行，扩绿、兴绿、护绿并举

榆林神木市，毛乌素治沙造林基地，乔灌草结合，樟子松林挺拔傲立，立起一道绿色"防沙屏障"。

看似平常的林地，藏着"三步造林"的探索——先栽植沙蒿，减少风蚀；再栽植灌木，拦住移沙；最后栽植乔木，逐步成林。"这样固沙保水能力强，苗木成活率可达90%。林地里的风速、水分、微生物等都有系统监测，实现科学治沙。"神木市生态保护建设协会会长张应龙说。

扎根毛乌素沙地 21 年来，张应龙和团队累计治理沙地 42.8 万亩，将治理区植被覆盖率从 3% 提升至 65%。如今，榆林 860 万亩流沙基本得到固定或半固定，林木保存面积由新中国成立初期的 60 万亩扩大到目前的 2360 万亩。

扩绿，科学推进大规模国土绿化。陕西深入实施防护林工程、天然林保护工程、退耕还林还草等生态工程建设，人工造林、封山育林、飞播造林，营造林超 8800 万亩，森林覆盖率达到 45% 以上，实现了由"沙进人退"到"绿进沙退"的蜕变。

兴绿，拓展绿水青山转化为金山银山的路径。陕西坚持保护优先、合理利用，生态优势源源不断转化为发展优势。

在宝鸡太白县粤港澳大湾区"菜篮子"生产基地，群山环抱下，时值盛夏，却凉风拂面。抬眼望去，广袤田地里，连片的娃娃菜、生菜、羽衣甘蓝等鲜翠欲滴。

采摘、分拣、预冷、装箱……搭乘中通冷链货车，40 小时后，这里的高山蔬菜便会出现在 1800 公里外的广州市民餐桌上。"我们基地里的蔬菜，长在高山密林中，'吸'负氧离子，'喝'山间清泉，长出的是'小时候的味道'。"太白县绿蕾农业专业合作社理事长艾科平介绍，基地每年直供粤港澳大湾区的各类蔬菜约 2000 吨，产值超 800 万元。

一棵小小蔬菜，将秦岭山区与粤港澳大湾区紧密相连。依托独特的高山气候和绝佳的生态优势，如今太白县 85% 的群众从事蔬菜生产，73% 的农民收入来自蔬菜，户均增收约 1.2 万元。

人不负青山，青山定不负人。放眼陕西，自北向南，端牢生态碗、吃上生态饭，生态产业逐步成为群众的"幸福靠山"。

"如今，陕北小杂粮、富平柿饼、眉县猕猴桃、陕南食用菌等农产品已享誉全国，形成优势特色产业区 50 多个，国家级特色农产品优势区 12 个，大批有竞争力的优势特色产业快速壮大。"陕西省农业农村厅副厅长王韬说。

扩绿、兴绿，更要护绿。以智慧化助力绿色化，宝鸡眉县打造智慧林业管理平台，通过配备无人巡查机，并在重点林区安装高清摄像头，实现对辖区森林资源的监控预警；以"林长制"推进"林长治"，西安鄠邑区聘任 341 名农家乐（民宿）负责人为公益性民间林长，有效发挥基层自治作用，实现森林资源管护网格化、全覆盖。

"陕西省 12 个市（区）、104 个县（市、区）、1260 个镇、16372 个村全面推行林长制，共设立市级林长 114 名、县级林长 1388 名、镇级林长 8977 名、村级林长 52785 名。'五级林长'网络覆盖陕西每一寸绿色空间，'五绿责任'覆盖陕西每一名林长。"陕西省林业局有关负责人说。

以绿生"金"，产业低碳转型提速

生态变"绿"，发展向"绿"。陕西加力提高经济绿色化程度，加快形成绿色发展新的增长点。

由"黑"转"绿"，能源转型步伐加快。

一块煤炭，如何"由黑转白"？步入国家能源集团榆林化工有限公司，管廊纵横交错、塔罐鳞次栉比，各条生产线正满负荷运转。加热、分离、催化、聚合……经过多道流程，煤炭变身白色聚丙烯颗粒，从料仓管道不断流出、整装待发，未来经过下游工厂深加工，这些煤基生物可降解材料将广泛应用在童车玩具、安全座椅、骨骼支架等领域。

煤炭"变形记"折射出榆林这座能源之城的蝶变。"通过延链、补链、强链，引导化工产品向精细、终端发展，煤化工产业不断向高端化、多元化、低碳化转型。"榆林市发改委有关负责人介绍，目前，榆林现代煤化工产业累计完成投资约 2000 亿元，绿色低碳高端产业集群初步形成。

往高端攀，向绿色行。如今，陕西已基本形成煤制油、煤制乙二醇、煤基高端化工等现代煤化工产业链。煤电机组全部实现超低排放，绿电装机规模 10 年间增长了 8.5 倍、突破 4000 万千瓦，二氧化碳捕集封存实现新突破，累计封存二氧化碳 45 万吨。

追"光"逐"链"，产业升级绿意更浓。

一束阳光，怎样转化利用？陕西西安，隆基绿能展厅内，"炽热的太阳"与"蔚蓝的地球"交相辉映。

"我们希望每一寸太阳光都被最大化利用。"隆基绿能总裁李振国说，通过持续技术创新，不断突破光伏电池转换效率纪录，2024 年 5 月达到 27.3%，刷新世界纪录。"近 10 年，隆基绿能累计生产光伏产品超 205 吉瓦，相当于 9 个三峡电站的装机量。2023 年，单晶硅片、组件出货量均居世界前列。"

新兴产业发展添"绿"，传统产业向"绿"而行。"装配一辆重卡，仅需 4.8 分钟。"在陕汽新能源重卡基地总装车间，地面，无人搬运车往来穿梭；空中，全自动零部件有序输送，智能化装配线跃然眼前。公司负责人介绍，借助智能化生产，近年来陕汽新能源卡车产销量不断增长，从 2021 年的 200 多辆，增长到 2023 年的超 4000 辆。

融绿色理念于产业发展，一批含金量、含新量、含绿量高的产业，正在三秦大地茁壮成长。

汽车制造业势头强劲，2024 年前 5 个月，总产值达到 176.7 亿元，同比增长 160.2%；光伏产业全国领先，产品远销海内外；半导体产业、航空产业等产业集群快速崛起，产值位居全国前列……"目前全省产值超千亿元的产业链达到 6 条，现代化产业体系正加速构建，助力发展向'新'向'绿'。"陕西省工业和信息化厅有关负责人说。

守好绿色底色，提升发展成色。陕西省委主要负责同志表示，新时代新征程，将认真贯彻习近平生态文明思想，牢固树立和践行绿水青山就是金山银山的理念，推进生态优先、绿色升级、低碳转型，奋力谱写中国式现代化建设的陕西新篇章。

（张铁　赵永平　韩鑫　高炳　张丹华　王浩

《人民日报》2024 年 07 月 02 日第 01 版）

陕西富平县推进"山水林田塬城村"一体化建设
以治水为牵引推动生态振兴

盛夏时节，陕西省富平县境内满眼是绿：蜿蜒的石川河水清岸绿，延绵的黄土塬上草木蓊郁，水绕着城，城抱着水，"一山一川两塬两河"生机益然。

走进石川河国家湿地公园，一声声高亢的秦腔传来。"我每天都来逛两圈，看着好风景，吼上几嗓子，心里美得很！"从小生活在岸畔的魏美玲感叹，"这里的变化太大了，从早到晚，跳舞的、唱戏的、跑步的，人流不断。"

地处渭北"旱腰带"的富平县，人均水资源量仅为全国平均水平的约 8%。缺水，一直是当地发展的突出瓶颈。

"缺水少绿"的富平县在高质量发展中如何突破"水瓶颈"？

新时代，富平县认真贯彻落实习近平总书记"节水优先、空间均衡、系统治理、两手发力"的治水思路，坚持以治水为牵引，推进"山水林田塬城村"一体化建设，以水润城，以城兴产，以产富民，扎实推进乡村全面振兴，沿着绿色发展道路阔步前行。

一条河

石川河从断流到复苏，源自"五水协同"的治水实践

风过荷田，水波荡漾，飞鸟俯冲、入水，摄影爱好者赵忠社咔嚓按下快门，"快瞧，这只黄苇鳽覆羽黄白，身形似剑，多漂亮！"

赵忠社拍鸟近 7 年，10 多万张野生鸟类的照片记录下石川河的蝶变。"鸟类是环境的'鉴定师'，水好了，越来越多的鸟儿来我们这儿安家。"赵忠社笑声爽朗。

石川河是富平人的"母亲河"，作为渭河的一级支流，在县域内长 36.4 公里。20 世纪六七十年代，为了农业灌溉，上游建起了水库，让本就是季节性河

流的石川河水量骤减。再加上采石挖砂、垃圾倾倒，石川河遭受破坏，时常断流干涸，陷入"只见石、不见川"的窘境。

治理石川河，民之所盼。"母亲河"咋复苏？

2014年起，富平县对石川河开启全域治理，统筹水资源、水环境、水生态、水安全、水价值，探索"五水协同"的治水路径。

缺水，水从哪儿来？

节水优先，富平"精打细算"用好每一滴水。

走进大唐富平热电有限公司集中控制室，动态大屏上实时显示着用水数据。"尽管紧挨着石川河，但我们用的都是再生水，中水进厂后先进入蓄水池，深度处理后成为工业水源。仅2023年就用了68.9万立方米再生水。"公司工作人员于洋介绍。

大幅利用再生水，打开节水新空间。富平县实现年产再生水1329万立方米，年节水110.9万立方米。

节流更要开源，多水源"解渴"。

"立足空间均衡，统筹上下游，开展生态补水，恢复河流健康生命。"县水务局局长刘天奇细算水账：桃曲坡水库岔口断面连续6年累计补水8982万立方米，泾惠渠灌区退水每年补水464万立方米，中水每年回补434.48万立方米。

把更多清水还给河道，石川河逐步实现从断流到有水，从有水到长流水，2023年长流水天数达295天，"母亲河"复苏了。

治理水环境，污水往哪排？

走进淡村镇禾塬村村民王栓民的家，四方庭院，利落整齐，两条排水道将生活污水引入污水井。"过去，污水咋处理是道难题。如今，从院子到巷子都干干净净的。"王栓民说。

污水井连着村里的污水处理站。过滤、沉淀、智能处理，污水处理达标后，用于村庄清洁绿化。"我们在石川河沿线布设了8处农村污水治理工程，有效解决农村污水无处排的难题。"渭南市生态环境局富平分局局长张江荣介绍。

从乡村到城市，从河里到岸上，全力治污护清水。县里建设4座乡镇污水处理厂，建立入河排污口管理清单，制定"一口一策"，石川河水生态环境逐年改善，国考断面水质达地表水Ⅲ类。

治河更要护河。一套组合拳，让"母亲河"更健康。修复水生态，种植芦苇、香蒲等净水植物。保障水安全，新建修复生态堤防68.6公里，完善防洪体系。转化水价值，美起来的河流吸引来马拉松赛、自行车赛，成了休闲旅游"打卡地"，美丽河湖造福于民。

变化的不止石川河。富平县以"五水协同"为支点，深化工业源、生活源、农业农村面源"三源共治"，温泉河恢复水域面积35万平方米，顺阳河全线疏浚，全县地下水位持续回升。

"富平县从生态系统整体性出发，坚持补水和节水、河里和岸上、技术创新和制度创新并举，是西北干旱地区开展河湖保护的有益探索。"国家发展改革委中国宏观经济研究院市场与价格研究所副所长欧阳慧说。

一道塬

荆山塬从荒山变"绿心"，源自水土流失综合治理和一体化保护的系统理念

荆山塬，绿满坡。塬边上的城关街道办事处东渠村，巷道一尘不染，房前屋后是豆棚菜圃。

曾经，这里是荒山秃岭，飞沙漫天。村民藏红军回忆："过去缺水盼雨来，雨来泥满坡，田成了'三跑田'，地越种越薄。"

水连着土，土连着塬，塬连着田。富平推动水土流失综合治理，开展山水林田塬一体化保护，打响一场治理水土流失的硬仗。

植树造林，固沟保塬。"70多度的坡上种树，真不容易。碎石头、平土地、挖坑穴，再把一筐筐土、一棵棵苗背上山，荒山终于绿起来。"县水土保持和移民工作中心工会主席乔萍说。

塬上的坡沟台角，见缝插绿，一层层林，护住一道道坡。"塬顶'戴帽'，封山育林，栽种柿子、花椒等经济林；塬坡'系带'，建梯田，保持水土；沟道'穿靴'，打淤地坝，拦截泥沙。层层设防、节节拦蓄，基本实现土不下塬，泥不出沟。"乔萍说，目前荆山塬已累计建设水土保持林3200多亩。

整修耕地，保土蓄水。"坡地改梯田，筑起了埂，改缓了坡，田里的土存得

住。"如今，说起自家的地，藏红军很满意，"水也跟上了，泾河水引上塬，旱地变成水浇地，2024年夏收每亩小麦打了1100斤。一年能种小麦玉米两料粮食，望天田成了吨粮田。"

因地制宜改造"饭碗田"。"在坡度较缓的地块，完善灌溉设施，建设机修水平梯田，在塬顶的平坦地块，大力建设田成方、路相通的高标准农田，把一块块'三跑田'变成'三保田'。"县水土保持和移民工作中心主任周琪介绍。

荆山塬见证生态之变。久久为功，综合治理，从黄土台塬到河谷川地，再到丘陵山区，一坡一岭由黄染绿。

山，绿意涌动。富平城北，桥山延绵起伏。说起种树难，庄里镇山西村党支部书记刘双印感慨道："先挖鱼鳞沟，再用水泥衬砌，蓄住了水，树才能活。"这样的鱼鳞沟，在山西村片区建了26万多个，营造水保林4500多亩、经济林9000多亩。

工程措施、林草措施和农业措施结合，濯濯童山披绿，目前全县森林覆盖率达到36.78%，水土保持率达到89.76%。

田，连绵成片。推动灌区提质增效，修建水平梯田，2023年全县建成高标准农田5万亩，粮食总产量达8.8亿斤。

水，两河绕城。从石川河到温泉河，以河为轴，儿童游乐场、健身步道、"柿柿如意"广场等文化体育设施不断完善，城水相融，群众乐水亲水有了好去处。返乡青年党雪娥担任起石川河的讲解员，逢人就夸家乡美："环境越来越好，吸引更多像我这样的年轻人回家。"

生态账带来增收账，一个个特色产业茁壮成长，助力乡村全面振兴。

"柿饼个大、霜白、味甜，'喜柿''富柿'寓意好，深受消费者喜爱。"庄里镇杨家村党总支书记乔彬彬说，"我们建起了智能分拣线、无尘晾晒车间，冰激凌柿饼、柿子酒等十几种产品走向大城市，水保林成了致富林。"

甜蜜"柿业"映红好日子。富平县种植柿子林36万多亩，柿子全产业链总产值达65亿元，超20万人"链"在产业链上，带动群众年人均增收5000多元。

做好"土特产"这篇大文章，富平柿园综合体投产运行，羊乳液态奶项目加快推进，柿子、奶山羊两大产业区域公用品牌价值分别达到30.08亿元、

76.88 亿元。

"富平县正确把握经济发展和生态环境保护的关系，以水环境改善带动了生态环境全方位改善，培育发展新产业新业态，加快形成绿色发展方式，促进绿水青山更好转化为金山银山。"水利部黄河水利委员会规划计划局副局长张洪星说。

一座城

从缺水少绿到兴水兴业，源自人与自然和谐共生的现代化发展路径

"城，所以盛民也。"水是发展要素和生态空间，良好水环境是美好生活的基础、人民群众的期盼。

富平如何从整个县域推进治水兴水？

"紧紧牵住治水'牛鼻子'，坚持以水定城、以水定地、以水定人、以水定产，走资源节约型、环境友好型发展之路，积极探索人与自然和谐共生的现代化实践路径。"富平县副县长张增选说。

以水定城，有多少"汤"泡多少"馍"。

算清水资源家底：全年水资源总量 2.7 亿立方米，其中本地水资源量 1.24 亿立方米、地表水仅 0.53 亿立方米，水资源极度短缺，是经济社会发展的硬约束。

画红线、强监管。富平县把最严格水资源管理制度纳入责任目标考核，坚持规划先行，大力开展农业节水增效、城镇节水降损、工业节水减排。全县农业节水灌溉面积 66.14 万亩，供水管网漏损率降至 8.98%，2022 年万元工业增加值用水量 13.4 立方米。

建水网、补短板。"规划建设县级水网，实现与国家水网、陕西水网和渭南水网有序衔接，东引黄河水、西调泾河水、北接桃曲坡水库、南连引汉济渭，大幅提升水资源保障能力。"县水务局副局长杨响利说。

以城兴产，好生态引来新业态。

在陕西腾龙汽车零部件制造有限公司车间内，焊接、装配、检测……一节节铝管加工成汽车空调管道总成，运往西安。"这里的环境好、服务优，从开工建设到竣工投产，仅用了 8 个月。"公司总经理吴仁龙介绍。以绿色发展为指挥棒，"高精尖""绿富美"产业落地。

在富阎产业合作园区，温泉河生态休闲旅游带和石川河生态文化旅游带交织，航空产业园、新能源汽车产业园等五大园区并立。荆山塬片区加快城乡融合发展，构建"塬水林田村"共同体。持续打好"文化牌"，推进富平老城、陶艺村、中华郡旅游景区建设，文旅产业蓬勃发展。

护水惜水，压实责任制。

"当上河长，守好责任田，每周定期巡河道，查排污口，犄角旮旯都不放过。"村级河长、禾塬村党支部书记王诚说，"巡河更要护河，村里设了5名保洁员，垃圾日产日清；建污水处理站，大幅提高污水回用率，从村子到河道都干干净净。"

全面压实河湖长制，全县设置县级河长15名、镇级河长23名、村级河长80名，让河湖有人管、管得好。

"一条村道，十几户人家，环境卫生、邻里纠纷，事情虽小，责任却大。"城关街道新庄村巷道长韩富吉说，"环境搞得好的，拿'红旗'，排名靠后的，拿'黄旗'，村村比，巷巷比，户户比，大家都铆足了劲。"

全民参与、长治久美。富平县推出人居环境整治"红黄旗"制度，每季度对全县乡镇街道环境卫生打分，激发出大家伙的积极性，打造更多宜居宜业和美乡村。

"推进中国式现代化，要把水资源问题考虑进去。富平践行'节水优先、空间均衡、系统治理、两手发力'治水思路，聚焦水资源这个关键要素，系统治理、综合治理、协同治理，探索治水兴水实践，为西北干旱地区推进现代化提供了有益的借鉴。"水利部总规划师吴文庆说。

富平在更高起点谋划水安全：全力构建"四横四纵、七源多点"的供水保障格局，到2025年骨干水资源调配工程和重点水源工程基本建成，新增供水能力8000万立方米以上。

"我们将坚持一张蓝图绘到底，以水为脉，以绿为底，持续做好县域治水兴水大文章，为推动实现人与自然和谐共生的现代化作出应有贡献。"张增选说。

（王浩 张丹华 《人民日报》2024年06月28日第01版）

辽宁着力在自主创新中实现产业升级

2022 年 8 月，习近平总书记在辽宁考察时强调："要时不我待推进科技自立自强，只争朝夕突破'卡脖子'问题，努力把关键核心技术和装备制造业掌握在我们自己手里。""要扎扎实实、步步为营，在自主创新中实现产业升级。"

2018 年 9 月，习近平总书记在辽宁考察时强调："国有企业要改革创新，不断自我完善和发展。""要坚持'两个毫不动摇'，为民营企业发展营造良好的法治环境和营商环境，依法保护民营企业权益，鼓励、支持、引导非公有制经济继续发展壮大。"

…………

党的十八大以来，习近平总书记多次到辽宁考察，为辽宁振兴发展把脉定向，擘画蓝图。

深入贯彻落实习近平总书记重要讲话精神，辽宁坚持高质量发展是新时代的硬道理，牢牢扭住自主创新这个"牛鼻子"，因地制宜加快培育新质生产力，着力构建具有辽宁特色优势的现代化产业体系。

从过去到未来，向"实"精进

地托自动升降，C 形吊具灵活旋转，将车身以最适合装配的高度和角度送至工人面前；中控室大屏实时显示每条产线、每个环节的运行状态……走进华晨宝马沈阳铁西工厂，一条现代化生产线呈现眼前。

这是宝马集团在全球最大的生产基地之一，在辽宁有 138 家供应商。2023年，华晨宝马在中国的零部件采购额六成来自辽宁。"辽宁供应商的门类非常丰富齐全。"华晨宝马汽车有限公司生产与技术高级副总裁昆硕说。

辽宁是我国重要的工业基地，产业基础雄厚、工业体系完备，在国民经济行业的 41 个工业大类中有 40 个，拥有一批关系国民经济命脉和国家安全的战略性产业。中国电子信息产业发展研究院科技与标准研究所所长程楠说："传统产业在改造升级过程中，也能催生新兴产业。"

辽宁老工业基地靠实体经济起家，新一轮振兴发展也要靠实体经济，让工业基础成为新支撑，培育发展新质生产力的新动能。

在鞍钢集团，经过数字化、智能化改造，关宝山选矿生产线、冷轧厂彩涂分厂等已实现全自动智能生产。冷轧厂彩涂分厂厂长郑昊介绍："相较于改造前，我们的生产效率大约提高了 20%。"

大连长兴岛，10 多年前还是一片荒山滩涂，如今，已成为一片现代化的石化园区。"2024 年初，总投资 500 亿元的恒力新材料科技产业园一期投产，园区生产的基础化工品将进一步转化为高端化工及新材料产品。"恒力石化（大连）化工有限公司总经理许锦说。

辽宁传统产业点多面广，生产效率每提高一个百分点，产业链每延伸一环，都能带来巨大的效益。

2023 年 3 月 20 日，沈鼓集团股份有限公司正式更名，原名"沈阳鼓风机集团股份有限公司"成为历史。这家"老字号"制造企业，如今已不再主做鼓风机，主业务是高端装备研发制造和全生命周期服务。

统筹传统赛道与新兴赛道，沈鼓集团加速向产业链、价值链高端迈进。2023 年，沈鼓集团产值超 140 亿元。

"推动辽宁全面振兴，根基在实体经济，关键在科技创新，方向是产业升级。"辽宁省工业和信息化厅副厅长翟德怀说。

推动装备制造业"向上突破"，石化和精细化工产业"向下延伸"，冶金新材料产业"向深拓展"，优质特色消费品工业"向专发力"，辽宁近年来全力打造 4 个万亿元级产业基地和 22 个产业集群，建设数字辽宁、智造强省，推动工业经济提质增效。

从潜能到动能，向"新"突破

一路走来，辽宁中蓝电子科技有限公司见证了老工业基地培育"新字号"的无限潜力。创业 10 余年，中蓝电子聚焦关键技术、加大研发投入，成长为国内手机核心器件领军企业。上下游企业陆续入驻中蓝电子"微产业园"，形成一个智慧化光学电子产业集群。

推进关键核心技术攻关，开发挖潜"关键变量"。辽宁主动对接国家战略需求，多渠道加大研发投入，在新材料、精细化工、高端装备制造、集成电路和工业软件等领域，攻克一批"卡脖子"技术难题。

建设高水平创新平台，培植孕育"未来增量"。辽宁系统布局战略科技力量，加快建设沈阳浑南科技城、大连英歌石科学城、沈抚科创园，建设 97 个国家级创新平台。

"只有打好关键核心技术攻坚战，使原创性、颠覆性科技创新成果竞相涌现，才能为高质量发展源源不断注入新动能。"中国科学技术发展战略研究院国际科技关系研究所研究员卢阳旭说。

辽宁盘锦精细化工中试基地 C5 车间，在百立方级智慧化通用规整填料催化剂中试线上，机械臂精准夹取方形催化剂完成填料。

中试就是中等规模的试验过程，是科研成果转化落地的"最后一公里"。盘锦精细化工中试基地负责人张建国介绍，该基地投入运营以来，已有 7 个高科技中试产业化项目成功转化落地。

辽宁省科技厅副厅长杨辉介绍，辽宁聚焦重点产业领域，布局 36 家省级中试基地，构建起覆盖全省的中试公共服务网络体系，努力推进产学研用深度融合。

如今的辽沈大地，处处涌动着创新活力——

将机器人接入 AI 大模型，新松公司的智能机器人新产品，可以根据语音提示执行更复杂的任务；

作为国产 CT 的领跑者，东软医疗近日自主研制的光子计数 CT 获得了首幅人体图像，辐射更小，图像质量更高；

融科储能连续攻克了一系列核心技术，在全钒液流电池领域完全实现了技术和产业链自主可控……

截至目前，辽宁拥有高新技术企业约 1.3 万家，科技型中小企业 3.3 万家。2024 年 1—5 月，辽宁技术合同成交额增长 69.3%。

从蓄势到成势，向"高"攀登

技术向新，企业向上，产业向高，辽宁高质量发展强劲脉动的背后，是辽宁通过全面深化改革形成与新质生产力相适应的新型生产关系的努力，展现着辽宁广大干部群众积极抢位发展、错位发展的干劲。

刘颖是沈阳三生制药有限责任公司研发副总监，曾获辽宁科技进步奖二等奖，却因涉及商业机密无法发表论文，职称始终定格在中级。得益于沈阳市人社局的职称评审"直通车"服务，企业被赋予人才认定自主权，刘颖顺利获评了副高级职称。

"2023 年一年我们就有 5 名博士生签约入职。"三生制药高级人力资源经理何勇说，"职称自主评审促进了人才与企业的双向奔赴。"

目前，中德（沈阳）高端装备制造产业园汽车产业年产值突破 1000 亿元。沈阳市铁西区委书记郭忠孝说："华晨宝马带动了汽车发动机及配套零部件等产业高质量发展，也让我们不断对标打造国际化一流水平营商环境。"

辽宁把优化营商环境作为先手棋、关键仗，全面清理影响振兴发展的障碍。"破坏营商环境，就是破坏振兴发展，就是破坏辽宁未来"已成为共识。2024 年的"新春第一会"，辽宁就优化营商环境进行了再部署、再推进，全力打造营商环境"升级版"，以一流营商环境赋能高质量发展。

深化要素市场化配置改革，持续推动国资国企改革，深化科技体制、财税金融体制改革……近年来，辽宁加强改革系统集成、协同高效，破除体制机制障碍，打通堵点卡点，促进各类生产要素向新质生产力聚集，老工业基地焕发出新活力，动力"引擎"加速更新，加快构建现代化产业体系的势头正劲。

2023 年，辽宁地区生产总值增长 5.3%，规上工业增加值、固定资产投资、社会消费品零售总额等增速近年来保持较快增长。2024 年 1—5 月，辽宁高技术制造业增加值增长 13.2%，高技术制造业投资增长 5.3%……

辽宁省委书记郝鹏表示，辽宁改革发展取得突破性、转折性、历史性的成绩，突出表现为"四个重大转变"——经济运行低速徘徊的态势发生重大转变，干部干事创业的精神状态发生重大转变，辽宁营商环境发生重大转变，外界对辽宁的预期发生重大转变。

（姜赟　曹树林　郝迎灿　胡婧怡

《人民日报》2024 年 06 月 30 日第 01 版）

辽宁推进发展方式转变
增强产业"含绿量" 提升发展"含金量"

走进中国石油辽河油田欢喜岭采油厂作业区，巨大的熔盐储罐高高耸立，电能在此转化为热能，制发出的高温高压蒸汽被注入地下。不远处，一座座机械设备上下摆动，熔化后的稠油被源源不断开采上来。

"注汽相当于给凝固的稠油'蒸桑拿'。过去我们要用天然气燃烧加热制发蒸汽，现在用电能转化为热能，不仅能消纳谷电，保障电网安全，也能减少天然气消耗，实现碳减排。"中国石油辽河油田公司总经理王希友介绍。

2023年12月，辽河油田建成投产世界首座电热熔盐储能注汽试验站。半年多时间，该试验站已消纳谷电1140万千瓦时，替代天然气120万立方米，实现碳减排2590吨。

习近平总书记指出："绿色发展是高质量发展的底色，新质生产力本身就是绿色生产力。"对作为老工业基地的辽宁来说，绿色化转型是必经之路，也是发展新质生产力的巨大机遇。近年来，辽宁坚定不移走生态优先、绿色低碳的高质量发展之路，增强产业"含绿量"，提升发展"含金量"。

加快绿色科技创新和先进绿色技术推广应用——

"过去，熔盐储能技术没有在油田注汽领域应用过。"王希友说。选什么样的熔盐、如何实现热交换、设计多大的蒸汽产生速率……面对技术空白，辽河油田专门组建攻关团队，经过近一年的研究试验，形成了一系列适合稠油油田的电热熔盐储能注汽工艺技术。

辽河油田是辽宁培育壮大绿色增长新动能的一个缩影。

解决海水淡化高能耗技术难题，世界首台利用工业废热的大型低温多效蒸发海水淡化装置示范应用；攻克新一代全钒液流电池技术，全球最大液流电池储能电站并网投运……以创新为驱动,辽宁着力推动传统产业绿色低碳转型。2023 年,辽宁聚焦节能降碳、减污降碳、循环经济等重点方向,组织实施科技计划项目 50 项,累计投入科研经费 6050 万元。

发展绿色低碳产业链和供应链——

2024 年 5 月底,中国船舶大连船舶重工集团有限公司建造的 17.5 万立方米大型 LNG(液化天然气)运输船首制船顺利出坞。目前大连造船厂手持 LNG 运输船订单数量达 15 艘。

"围绕'双碳'目标,我们的研发覆盖了从新型替代燃料船、大型 LNG 运输船,到海上碳封存装备、海洋油气资源开发装备等海上绿色产业全链条。"大连造船厂民船开发室主任梅荣兵说。

从"串珠成链"到"聚链成群",绿色动力不断加强。在大连,覆盖氢气制备、储运、加注、应用整车整船等环节的完整产业链、完全自主技术路线和各类型示范应用场景已初步形成;在盘锦,总投资 837 亿元的华锦阿美精细化工及原料工程项目施工正酣,投产后将带动产业链上下游实现原油的充分开发利用……突出产业特色,辽宁深挖经济社会低碳转型市场潜能,支持龙头企业发挥带动辐射作用,强化产业链延展性与供应链韧性,提高全产业链绿色竞争力。

构建绿色低碳循环经济体系——

走进位于鞍山的鞍钢矿山生态园,身处绿树成荫的环境中,很难想象这里曾是岩石遍布、粉尘漫天的排岩场。

"排岩场复垦,客土是稀缺资源;铁矿生产加工,副产品铁尾砂需要处理。二者相结合,让废弃排岩场变身花果飘香的矿山生态园,也让位于吉林和河北的千亩盐碱荒地成为高产良田。"鞍钢资源有限公司鞍山综合服务分公司相关负责人李辉说,"我们与院士团队合作研发出铁尾砂土壤化利用、铁尾砂改良剂制备、铁尾砂微纳米硅肥制备等技术,并拓展应用到盐碱地改良等领域,形成了新的绿色生产力。"

近年来,辽宁不断健全绿色低碳循环发展的生产体系、流通体系、消费体系，加快基础设施绿色升级，构建绿色技术创新体系，把绿色发展理念贯穿到生态保护、环境建设、生产制造、城市发展、人民生活等各个方面。截至目前，辽宁累计培育省级绿色制造单位 575 家、国家级绿色制造单位 176 家，"十四五"以来，规上工业单位增加值能耗累计下降 10.1%。

（胡婧怡　曹树林　郝迎灿　《人民日报》2024 年 06 月 24 日第 01 版）

辽宁以科技创新推动产业创新
高新技术企业拔节生长

近日，笔者走进辽宁省沈阳微控飞轮技术股份有限公司生产车间。飞轮高速旋转发出细微的嗡嗡声，电子屏实时显示每分钟转速，最高可达 4.1 万转。厂房另一端，装载飞轮系统的小型集装箱整齐排列，正待发往全球客户。

"转速越高，能量越高。我们生产的高速磁悬浮飞轮储能产品就是通过转速变化实现充放电，从而调节电网频率，提高供电的安全性与可靠性。"公司总裁李文东说。

该公司成立于 2018 年，是专业从事磁悬浮飞轮储能产品研发制造的高新技术企业。短短几年，公司就掌握了包括高速永磁同步电机、五自由度主动磁悬浮轴承等核心技术在内的完整技术体系，并拥有完全自主知识产权，取得国内外专利 90 多项，成长为辽宁首家制造业"独角兽"企业。

"企业的快速发展，关键在于与国家战略同频共振，也离不开当地政府的大力扶持。"李文东说，建厂初期，辽宁省科技厅、沈阳市铁西区等部门给予了大力支持。

近年来，沈阳构建"科技型中小企业—高新技术企业—雏鹰瞪羚独角兽企业""创新型中小企业—专精特新中小企业—专精特新小巨人企业—制造业单项冠军企业"两个梯度培育体系，在人才引进、融资支持、市场培育等方面，提供精准优质高效服务，培育了一批创新型领军企业。

科技创新能够催生新产业、新模式、新动能，是发展新质生产力的核心要素。一项关键技术催生一家企业，进而催生一个产业，正在辽沈大地蓬勃生长。

走进辽宁中蓝电子科技有限公司，最先映入眼帘的是一面摆满了专利证书的"专利墙"。董事长王迪说："其中一半是发明专利。"

中蓝电子以对焦马达（驱动镜头对焦的微型电机）和光学镜头两大手机摄

像头核心器件的研发生产为主营业务，于 2011 年在辽宁盘锦高新技术产业开发区创办。

王迪介绍，公司现有专利 1600 余项，其中包括近千项授权及发明专利，海外专利 500 余项。中蓝电子先后荣获国家级专精特新"小巨人"企业、国家高新技术企业、国家知识产权优势企业等荣誉。2023 年，中蓝电子对焦马达产品出货量位列国内第一、世界第二。

伴随中蓝电子的快速成长，一条产业链加速形成。

盘锦市建设光学电子供应链产业园，吸引上下游配套企业入驻实现集群发展。目前，辽宁中昊科技绕线生产项目等 4 家上游配套企业项目已入驻产业园。

辽宁省发展改革委党组成员、副主任母久深介绍，辽宁坚持以科技创新为引领，积极发展壮大战略性新兴产业，高新技术企业拔节生长。2023 年辽宁科技型中小企业、高新技术企业分别增长 55.6%、16.0%，新增"雏鹰""瞪羚"企业 1029 家、专精特新"小巨人"企业 41 家。

（曹树林　胡婧怡　郝迎灿　《人民日报》2024 年 06 月 23 日第 04 版）

辽宁累计建成智能工厂一百一十五个
自主创新，做强高端装备制造业

登高远眺，青山秀谷间，一整块巨大的草坪赫然映入眼帘。"这块地下方14米深处，就是我们占地25万平方米的地下工厂，面积足足有30多个足球场大。"一旁，位于辽宁省大连市的科德数控股份有限公司总经理陈虎介绍。

工厂为何要建在地下？"我们主要生产高端数控机床，对零部件加工精度的要求非常高，为避免热胀冷缩引起形变，厂房温度需要常年保持在20摄氏度左右，湿度要在55%到60%之间。"陈虎说，"建在地下的工厂，能源消耗仅需普通地上厂房的1/20左右。"

这座地下工厂，凝结着科德数控及其母公司大连光洋科技集团有限公司对高端数控机床及数控系统的长远规划和不懈攻关。"2015年以前，中国高端数控机床市场几乎被几家国外企业占据。"陈虎介绍，"单是一个激光反馈尺，价格就高达70万元，整台机床的进口价格更是高得离谱。如今，这样的局面已经一去不复返。"

机床是工业母机，装备制造业是国之重器。2013年8月，习近平总书记在辽宁考察时指出，要发展集战略性新兴产业和先进制造业于一身的高端装备制造业，培育新兴装备制造产业集群。2022年8月，习近平总书记在辽宁考察时强调，要时不我待推进科技自立自强，只争朝夕突破"卡脖子"问题，努力把关键核心技术和装备制造业掌握在我们自己手里。

大连光洋坚定走自主创新之路，建起了国内同行业唯一高档数控机床控制集成技术国家工程实验室，打造了一支多学科、多专业、多层次的创新团队。科德数控研制出的五轴叶片铣削中心等高端数控机床，打破了我国航天航空等领域叶轮叶盘类零件加工设备长期依赖进口的局面。

"多年来，我们坚守高端数控产业，构建了完整的产业链、供应链、人才链，实现了核心技术自主可控。"眼下，陈虎正带领研发团队，加强对高速叶尖磨削中心等高精尖数控机床产品的研制。

大连光洋，是辽宁装备制造业"明珠"中的一颗。作为重要的老工业基地，辽宁履行在维护国家"五大安全"中的重要使命，全力打造先进装备制造等4个万亿级产业基地和数控机床等22个产业集群，让"辽宁装备"更好"装备中国"。

聚焦科技自立自强，以生产力提升推动辽宁制造向"高"而攀——

17.5万立方米液化天然气运输船在大连船舶重工集团有限公司出坞，150万吨/年乙烯"三机"从沈鼓集团发运，我国自主研制的4座氢内燃飞机原型机在沈阳完成首飞……2023年以来，辽宁在装备制造领域实现多项产品创新应用，关键核心部件产业化能力不断提升。

"我们支持龙头企业牵头组建创新联合体，重点围绕高端数控机床、工业机器人、集成电路装备等方向实施科技重大专项，加强原创性、颠覆性科技创新，解决一批'卡脖子'难题。"辽宁省科技厅副厅长杨辉介绍，2023年，辽宁科技成果本地转化率达55.5%；全省技术合同成交额达1308.3亿元，同比增长30.8%。

围绕"上云、用数、赋智"，以数字化赋能推动辽宁制造向"新"而行——

走进沈鼓集团股份有限公司转子车间，墙上的电子屏幕实时滚动着各种数据，清晰记录着每条生产线的生产进度、关键件完成率等信息。"通过数字化车间建设，我们每年可节约190余万张图纸投放，实现叶轮等核心零部件加工效率提升28.2%。"沈鼓集团董事长戴继双介绍。

坚持用人工智能等新一代信息技术为产业赋能增效，辽宁累计建成数字化车间222个、智能工厂115个；培育省级工业互联网平台87个；规上工业关键工序数控化率达到63.0%，高于全国0.8个百分点；沈阳、大连获评全国首批中小企业数字化转型试点城市。

"下一步，我们将聚焦'国家所需，辽宁所能'，培育更多新质生产力，扎实推进新型工业化，做强高端装备制造业，打造具有国际竞争力的先进制造业新高地，有力维护我国产业链供应链安全稳定。"辽宁省委主要负责同志表示。

（郝迎灿　曹树林　胡婧怡　《人民日报》2024年06月21日第04版）

依托制造业"看家本领"，科技创新和产业创新深度融合

江苏厚植新质生产力发展沃土

习近平总书记 2024 年在参加十四届全国人大二次会议江苏代表团审议时强调："要突出构建以先进制造业为骨干的现代化产业体系这个重点，以科技创新为引领，统筹推进传统产业升级、新兴产业壮大、未来产业培育，加强科技创新和产业创新深度融合，巩固传统产业领先地位，加快打造具有国际竞争力的战略性新兴产业集群，使江苏成为发展新质生产力的重要阵地。"

行走江苏，处处感受到制造业大省在发展新质生产力中绽放的勃勃生机：呼吸机芯片遇到研发难题，多家传感器企业"揭榜挂帅"，仅用 14 个月就实现关键零部件国产替代；新一代可回收液体运载火箭发动机升级，火箭运载能力翻三番；钙钛矿光伏电池项目落地，稳态光电转换效率达 30.1%……

江苏省委主要负责同志表示，将牢牢把握高质量发展这个首要任务，依托制造业这一"看家本领"，推动传统产业"发新芽"，新兴产业"长成林"，未来产业"快生根"，奋力打造发展新质生产力的重要阵地。

高端化智能化绿色化　传统产业"发新芽"

一块有机玻璃，可以制成大科学装置。依靠自主创新，江苏汤臣材料研制出中微子实验用有机玻璃球；

一克棉花，可以织出 500 米纱线。无锡一棉通过智能化改造，实现 300 支特高支纱线量产；

一系列节能技术应用，可以实现能源消耗降低 10% 以上、节电 50% 以上。中天钢铁淮安基地通过蒸汽节能、智能照明、余热回收等技术，助推企业绿色转型。

传统产业占江苏规上工业营收总额的六成多、利润的五成多，转型升级压

力大，潜力更大。江苏省发展改革委一级巡视员高清介绍，江苏扎实推动传统产业高端化、智能化、绿色化发展，推动优势传统产业巩固既有优势、发展新的优势。

向高端跃进——

江苏实施传统产业焕新工程，支持企业设备更新、产品迭代、品牌升级，加快向高端攀升。

泰州靖江的江苏亚星锚链公司工厂，四五层楼高的生产设备将重达 1 吨的链环集环成链。"我们自主研制材料、装备，全链条提升高端化水平。"亚星锚链公司董事长陶兴介绍，公司产品海工系泊链全球市场占比约 50%。

向智能提速——

江苏实施制造业"智改数转"三年行动，逐群逐链推进，截至 2023 年底，制造业关键工序数控化率达 63.7%，居全国前列。

车、钻、铣、刨、磨……500 多台机床协同作业，而"指挥"就是数字孪生平台的"智慧大脑"。这是江苏盐城苏盐阀门机械有限公司 2023 年投产的智能化车间，生产的阀门用于油气、海洋、核电装备，质量控制极为关键。公司副总经理王寅介绍："智能化改造后，产品合格率从不足 95% 提高到 99.9%。"

据介绍，江苏下一步将引导人工智能企业与制造业企业协同创新，提升企业在研发设计、生产制造、中试检测等环节的智能化水平。

向绿色发展——

江苏以钢铁、化工、建材等行业为重点，每年实施百项节能降碳技改项目，累计培育国家绿色工厂 349 家、绿色园区 33 家。

在一汽解放汽车锡柴工厂，每 105 秒就有一台解放重卡柴油机或天然气发动机下线。一汽解放动力总成事业部党委书记董亚洲说："这是一座绿色工厂，使用 13 兆瓦光伏发电，可满足工厂 50% 的能耗需求；布置 1012 口换热井，利用地热交换保持恒温，较常规省电超 45%。"

强链补链延链　新兴产业"长成林"

一台起重机最高能吊多高？最重能吊多重？

170 米高，230 吨重。这是徐工集团生产的一款轮式起重机给出的答案。3 个月前，这款起重机在河北衡水完成了单机容量 6.25 兆瓦的风机安装，将重 120 吨的机舱和长 95 米、重 28 吨的扇叶吊至 160 米的高空，仅用时 20 分钟，第七次打破全球最大轮式起重机纪录。

徐州重型机械有限公司副总工程师张正得介绍，最近三年，徐工千吨级起重机每年都在创造新纪录，传统重工企业持续向高端挺进。

2023 年，江苏工业战略性新兴产业、高新技术产业产值占规上工业比重分别达 41.3%、49.9%，高新技术产品出口额占全省外贸出口比重达 33.6%。

围绕先进制造业的 50 条产业链，江苏近年下足功夫，着力提升产业链供应链韧性。

在理想汽车常州智能制造基地，平均每 40 秒就有一辆新能源汽车下线。造得快，离不开 24 条全自动化生产线，3000 多种零部件可智能配送至相应工位。在常州，新能源汽车产业链已覆盖传动系、制动系等十几个领域，聚集 3400 多家相关企业。

产业链支撑，聚链成群。2023 年，江苏印发方案，分集群、按梯次推动战略性新兴产业发展，加快建设具有完整性、先进性、安全性的现代产业体系。

南京智能电网产业集群是国家先进制造业集群之一，以南瑞集团为龙头，已聚集相关企业近 1200 家，产业规模超过 3600 亿元。

"家庭供电系统靠的是保险丝，而庞大电力系统的安全，离不开继电保护装置的维护。"南瑞继保电气有限公司副总经理何雪峰介绍。平均一分钟完成一块电路板的检测，相关数据回传至中央数据库便于追踪，待出厂设备在 50 摄氏度的环境中经过至少 48 小时试运行进行故障测试……三峡工程、南水北调、白鹤滩水电站等国家重大工程建设，都有南瑞的产品。

新领域新赛道新突破　未来产业"快生根"

走进位于张家港的江苏国富氢能技术装备股份有限公司车间，28 台自动化机床上，飞旋的刀头切割金属，正负极材料、垫片、镍网等被焊接成一个个小单元。通过 300 个小单元叠加而成的电解槽，能制取 99.9999% 纯度的氢。企业可年产 500 套这样的制氢设备,年销售额 30 多亿元。

氢能利用,抢抓未来。"西氢东送"的一大制约是运输难题。国富氢能已完成国内首个日产 10 吨氢液化系统关键装备研发,年内将正式投产,可大幅降低运输成本。西部绿氢以液态形式运往东部,在新能源车加氢、半导体等领域将得到更广泛应用。

张家港是"长三角氢走廊"的重要一站,制氢、储运加装设备及氢燃料电池等全产业链相对完整,40 余家涉氢企业年产值超百亿元。

未来产业像一块块拼图,逐渐整合出明天的样貌。江苏省未来网络创新研究院团队总监魏亮说:"传统互联网就像一条普通马路,拥堵难以避免;确定性网络相当于一条网络高铁,车辆准时准点,管控精准。"未来网络高通量、低时延、低抖动、高可靠的优势,将成为航空航天、东数西算等领域的重要基础设施。

江苏 2019 年牵头建设国家重大科技基础设施——未来网络试验设施,目前已开通覆盖 40 个城市和 100 多个边缘节点的试验网络。

新的技术和应用场景不断涌现。医生可以把检测报告、三维构造交互在真实的手术现场;学生可以置身虚拟场景"亲历"历史;运动员可以随时"到"球场酣畅挥杆……昆山打造元宇宙产业园区,目前已有硅基智能、亮风台等 50 余家相关企业入驻。

依托传统优势,江苏积极布局培育未来产业:到 2026 年,推进 100 项前沿技术、培育 100 家示范企业、升级 100 家科创园区、开发 100 个应用场景、研制 100 项标准规范……

传统产业转型升级、新兴产业发展壮大、未来产业提前布局,江苏正为新质生产力厚植发展沃土。

(王汉超、林琳、姚雪青、郭雪岩、尹晓宇参与采写)

(何聪 王军 《人民日报》2024 年 06 月 14 日第 01 版)

江苏制造体系有力支持企业自主创新
下足功夫　挖掘潜能

4 万平方米的空间内，机械臂辗转腾挪，自动导引车运行有序，激光划片、焊接、高密度封装、人工智能质检等工序一气呵成。位于江苏省淮安市的天合光能股份有限公司生产基地一期工厂内，自动化率达到 88%，每分钟就有 5 块光伏组件下线。

"截至 2024 年 3 月底，我们的光伏组件累计出货量，已经相当于三峡水电站装机量的 9 倍。"天合光能董事会秘书吴群说，"企业下足功夫，挖掘潜能，多次刷新行业纪录，申请的专利已超过 4000 件。"

"在制造光伏电池的过程中，硼扩是关键环节之一。传统的一步硼扩工艺所形成的发射极，难以同时兼容载流子的高效产生和传输。"天合光能电池工程技术经理刘成法介绍，"我们创新性地将这个环节分为两步进行，并搭配激光局域热处理工艺，首创了相关专利技术。又花费 3 年，历经数百次测试，投入上千万元研发资金，最终实现了电池转换效率的提升。"

同样肯下足功夫的，还有"进窄门、走远路"的蜂巢能源。

匀浆，涂布，模切，叠片，运送，装配……在蜂巢能源科技股份有限公司的常州生产基地，使用第三代高速叠片技术的生产线上，每 0.125 秒就可以生产一片电芯极片，相比传统叠片技术路线，效率提升约两倍，设备占地面积减少 45%。截至目前，公司在全球已申请专利超过 7000 件。

企业肯下足功夫，是因为看准了方向，在自主创新上锲而不舍。

近年来，随着新能源汽车发展，电池包设计向着长薄化方向过渡。蜂巢能源看准这一趋势后，创新叠片技术，把电芯极片像叠三明治一样堆叠到一起。从 2018 年开始，蜂巢能源技术团队经过 5 年研发，终于实现了从无到有、从有到优的技术迭代。公司高级副总裁王志坤说："我们认准了就坚持走下去。"

企业下足功夫自主创新，靠的是当地制造体系的有力支持。

江苏已实现制造业 31 个行业大类、179 个中类、609 个小类全覆盖，工程机械、光伏、汽车等多个行业形成从原材料到终端产品、从研发设计到加工制造的完整产业链条。2023 年，江苏印发方案，聚焦 16 个先进制造业集群和 50 条产业链，实施八大行动，着力提升产业链供应链韧性和安全水平，加快建设质量效益领先、具有国际竞争力的制造强省。

天合光能的中下游供应链企业分布在三小时经济圈内；蜂巢能源能在 6 小时内配齐所有原材料，由于供应链上游正负极材料厂商和下游整车厂商都在常州，企业的物流和仓储成本大幅降低。

目前，江苏省累计获评国家制造业单项冠军的企业有 241 家，有效期内的国家专精特新"小巨人"企业有 1474 家。2024 年 4 月，全省规模以上制造业增加值同比增长 8.9%。

（林琳　王汉超　《人民日报》2024 年 06 月 10 日第 01 版）

江苏产业链上下游协作攻关
拧成一股绳　撑起一座桥

2024 年 6 月 5 日早上 7 点，得知 4 根桥缆斜拉索上船，薛花娟松了口气。

不到中午，这些每根长 633 米、重 110 吨的巨型"钢绳"，就能抵达不远处的常泰长江大桥。合龙在即，5 天后再交付最后 4 根，项目就能顺利完成。

薛花娟是江苏法尔胜缆索有限公司总工程师。这些年，法尔胜的桥缆索被运用在全世界超 1200 座大桥上。

"如果说斜拉索是大桥的基础，钢丝就是斜拉索的基础。"薛花娟说。没有足够强的斜拉索，就无法支撑主跨长达 1208 米的公铁两用常泰长江大桥；而只有足够强的钢，才能让斜拉索实现高达 2100 兆帕的抗拉强度，这相当于用一根钢丝吊起 7 辆小汽车。

此前，桥梁使用的斜拉索强度最高只能达到 2000 兆帕。从 2000 到 2100，看似只提高了 100 兆帕，研发人员却攻关了 4 年。

这一强度的斜拉索如何实现？答案就在江苏江阴两家公司的协作攻关、聚力创新里。

2018 年，对常泰长江大桥桥缆索的研制正式启动。自此，每 3 个月，兴澄特钢有限公司研究院副院长张剑锋都会带着 5 卷样品盘条出现在车程 40 分钟之外的法尔胜生产线旁。

常泰长江大桥最粗的斜拉索直径可达 200 毫米，由 499 根 7 毫米的高强度钢丝组成。兴澄特钢从 2004 年开始为法尔胜的桥梁缆索提供原材料，也就是钢丝的初级形态——盘条。"要想提高缆索的强度，作为产业链上游的盘条也必须提高自己的极限"，张剑锋介绍，从钢的成分设计、组织均匀控制，到提高纯净度，团队全方位发力，做了大量试验。

同时，下游的法尔胜也没有"坐等"。拉拔工艺是制造高强度钢丝的关键。

薛花娟和团队经过 40 余次试验，开发出新型拉拔润滑技术，并配合模具结构设计等手段，为盘条降温，实现高强钢丝的顺利拉拔。

样品盘条，张剑锋送了 30 多次；样品拉拔后的试制结果，法尔胜也次次送到兴澄特钢。双方在彼此生产线上加强沟通，一起坐下来分析试制数据，用扫描电镜等方式分析判断：是否有先天裂纹、夹杂物等，找到问题，再各自改进。

试制、分析、整改、验证，产业链上下游两家公司各自发力、彼此协力、形成合力。2022 年，兴澄特钢成功试制盘条；同年，法尔胜完成对常泰长江大桥斜拉索的试制，并于 2023 年实现量产。

创新成果不仅用于这一个项目。在生产盘条的基础上，兴澄特钢开发出高强度钢绞线，可用于铁路高架桥建设。"2023 年，公司研发投入占比达到 3.92%，产品已应用于航空航天、深井油田等高精尖领域。"兴澄特钢党委书记白云介绍。

近年来，江苏面向国家战略需求和产业发展方向征集重大技术难题，由企业牵头开展项目攻关。"目前已组织实施 258 项、验收 126 项，航空发动机高温合金等一批技术产品取得突破。"江苏省工业和信息化厅副厅长黄萍表示。

"和上下游企业拧成一股绳，我们才能把桥缆索用在一个又一个重大工程上。"薛花娟说，现在，法尔胜和兴澄特钢又在合力攻关世界最大跨度悬索桥张靖皋长江大桥的桥缆索，强度要求达到 2200 兆帕，难度更上一个台阶，但创新的路在脚下。

（王军　郭雪岩　《人民日报》2024 年 06 月 09 日第 01 版）

长三角先进材料研究院加强科技和产业融合
一条创新链　"链"成一体化

眼前的白色设备 2.4 米长、1.6 米宽、2 米高，一个"大块头"，却做得了"绣花功"——这是全国首台四维 X 射线显微镜，由位于江苏省苏州市的长三角先进材料研究院研发制造，能在微米尺度下将材料内部孔洞、裂纹等缺陷看得清清楚楚，还能模拟超高温、低温、腐蚀等复杂工况，在实际应用场景中全面评价材料性能。

这台显微镜有多重要？

"随着我国制造业发展，越来越多的材料，都需要有极端使用条件下的'健康证明'，才能'上岗'工作。而为材料做'体检'，只有专业设备才能做到。"长三角先进材料研究院系统工程师杨尚京介绍，在极端环境下为材料做检测，技术挑战极大，即使是进口设备也无法完全满足需求。

2020 年 11 月，长三角先进材料研究院组建项目团队，致力于设计 X 射线显微镜。团队一方面从江苏、浙江、安徽等地采购探测器、防护棚屋等部件，培育高端分析表征仪器产业链；另一方面链接长三角创新资源，与上海光源、上海交通大学、南京工业大学等搭建创新链，进行协同攻关。

零部件采购回来后的整机集成，特别是精度提升，是最难的一环。X 射线是不可见光，要实现精准成像，相当于要在黑暗中命中"靶心"。判断是否命中，就要看 X 射线是否穿过标样打到探测器上。而标样的理想直径仅为 1 微米，不及一根头发丝的 1/60。

"上海团队有成像技术经验，我们发挥设计与材料研发优势，创新工艺制作标定材料，又经过 3 个月的反复尝试，逐步将精度提高到目标值。"杨尚京介绍，团队 2021 年 8 月制造出首台四维 X 射线显微镜原理样机，2022 年 12 月售出首台，目前公司年销售额超 2000 万元。

作为一头连接科技、一头连接产业的新型研发机构，长三角先进材料研究院正是加强科技创新和产业创新深度融合的生动缩影。

"长三角是全国材料领域的聚集地，不仅特钢、碳纤维等供应端场景丰富，而且船舶、汽车等应用端体量庞大。在江苏，新材料集群是全省重点培育的 16 个先进制造业集群之一，2023 年实现营收 1.6 万亿元。"江苏省工业和信息化厅副厅长黄萍介绍。

随着长三角一体化发展战略深入实施，长三角先进材料研究院不断链接创新链、赋能产业链：不仅攻关重大装备，支撑科学技术发展；也面向企业发展实际，由企业出资、研究院出人才出技术，共建联合实验室，并对接产业链上下游企业与高校院所，满足企业与行业发展需求。

2024 年 3 月，浙江一家不锈钢龙头企业找到研究院，提出共建联合实验室，破解熔炼高强钢这一技术难题。

长三角先进材料研究院的一间实验室里，真空感应熔炼炉内温度高达 1570 摄氏度，高强钢板材正在其中进行中试实验。"'从 0 到 1'的原始创新基本完成，下一步就是在企业进行'从 1 到 10 再到 100'的量产。"长三角先进材料研究院副院长孙明月说，截至目前，该院已对接服务材料及重大工程装备领域企业超 200 家，挖掘制造加工、性能评价、实际应用等需求 60 项，落地合作超 40 项，为长三角新产业新业态新模式的发展提供技术支撑。

（何聪　姚雪青　《人民日报》2024 年 06 月 07 日第 01 版）

加强关键核心技术攻关，大力发展新质生产力
上海加快培育世界级高端产业集群

习近平总书记在上海考察时强调："要以科技创新为引领，加强关键核心技术攻关，促进传统产业转型升级，加快培育世界级高端产业集群，加快构建现代化产业体系，不断提升国际经济中心地位和全球经济治理影响力。"

深入贯彻落实习近平总书记重要讲话精神，上海把科技创新摆在更加重要位置，聚焦智能化、绿色化、融合化，加快构建现代化产业体系，大力发展新质生产力。

走企业、进园区、探访科研机构，笔者随"高质量发展调研行"采访团在上海采访，常常感叹"没想到""看不够"：

在传统制造业，"智造"新动能催生出一项项技术革新，让传统企业迸发出新活力；

在新型研发机构，有组织的科研新模式不断探索，高校和企业联合向新技术发起挑战，集成攻关关键核心技术；

在产业新空间，面向未来不断拓展产业体系发展方向，加快培育产业增长新动能……

以科技创新为引领，以改革开放为动力，以国家重大战略为牵引，上海高质量发展呈现勃勃生机。

以科技创新推动产业创新，重点产业集群深耕壮大

长江口，长兴岛，振华重工生产基地，一艘红白相间的 JSD6000 深水起重铺管船引人注目。这是全球最先进的海工船之一，可在 3000 米超深水海域的海洋环境中进行高效、安全的海上油气铺管作业。

"5月28日，这艘船正式完工。它可用于浅水、深水、超深水铺管作业，

水下打捞、平台拆装、海上风电安装等海上起重作业，作业海域可覆盖全球主要海域。"JSD6000 深水起重铺管船项目经理冷喜嘉说。

振华重工聚焦主业、专注专业，不断以科技创新保持装备的先进性和竞争力，打造了新一代重型自航绞吸挖泥船"天鲲号"、全球单臂架起重量最大的 1.2 万吨起重船"振华 30"等一大批"国之重器"，参与建设了上海洋山港四期自动化码头、港珠澳大桥、沪苏通长江公铁大桥等一批重大工程，累计参与全球 70% 以上的自动化码头建设。

船舶与海洋工程装备产业是上海建设具有全球影响力的国际科技创新中心、国际航运中心和现代海洋城市的重要承载。

走进上海外高桥造船厂，在一整面墙上，记录着每一艘已交付船的画面。截至 2024 年 5 月 21 日，外高桥造船累计交付的各类船舶、海工产品达 568 艘（座）。2023 年 11 月，首艘国产大型邮轮"爱达·魔都号"顺利交付，2024 年元旦开启常态化商业运营以来累计搭载约 15 万名中外游客，意味着中国由造船大国向造船强国迈进了标志性一步。目前，第二艘国产大型邮轮已下坞开始搭载总装。

2023 年，上海造船业完工量约 660 万载重吨，全年船舶与海工总产值达 1007.10 亿元，同比增长约 8.7%。上海正在加快推动船舶与海洋工程装备产业高质量发展，着力构建安全高效产业链，建设世界级产业集群。

码头，是船舶的港湾，其吞吐能力和科技水平是港口国际地位的重要体现。

洋山港四期码头，创造了世界最大的无人码头的奇迹。如今，又有一个奇迹诞生在上海港罗泾港区集装箱码头。

上港集团罗东公司副总经理石岩介绍，洋山港四期码头在地面布置了 6 万个磁钉，无人车通过磁力循迹引导进行作业。而罗泾码头采用的无人车通过北斗导航，做到了全场无循迹的自动引导，从而实现更低成本、更高效率。

坚持以科技创新推动产业创新，上海重点培育提升新能源汽车、高端装备、先进材料、民用航空、空间信息等高端产业集群。

来到上海汽车集团临港生产基地，展示厅里，四款不同的电动车——智己、飞凡、荣威、MG（名爵）吸引了大家的目光。2024 年 4 月，上汽乘用车双品牌全球终端销量超 7.3 万辆，同比增长 27%；1—4 月，上汽乘用车双品牌全球累计终端销售逾 29 万辆，同比增长 23%。

不同的车型、不同的型号、不同颜色的车，在同一条生产线上行进——在上汽车间，其流水线上的制造与众不同：每个工位的安装工人面对不同的车，做的是不同的工作。

"用一条生产线，生产不同的车，这是一套柔性的制造系统，通过数字化技术与智能装备的深度融合，实现了提质增效、节本降耗和生态培育目标。"上汽制造工程部总监宋政说。

巩固提升重点优势产业，抓紧提前布局未来产业，上海制造业升级步履铿锵。

位于松江的正泰电气，着眼于高端化、数智化、绿色化目标，从低压电器制造走向高压电力装备制造和提供能源供应解决方案。公司强化"产学研用"一体化平台运作，健全三级研发体系，设立四大产品研发院，一项项"卡脖子"技术得到突破，一个个"专精特新"产品进入市场。

走进青浦智能谷园区的钱江机器人公司，很难想象它的母公司爱仕达从做锅具起步，而今已发展为一家工业机器人制造企业。

随着机器人数字化工厂投产运行，钱江机器人正持续构建和完善以机器人为核心的智能制造体系，让各类机器人在不同应用场景"大显身手"。

目前，上海产业创新体系不断完善，战略性新兴产业总产值占规模以上工业总产值比重达 43.9%，集成电路、生物医药、人工智能三大先导产业规模 2023 年达到 1.6 万亿元。

以体制机制改革激发创新活力，创新链产业链加快融合

一款全球首创、会抛光打磨高精度大构件的机器人，从实验室原理样机到产品定型，需要多久？

"仅用时半年就完成了 5 轮迭代设计，目前已在海内外售出上百台。"上海交通大学材料科学与工程学院研究员张华军，将团队近 4 年来产学研协同创新取得的高效成果，归功于体制机制创新。

2020 年，上海交通大学作为上海首批试点单位，启动科技成果转化赋权改革。学校实行教师分类多元评价考核，打破原有唯论文、项目、"帽子"的单一评价方式，细分出 19 个类别的人才职称晋升通道。

新规支持下，2021 年 11 月，在对接了十几家大型企业后，张华军在"大零号湾"跟苏州一家研制机器人精密传动装置的企业达成合作，成立了上海赛威德机器人有限公司，这是上海交大首批科技成果转化企业之一。张华军组建的科研团队，很快就招募到了来自学校人工智能、计算机、机械、电控、液压传动等学科交叉的科研人员一起攻关。

"小到孵化器、加速器，大到科创园区、研发用地、工业用地，以及创投基金、产业基金、私募基金，'大零号湾'能根据企业发展的不同阶段，为其匹配各类资源。"闵行区科委副主任徐晖介绍，目前，定位于科技创新策源功能区的"大零号湾"，已有 70 多项科研成果转化项目落地产业化，估值超过 100 亿元，整个区域累计汇聚 4000 余家硬科技企业。

强化科技创新策源功能，推动创新链产业链加快融合，才能高质量推动新质生产力发展。

10 年来，上海全社会研发投入强度已由 2014 年的 3.4% 提升至 2023 年的 4.4%，累计牵头承担国家科技重大专项 929 项，具有全球影响力的科技创新中心从"建框架"向"强功能"跃升。

与龙头企业建立联合研发中心，产学研协同创新，同样让联影集团尝到甜头。

10 年前，国内的大型三甲医院基本不用国产设备，而今，联影集团的多项"世界首款""全国首款"高端医疗装备，服务了国内外 1 万多家医疗机构。

"产学研医机制的支撑，是成功的关键原因之一。"联影集团董事长薛敏说，为助力上海构建更高水平的全球创新网络，联影加入上海市科委发起的"探索者计划"，与高校及科研院所展开产学研医联动，推动基础研究，促进科研转换，让医院"出题"、企业"答题"。

"上海坚持科技创新与体制机制创新双轮驱动，以体制机制改革激发创新活力。"上海市科委副主任屈炜说，上海深入推进国家赋权改革试点任务，6 家试点单位完成成果赋权 675 项，转化金额超 10.6 亿元。全市集聚 2 万多家高新技术企业，日均新增科技企业 370 家，每万人口拥有高价值发明专利 50.2 件，持续领跑全国。

以国家重大战略为牵引，联动长三角一体化高质量发展

上海嘉定新时达机器人超级工厂，每 12 分钟就有一台弧焊机器人下线。伺服电机来自浙江衢州、谐波减速机来自江苏苏州、外壳来自安徽宣城……供应商不出"苏浙皖"，这台国产机器人实现了所有零部件"全长三角造"。

长三角地区是我国机器人产业高质量发展集聚区，机器人产能占比全国逾50%。2022 年，上海市经信委向苏浙皖三省相关部门发函，商请支持打造首款"全长三角造"机器人。该计划中，新时达被推举为首轮"链主"，牵头长三角12 家上下游企业协同研发，促使区域内国产机器人零部件实现整机应用。

"长三角协同，一方面显著降低了物流成本，效率得到极大提升；另一方面，和供应链的产品贸易往来，是包括研发、制造到售后服务全制造、全过程的协同，对我们来说是一种更高水平的区域经济合作探索。"新时达电气股份有限公司市场部经理张镇奎表示。

"'全长三角造'让供应链距离更短、更集中，交付周期更有保证，也强化了'链主'的溢价能力，最终助力整个区域的工业机器人制造迈向了新高度。"上海市经信委相关负责人表示。

长三角一体化发展上升为国家战略 5 年多来，上海龙头高昂、苏浙皖各扬所长，紧扣"一体化"、服务"高质量"，握指成拳，串起了产业链、创新链，形成了"你中有我，我中有你"的产业格局，长三角全域的产业竞争力明显提升。2018 年以来，长三角区域协同创新指数年均增幅超 11%。

国产大飞机逐梦蓝天。上海企业生产的芳纶蜂窝等新材料为大飞机"瘦身"，浙江企业生产舱门等复合材料结构件，江苏企业研发起落架用特殊合金，安徽企业进行先进脉冲式氧气系统预研……自 2020 年长三角 G60 科创走廊与中国商飞合作以来，科创走廊沿线 9 座城市的 1700 余家企业被纳入大飞机供应商储备库。

G60 科创走廊活力澎湃。依托 G60 高速和沪苏湖高铁等交通大动脉，长三角 G60 科创走廊串联起上海松江，江苏苏州，浙江杭州、嘉兴、金华、湖州和安徽合肥、宣城、芜湖九地，在区域协同发展战略引领下，人才、物流、资金流、技术流、信息流等各类生产要素资源有序自由流动。

"过去一年，长三角 G60 科创走廊跨域合作机制日趋完善，创新协同推进日渐专业化、体系化、纵深化，经营主体参与程度持续提升，外部资源要素链接意愿日益强烈，九城市共建打开了一体化合作新态势。"G60 科创走廊联席办副主任郭淑晴表示。

"一廊九城"，点亮长三角一体化发展新引擎。截至目前，G60 科创走廊 9 座城市以全国 1/25 的人口和 1/120 的区域面积，贡献了全国 1/15 的 GDP、1/7 的高新技术企业、超过 1/5 的科创板上市企业，战略性新兴产业增加值占 GDP 比重达到 15%，成为长三角发展活力最大、开放程度最高、创新能力最强的城市群。

大江奔流，聚势向前。从地理空间聚集，到研发创新协同，再到发展壮大裂变，上海必将在中国式现代化中更好发挥引领示范作用，带动长三角产业链、创新链、价值链韧性不断提升，成为高质量发展的强劲增长极。

（刘士安　杜海涛　谢卫群　黄晓慧　刘温馨

《人民日报》2024 年 06 月 04 日第 01 版）

"爱达·魔都号"累计搭载约 15 万名游客
国产大型邮轮引领消费新时尚

2024 年 5 月 26 日 11 时许，上海宝山区宝杨路邮轮码头，"爱达·魔都号"稳稳地靠泊港口。"上个班次的客人已经下船，下午出发的客人稍后登船。"中船邮轮科技发展有限公司工作人员介绍，"游客按预约时间登船，每个小时安排约 1000 人。"

当天，"爱达·魔都号"自 2024 年元旦首航以来的第三十四次航行结束，第三十五次航行随之开启。

不一会儿，游客开始上船，出海关、过边检、登船登记，现场秩序井然。通道上，船员不断问候"欢迎来到'爱达·魔都号'"。一个又一个团队的游客陆续登船，脸上挂着笑意。"可以登上自己国家造的大型邮轮，很开心。"一位游客说。

"首航至今，'爱达·魔都号'累计搭载约 15 万名游客，平均上座率超过 95%。"中船邮轮科技发展有限公司总经理刘辉说，这个数字，表明运营起步良好。

邮轮产业带动性强、产业链长、国际化程度高。刘辉说，邮轮的全链条包括研发、设计、建造，还有运营、供应链等，一个环节都不能少。目前，中船邮轮公司在上海形成了本土产业集群，包括邮轮的研发设计、总装建造、供应链配套、运营等全系统环节。

在研发设计方面，中船邮轮与世界知名的邮轮建造商芬坎蒂尼集团成立了邮轮总包设计公司——中船芬坎蒂尼邮轮产业发展有限公司，形成了完整的邮轮设计总包能力，为船厂提供项目管理支持和服务。在供应链建设方面，中船邮轮全资收购了德国邮轮内装企业 R&M，成立戎美邮轮内装技术（上海）有限公司，成为首家独立完成大型邮轮公共区域交付的本土内装总包企业。

"邮轮内饰相较一般家装，有着更严格的要求。比如，同样是一个沙发，邮轮要求它的材质更轻、更环保。"戎美邮轮内装技术（上海）有限公司副总经理顾斌介绍，"公司以总装为重点，将全面带动邮轮信息化、船供、娱乐多方位发展，形成以上海为中心、全球化经营的发展格局。"

为提升邮轮运营能力，中船邮轮于 2018 年组建了全能力邮轮运营公司——爱达邮轮有限公司，不断吸收国际邮轮公司先进的管理经验，优化运营管理流程。目前，爱达邮轮运营团队麾下汇集了来自全球具有丰富行业经验的邮轮人才，在市场营销、产品和酒店管理、海事管理、新船监造等方面取得了长足的发展。为推动邮轮产业的发展，上海不仅在制造、港口等方面给予支持，还建设船供基地，为邮轮提供有力支撑。

市场化、国际化、专业化，已成为中国邮轮产业的发展方向。"爱达·魔都号"全船约 1300 名船员，来自 30 多个国家；海外乘客占比约 8%，客源来自 20 多个国家；国际供应商超过 20 家；设计建造中，共有国内外 1000 多家厂商参与其中，孵化和培育了邮轮研发设计、总装建造、核心配套等一批重点企业，牵引带动了制造、建筑、能源、交通运输等上下游产业发展，有力促进了经济循环畅通。

"爱达·魔都号"第三十五次航行的登船过程，持续了几个小时。国产大型邮轮，正引领消费新时尚。

交通运输部 2024 年 4 月 29 日发布的数据显示：2024 年以来，已有 10 余艘国际邮轮在中国境内港口开展运营，一季度旅客运输量达 19 万余人次，其中，爱达邮轮旗下两艘邮轮——"爱达·魔都号"和"地中海号"，占总体运量的 70% 左右，预计中国邮轮运输市场将继续稳步回升。

（谢卫群 《人民日报》2024 年 06 月 03 日第 01 版）

上海瑞金医院产医融合打通创新链
"让医学科技创新更多惠及民生"

国产首台！走进上海交通大学医学院附属瑞金医院肿瘤质子中心360度旋转治疗室，直径近10米、重达93吨的质子束机架正匀速旋转，可以为患者提供全周治疗角度。

相比传统的放射治疗，质子治疗对肿瘤杀伤力更强、对正常组织损伤更低、治疗照射靶区更准，同时对设备、技术的要求也更高。作为最大型、最复杂的医疗设备之一，我国质子治疗装置市场曾长期处于进口垄断、国产空白的状态。

如何做到用近百吨重的庞然大物来精准控制微米级的照射？瑞金医院和中国科学院上海应用物理研究所、中国科学院上海高等研究院、艾普强公司用了10年时间开展探索——

2012年，项目立项，开始关键技术研制：数字化宽频带磁合金加载高频系统，技术被国外垄断，只能靠自己摸索；高饱和动态磁铁，要通过样机迭代，力争达到最好效果；轻量化旋转机架、笔形束扫描治疗头，这些技术都要争取实现最优性能……

"从同步加速器、治疗室、射束系统、控制系统的设计，到建设、安装、调试，再到每一例临床研究、正式治疗，都是在医院质子治疗楼完成的，临床团队全程参与协同攻关，让物理参数成为治疗参数，保证质子治疗精准、安全和有效性的统一。"瑞金医院放射治疗科主任陈佳艺介绍，2022年，系统完成全部47名受试者治疗并获批上市，几乎全部关键技术和核心部件实现自主化。

医生也是"发明家"。瑞金医院不仅实现了国产质子治疗设备零的突破，还将开发进程凝练成了一套能直接打包平移的技术和管理方案，可以运用到其他医院。国产首台质子治疗装置正式"上岗"以来，累计临床治疗人数已超160例，所有患者治疗顺利。

十年磨一剑，由临床需求牵引技术进步，研制国产质子治疗装置，是瑞金医院推动产学研医深度融合、打通产业创新链条的生动实践。"有效需求是引导创新的本源。医护人员主动创新，带动生命医学相关产业发展，最后可以形成一个创新集聚区，提升区域产业能级。"中国工程院院士、上海交通大学医学院附属瑞金医院院长宁光表示。

2013年，瑞金医院率先引进联影医疗的CT设备，此后陆续安装了国产装备数十台。"为了更好地迭代重建，临床医生和联影医疗建立了定期沟通交流机制，探讨临床需求和技术改进方向，解决方案确定后，一般在一个半月以内就能完成改进。"瑞金医院放射科主任严福华说。

"例如复杂部位的CT血管三维重建，医生手工处理需要半个小时左右，而现在使用联影智能的辅助软件只要两分钟就能完成，效率和成像质量大幅提升。此外国产设备的售后维保费用同进口设备相比可以节约近60%。"严福华说，建立起紧密的合作机制后，沟通更便捷、反馈更快速，目前科室设备的国产化率已超50%。

从合作到融合再到"一体化"，瞄准未被满足的医学需求，一个又一个创新成果在瑞金医院的推动下诞生——内分泌代谢科王卫庆教授与企业共同研发自动眼征测量仪，实现对突眼度的精准和标准化测量，目前转化金额已经超过5000万元；术锐手术机器人公司在研发过程中，根据外科医生的意见，将原本机器人使用的直刀片改为弯刀片，使得手术视野更广、操作更便捷；康复科研究人员根据医疗经验和临床需求，与国内智能康复领域企业合作，开发了下肢外骨骼机器人等30多款产品，产品的精确性和灵活性满足了患者的康复需求……

"让医学科技创新更多惠及民生，是瑞金医院医学创新的初心。"宁光说，瑞金医院将继续发挥自身优势，整合各方资源，聚焦临床上发现的问题和需求，打通技术更新、技术落地、技术迭代的路径，推动产医融合创新载体和成果不断涌现。

（刘温馨 《人民日报》2024年06月02日第04版）

建设现代化产业体系，加快发展新质生产力
广东以科技创新引领产业创新

习近平总书记强调："要以科技创新引领产业创新，积极培育和发展新质生产力。"

行走在得风气之先的广东，科技创新引领，产业创新活跃，新质生产力蓬勃生长，从"一辆车"可见一斑——

打开机翼，启动，汽车"飞"起来了！这辆腾空而起的载人飞行汽车，由广东汇天航空航天科技有限公司自主研发；

穿梭广州街头的氢能源车，加满氢气，平均能跑约 400 公里；

在深圳，新能源汽车用"超级快充"，最快 15 分钟就能满电续航……

从"一辆车"看产业跃升：汽车产业转型升级，成为广东省第八个超万亿元产业集群；氢能源车、低空经济等产业前瞻布局。

从"一辆车"见动能之变：创新成为引领广东发展的第一动力。2023 年，作为地区生产总值首个突破 13 万亿元的省份，广东已连续 35 年领跑全国，现代化产业体系建设步履坚实。

"一个个科技创新引领产业创新的鲜活故事，让我触摸到新质生产力已经在实践中形成并展示出对高质量发展的强劲推动力、支撑力。"国家信息中心研究员魏琪嘉深有感触。

锚定"打造具有全球影响力的产业科技创新中心"，广东省委主要负责同志表示，推进产业科技创新、发展新质生产力是广东战略之举、长远之策。要抓住科技创新这个"牛鼻子"，把创新落到企业上、产业上、发展上。

强化企业创新主体地位，让企业在创新中唱主角

一根钻针，能有多细？

仅 0.03 毫米！用工业显微镜观察，约为头发丝直径的一半。如此细小的钻针，能完成上千次钻孔作业，不断裂、不卡折。

走进广东鼎泰高科技术股份有限公司生产车间，机械臂挥舞、云平台监测，关键生产流程实现自动化智能化。

"生产印刷电路板，单位面积打孔越多，能接入的线路越密，算力等性能就越强，但对微型刀具的要求也越高。"鼎泰高科公司董事长王馨说，"我们 10 余年专注研发一根针，最终完成微型刀具生产设备、涂层设备的国产化、智能化，产品全球市场份额已超过 20%。"

从东莞电子厂的"打工妹"，到创办公司做钻针贸易，再到带领公司自主研发，成为微型刀具生产领域的专精特新"小巨人"企业——王馨的奋斗经历，映照着广东企业靠创新不断向产业链中高端攀升的历程。

"技术创新，是一点点'啃'出来的，也是政府一点点帮出来的。"王馨回忆，这些年，相关部门帮着申请奖励资金，向企业开放公共技术服务平台，协调高校院所与企业联合攻关。

为让企业在创新中唱主角，广东推动创新资源向优质企业集聚。说起全力支持企业做创新的主角，笔者到访的几家企业的负责人如数家珍——

专门开辟一条赛道。2024 年 4 月，广州番禺区在广州大学城首批规划建设 4 个飞行汽车起降点，同步配套汽车起降、停放等基础设施。"这为我们飞行汽车测试、试验提供了场地，解决了大问题。"广东汇天公司副总裁仇明全说。

专门出台一项政策。2022 年底，广州市出台燃料电池汽车示范应用工作方案，提出"支持燃料电池整车企业和云韬氢能等重点企业联合各关键零部件企业形成创新联合体"。广东云韬氢能科技有限公司总经理杨强欣喜不已，"如今，创新联合体已有多项成果落地。"

专门做好一项配套。按规划，深圳年内将建造不少于 1000 座超级快充站，"超级快充和慢充收费基本持平，政府投资很长时间都收不回来。"负责超级快充站运营的深圳巴士新能源有限公司运营部经理叶锡东有笔明白账："超级快充站的建设，能带动电池、新能源车企研发超级快充设备，激发上下游企业创新活力。"

告别拼土地、拼价格、拼劳动力的老路，广东突出企业科技创新主体地位，激励企业加快智改数转，以企业生产技术的整体提升，带动产业转型升级。2023 年，广东研发经费投入 4600 亿元，占地区生产总值的比重达 3.39%；拥有 7.5 万家国家级高新技术企业，数量全国领先；华为、腾讯、比亚迪、美的、格力等一批科技领军企业势头正劲。

"广东约 90% 的科研机构、90% 的科研人员、90% 的研发投入、90% 的发明专利申请来源于企业。"广东省发展改革委主任艾学峰表示，广东要在核心技术攻关中让企业挑大梁，将省重点研发计划、重大专项中由企业主导的项目比例提高到 80% 以上，赋予企业技术路线制定权，支持企业作为"发包方"组织开展技术攻关。

产业出题、科技答题，让"科技之花"结出"产业之果"

一款铜扁线，经松山湖材料实验室科研人员改造后，性能在行业内只能排中上等，却受到一家电子元器件生产龙头企业的青睐，为什么？

"因为刚刚好。"实验室研究员刘科海这样说，"先前，企业要到其他厂商购买性能更好的铜扁线，花了冤枉钱。我们给它定制的这款，性能虽不及前者，但足以满足生产需要，性价比更高。"

为精准对接、服务企业需求，地处东莞的松山湖材料实验室，不只像一般科研机构做样品，更做产品，并在此基础上与企业、资本、政府合作，把产品变成市场上的商品。

利用单晶铜材料相关研究成果，实验室研究员付莹带团队成立中科晶益（东莞）材料科技有限责任公司，从事高端铜材的研发与生产。他手捧一片薄薄的单晶铜铜箔，"别看只有巴掌大，用处可不小，在它上面铺设相关元器件材料，传输速度、导电性能等要比一般多晶铜铜箔好很多，市场前景广阔。"

办企业，实验室有良好科研与人才优势，成果转化收益的 80% 奖励团队，还有各类风险投资基金跟进。付莹说，这得益于广东近年来构建的全过程创新链——"基础研究＋技术攻关＋成果产业化＋科技金融＋人才支撑"。"我们研究人员只需专心做好科研、服务市场，及时将科技创新成果应用到具体产业和产业链上。"

这样的成果应用已初具规模。松山湖材料实验室迄今已引进培育 25 个创新创业团队，直接孵化产业化公司 35 家，销售合同金额达 7.3 亿元。

让付莹意想不到的是，办企业开辟新赛道，还顺带着改造了老产业。2023 年，中科晶益公司并购传统漆包线生产企业东莞市尼轩电子有限公司。实验室出技术、派团队，改进产品工艺。

"过去，我们的产品主要用于生产低端喇叭、音响，如今拓展到智能终端的关键元器件。"原尼轩电子公司总经理、现公司技术顾问黄克勤说，"并购后我们股权少了，但公司盘子做大了。"

付莹也乐意收购，"作为传统企业，他们有成熟的生产线，方便我们研发产品的测试、量产。"

科技创新和产业创新互促共进，才能推动新质生产力加快发展。聚焦以颠覆性技术和前沿技术催生新产业、新模式、新动能，广东近些年坚持将 1/3 以上的省级科技创新资金投向基础研究，先后布局 10 多批重点领域研发计划。如今，粤港澳大湾区国际科技创新中心、综合性国家科学中心、高水平人才高地等建设全面推进，鹏城实验室、广州实验室等相继布局，具有全球影响力的产业科技创新中心加快打造。

广东省科技厅副厅长梁勤儒介绍，广东区域创新综合能力连续 7 年全国领先，"深圳—香港—广州科技集群"连续 4 年居全球第二，全省研发人员数量、发明专利有效量、PCT 国际专利申请量等主要科技指标均领跑全国。

为进一步打通制约产业科技创新的卡点堵点，营造更好的创新生态，广东将推动更多首台（套）设备、首批次新材料、首版次软件、首测试场景在省内率先使用，着力畅顺从科技强到企业强、产业强、经济强的通道。

科技创新和产业创新深度融合，以实体经济为支撑的现代化产业体系建设提质增效

1.9 秒实现破百公里时速，最高时速达到 300 公里……说起企业生产的新能源超级跑车，广汽埃安新能源汽车股份有限公司副总经理席忠民的自豪之情溢

于言表，"这就是自主创新的力量。"

他指着跑车配置的四合一集成电驱介绍，所谓"四合一"，就是将一前一后安装在车内的各2个电机集纳整合，为跑车的瞬时加速提供强大引擎，"生产新能源超级跑车，最考验电驱研发能力，靠的是自主创新攻难关。"

自主创新在企业，也在产业链上。围绕新能源汽车生产最关键的"三电"（电池、电驱、电控）领域，广汽埃安近年来通过合资合作方式，布局建设多家旗下生态企业，关键零部件实现全面自研自产。"我们持续推动产业链安全可控，牢牢把握产业发展主动权。"席忠民说。

作为全球重要的制造业基地，广东始终坚持以制造业立省，2023年规模以上制造业企业营业收入达17万亿元，制造业增加值占地区生产总值比重达到32.7%，加上与制造业密切相关的生产性服务业，比重超过六成。

发展新质生产力，广东没有忽视、放弃传统产业。为建设更具国际竞争力的现代化产业体系，广东一手用新技术改造提升传统产业，促进产业高端化、智能化、绿色化。

步入位于佛山的美的洗涤电器制造有限公司，先进的数字技术让生产流程无缝衔接，单位生产成本下降14%，一次装机缺陷不良率降低59%，最快18秒钟就能下线一台洗碗机。

引导制造业数字化转型从"点"延伸成"链"、拓展到"面"。在2023年推动超9300家企业开展技术改造、超5000家规上工业企业数字化转型的基础上，广东2024年再推动超1万家工业企业开展技术改造、9200家规上工业企业数字化转型。

另一手着力培育壮大新兴产业、超前布局未来产业。

以广汽埃安为中心，10公里范围内涵盖电池、电控等核心零部件供应，50公里范围内可实现60%以上零部件供应，100公里范围内达到80%以上零部件供应。席忠民说："广汽埃安的关键零部件已实现5小时以内供货，缩短了供应周期，降低了运输成本，减少了仓储压力。"

聚链成群，梯度培育。截至2023年底，广东已形成8个万亿级产业集群、3个5000亿级产业集群、7个千亿级产业集群、2个百亿级产业集群。近年来，广东累计推动逾3万家规模以上工业企业数字化转型，带动超75万家中小企业"上云用云"。

广东省工业和信息化厅总经济师邹勇兵表示："以数字化赋能千行百业，促进科技创新与产业创新深度融合，广东将持续推动产业基础高级化、产业链现代化。"

只有落后的产品，没有落后的产业。永葆"闯"的精神、"创"的劲头、"干"的作风，广东正在续写更多"春天的故事"。

（程远州、王云娜、姜晓丹参与采写）

（胡健　孔祥武　孙振　《人民日报》2024年05月26日第01版）

深圳光明科学城助力科技与产业深度融合
一栋楼里的创新链

从只有两三个人的创业团队，到融资近3亿元、员工近200人的高新科技公司；从在《自然》杂志上发表论文，到产品销往全球市场……森瑞斯生物科技（深圳）有限公司从广东深圳光明科学城起步，不到5年时间，就发展成为估值超10亿元的合成生物产业"创业新星"。

"这一栋楼里，不仅能完成基础研究'从0到1'的技术研发，还能实现'从1到10'的成果转化，不远处还有'从10到N'的产业化园区。"带着笔者参观深圳市工程生物产业创新中心，森瑞斯生物联合创始人罗小舟说，"完整的产业科技创新链条是我们的最大优势。"

2018年10月，习近平总书记在广东考察时指出："要有志气和骨气加快增强自主创新能力和实力"。2023年4月，习近平总书记在广东考察时强调："要强化企业主体地位，推进创新链产业链资金链人才链深度融合，不断提高科技成果转化和产业化水平，打造具有全球影响力的产业科技创新中心。"

作为粤港澳大湾区综合性国家科学中心先行启动区，光明科学城锚定打造强化基础研究原始创新的"策源地"，以及科技成果高效转化的"试验田"。近年来，当地依托陆续建设的一批重大科技创新载体，设立工程和技术创新中心，构建"楼上楼下"创新创业综合体，形成"科研—转化—产业"的全链条企业培育模式，推动一批"科研之花"结出"产业之果"。

走进深圳市工程生物产业创新中心，一楼展示厅陈列着森瑞斯生物、邦泰生物、赛特罗生物等合成生物企业的最新产品。"我们以科研服务产业，以产业反哺科研，实现边研究、边产出、边应用的模式。"中国科学院深圳先进技术研究院合成生物学研究所产业创新与转化中心主任罗巍介绍，在这里，"楼上"科研人员开展原始创新，支撑产业进行关键核心技术攻关，"楼下"孵化器企业聚集，对原始创新进行工程技术开发和中试转化，推动科技成果沿途转化，进而实现产业化。

"楼上楼下串个门，可能一个创意就被激发，一个转化堵点就被打通，极大缩短了科研成果转化的周期。"罗巍说。

在这栋楼里，罗小舟既是深圳先进院合成所的研究员，也是创业者。深圳先进院以技术入股的方式将科研成果转移给森瑞斯生物，双方成立联合实验室，研究资源共享、研发人才共用，推进创新链产业链资金链人才链深度融合。

2023年11月启动试运行的大科学装置——合成生物研究重大科技基础设施，给企业发展带来更多底气。森瑞斯生物2024年投向市场的新产品，就是使用大科学装置的自动化功能岛完成了高通量的酶的定向进化实验，并拥有了量产的能力。

为促进合成生物产业发展，光明科学城出台专项政策，成立15亿元规模的产业引导基金，建设专业产业园区，构建起较为完备的产业生态。当地合成生物产业从无到有、集聚成势：短短几年，已集聚合成生物企业超90家，总估值约270亿元。

在光明科学城，围绕陆续落地建设的脑解析与脑模拟大科学装置、材料基因组设施、深圳医学科学院等24个重大科技创新载体，"楼上楼下"创新创业综合体的模式正在被大力推广，并因地制宜地演变出"左邻右舍""中心创新、周边创业"等多种创新生态。

依托脑解析与脑模拟重大科技基础设施，中国科学院深圳先进技术研究院脑认知与脑疾病研究所研究员蔚鹏飞团队研发的无创脑机接口设备技术趋于成熟，以技术入股的方式成立深圳中科华意科技有限公司，入驻不远处的深圳市脑科学技术产业创新中心。

"高水平科研和临床研究机构、上下游企业以及专业的投融资机构在这里交错布局，形成一个脑科学创新联合体，研究者和创业者成了'左邻右舍'，帮助初创企业快速成长。"蔚鹏飞介绍，随着规模壮大，中科华意科技有限公司已从创新中心"毕业"，搬入位于光明云谷的脑科学与类脑智能产业园。目前，中国科学院深圳先进技术研究院孵化的脑科学相关企业已达到14家，总估值超22

亿元。

"广东在推动科技与产业深度融合的过程中，前瞻布局了生物制造产业。我们建成了全球顶尖的合成生物科技基础设施，打造了生物制造的创新服务平台，培育了一批生物制造的'新物种'企业。近3年全国每两家合成生物公司中就有1家落户广东。"广东省发展改革委负责人表示。

（程远州　孙振　《人民日报》2024年05月22日第01版）

广东肇庆市金利镇力促产业跃升
五金镇含"金"量更高

　　一个个机械手协同运转，快速完成钻孔、打磨等 12 道工序，每 30 秒钟就能下线一台地弹簧机芯。在广东省肇庆市高要区金利镇的新永昌五金科技有限公司厂房，机芯智能化生产线，只需要一名工人"指挥"。

　　"地弹簧是一种嵌入地面的门控五金，可辅助门的平缓开闭。"公司副总经理黄展豪介绍，地弹簧机芯加工这一关键模块的智能化生产，让公司产能提升了 5 倍，交货周期大幅缩短，残次品率控制在 2% 以内。

　　2018 年 10 月，习近平总书记在广东考察时指出，城乡区域发展不平衡是广东高质量发展的最大短板。要下功夫解决城乡二元结构问题，力度更大一些，措施更精准一些，久久为功。2023 年 4 月，习近平总书记在广东考察时强调，全体人民共同富裕是中国式现代化的本质特征，区域协调发展是实现共同富裕的必然要求。

　　深入贯彻落实习近平总书记重要讲话精神，广东启动实施"百县千镇万村高质量发展工程"（以下简称"百千万工程"），把发展壮大县域产业作为实施"百千万工程"的重点，努力把短板变成"潜力板"。

　　创办于 1991 年的新永昌五金公司不断研发新产品，逐步赢得市场认可。前几年，面积达 5 万平方米的公司新厂房正式投产，引入采用机械手的地弹簧机芯智能化生产线，并建设了国家级质量标准实验室。此后，公司旗下产品加速销往海内外。

　　促进企业转型升级，金利镇不遗余力。工作人员主动走访企业，宣讲各类政策，及时纾困解难。在金利镇的培育下，新永昌五金公司成长为集自主研发、设计、生产、加工为一体的精密五金制造企业，获得实用新型、外观设计等 60 余项专利，并被认定为国家高新技术企业。

同样迈出转型步伐的，还有肇庆市高要区如日金属制品有限公司。这家中小企业曾经生产乐器类五金配件逾20年，总经理杜嘉俊说："乐谱架等乐器类五金配件售价低、利润少，必须朝着生产乐器的方向转型。"

与新永昌五金公司不同的是，如日金属制品公司直接搬进了金利镇打造的五金智造小镇。为引导传统五金产业加快转型升级，金利镇近年来引入专业的园区运营团队，着手打造配套齐全的五金智造小镇，为企业提供标准厂房。

"不用花钱拿地建厂，我们集中精力研发工艺、攻克难关，成功生产出电子琴、手卷钢琴等产品，销往海内外。"杜嘉俊说。

在金利镇，通过向自动化、智能化转型，一批具有核心竞争力的企业脱颖而出，成为行业佼佼者。

广东在实施"百千万工程"中提出，加快专业镇转型升级，改造提升传统优势产业，培育战略性新兴产业，形成一批在全国有较强影响力和竞争力的名镇名品。

名镇名品，如何打响？金利镇叫响"好五金 金利造"，推动品牌焕新升级，推动企业向产业链价值链中高端攀升。

2023年以来，高要区连续两年组织金利镇五金企业抱团参加广交会，以"区域集中、统一标识、连片布展"形式，引导企业集中展示。金利镇引导180多家五金企业携手，在家门口举办五金国际博览会及五金建博会，吸引客商前来，进一步擦亮"金字招牌"。此外，金利镇在交通道路、基础设施、公共服务上发力，既为居民生活添彩，又让客商留下好印象。

金利镇这个五金镇含"金"量更高了。高要区委副书记、金利镇党委书记梁文杰介绍，2023年，金利镇获评"百千万工程"省级示范点。2024年前4个月，金利镇工业总产值完成148.24亿元，同比增长4.95%；工业投资完成13.44亿元，同比增长10.08%。

镇是节点，联城带村。金利镇的产业跃升，是广东实施"百千万工程"的一个生动缩影。统筹县的优势、镇的特点、村的资源，广东引导各方面资源力量强县促镇带村，2023年县域地区生产总值增长5.2%，城乡居民收入比缩小到2.36∶1。

（王云娜　姜晓丹　《人民日报》2024年05月19日第01版）

广东超 75 万家中小企业用上智慧云平台
一朵"云"激活一条产业链

输入材质、款式等信息，指尖一点，符合条件的布料和厂家信息便呈现眼前。做了 20 多年服装生意的广东东莞市共赢服饰有限公司总经理施大庆说："以前每次进货，都要在广州布匹市场待好几天。现在线上选布料，几分钟就能找到中意的。"

帮施大庆解决"找布难"问题的，是广州致景信息科技有限公司研发的智能找布平台。依托集合线下市场海量布料信息的数据库，一有需求，平台便可迅即"按图索骥"。

2018 年 10 月，习近平总书记在广东考察时强调："推动制造业加速向数字化、网络化、智能化发展"。2023 年 4 月，习近平总书记在广东考察时指出："广东要始终坚持以制造业立省，更加重视发展实体经济，加快产业转型升级，推进产业基础高级化、产业链现代化，发展战略性新兴产业，建设更具国际竞争力的现代化产业体系。"

深入贯彻落实习近平总书记重要讲话精神，广东把技术改造作为关键工程，大力推进纺织、家电等一批传统制造产业转型升级。作为纺织服装产业大市，广州支持一批工业互联网平台带动中小企业"上云用云"，致景科技公司就是其中之一。

"我们为纺织服装企业量身打造的智慧云，也是一朵'链上的云'。"致景科技公司联合创始人、高级副总裁李亚平介绍，利用大数据、物联网等技术，公司研发推出多个智慧云平台，覆盖服务布料生产、采购、服装设计、销售等纺织服装产业全产业链。

这朵"云"，重塑生产流程——

产业链下游，设计一款服装要多久？"原先，要经过平面设计、平面制版、立体裁剪、制作样衣等多道工序，耗时半个多月。"李亚平边说边登录自主开发的服装设计智能平台，选好对应款式、风格等，几分钟后，几款虚拟缝制的数字样衣便设计出来。

这朵"云"，带动降本增效——

产业链上游，布料生产合格率能有多高？视频连通致景科技公司在四川宜宾的纺织智造园，一台台自动化织机上方，"边织边检"智能化探头实时监测，"过去人工巡检，布料瑕疵点等漏检率高。如今全自动巡检，发现问题实时上报，产品合格率达 99% 以上。"隔着屏幕，纺织智造园厂长李培峰向笔者展示生产的布料成品，"每匹布都贴着印有二维码的质检报告，生产信息全链条可追溯。"

这朵"云"，广州研发，服务全国。自 2014 年成立以来，致景科技公司业务范围不断拓展，数字化赋能服务广东省内外纺织服装生产上下游企业 5 万余家，还入选工业和信息化部公布的 2020 年制造业与互联网融合发展试点示范名单。

"云"服务，解了中小企业之难。佛山市鑫威针织有限公司总经理陈凯很有感触，"都知道数字化的好处，可技术研发、设备改造，样样花钱，'云'服务让我们小企业花小钱办大事。"

如今，只需支付一定服务费，鑫威公司的织机就能用上致景科技公司研发的智能化系统，享受到实实在在的技改红利。"系统实时监测设备运转状况，使工厂设备异常停机时间减少 35%、整体效率提升 30%。"陈凯说。

广东省工业和信息化厅总经济师邹勇兵介绍，近年来广东省引进、培育包括致景科技公司在内的优秀工业互联网平台企业及服务商 400 余家，累计推动逾 3 万家规模以上工业企业数字化转型，带动超 75 万家中小企业"上云用云"。

"云"服务，有量更有质。《广东省推进工业设备更新和技术改造提质增效工作方案》提出，"全力提升技改数字化转型的质量和效益""大力推广制造业企业数字化'链式改造'模式"。

这两年，随着服务企业越来越多，致景科技公司又搭建了联动上下游企业生产的云平台。"下游服装生产企业叫单，平台响应派单，中上游纺织企业接单。"李亚平说，"通过'云'管理，我们根据下游订单需求，迅速配置中上游合适的生产企业，推动高效生产。"

谈起未来规划，李亚平干劲很足："从服务上下游，迈向打通上下游，让产业链更有韧性、更有竞争力！"

（孙振　程远州　《人民日报》2024 年 05 月 16 日第 01 版）

推进文化和旅游深度融合发展

党的二十大报告提出："坚持以文塑旅、以旅彰文，推进文化和旅游深度融合发展。"这为推动文化旅游业高质量发展指明了方向。国务院印发的《关于支持贵州在新时代西部大开发上闯新路的意见》提出，"促进文化产业和旅游产业繁荣发展""加快国际山地旅游目的地建设"，为贵州文旅产业发展注入新的动力。

近年来，贵州接待游客人次、旅游总收入保持较快增速，旅游产业成为支柱产业。把握旅游产业化处于优势转化提升期方位，贵州着力发挥世界级文旅资源丰富的比较优势，提出"打造世界级旅游目的地"的目标要求。

促进资源优势转化为产业优势。树立世界眼光，打造独具贵州特色的文旅要素，充分利用世界自然遗产、世界文化遗产和世界级高桥资源、世界级天文资源以及独有的酱香酒文化资源，加快推进世界级资源向世界级景区转化。对标国际一流标准，进一步强化景区管理、完善景区功能，做大做强文旅要素体系，提升龙头景区的品牌价值。着眼新兴文化热点，打造标杆品牌发挥示范引领作用，将现有"村 BA""村超"等打造成独具贵州文化标识的文旅要素，实现"流量"变"留量"。

整合特色产品，丰富旅游供给。围绕"食之爽心、住之安心、行之顺心、游之舒心、购之称心、娱之开心"，多维度提高旅游服务质量水平，建设极具文化内涵的世界级旅游服务体系。加快制定推广"黔菜"标准，开发地方特色菜肴，打响特色美食品牌。加快丰富文旅住宿产品，加大高品质酒店供给，鼓励支持民宿产业加快发展、规范发展，积极引导避暑、山地、康养等贵州特色住宿产品发展。完善旅游交通体系，提升重点客源地通达贵州的便利度，提升交通场站到景区及景区间的便捷度。落实旅游服务质量主体责任，大力实施以服务质量为基础的发展战略，不断提升文旅服务品质。提高文化创意设计水平，精心开发优质文创产品，发挥白酒、茶叶、民族医药、民族民间工艺品等特色产品优势，加快推进地方优质农副产品向旅游商品转变。加速文化演艺娱乐市场发展，提升现有旅游演艺品质，更好展示贵州特色文化旅游形象。

增强国际合作互通，通过外循环促进内循环。推动旅游服务水平与国际通行标准全面接轨，主动增强与世界级机构和平台的互动，通过举办海外主要客源地推介会、建立文旅友好城市等形式，获得广泛认同和推广，打造世界级文旅知名品牌。推动与国际专门机构的深度合作，联合开展重大节庆会展活动，推进生态文明贵阳国际论坛、数博会、中国—东盟教育交流周、酒博会等国际性会议会展与贵州文旅发展深度融合，提升贵州面向全球的品牌影响力。持续打响"山地公园省·多彩贵州风""走遍大地神州·醉美多彩贵州"品牌，多措并举提升入境游客占比，激发入境游市场活力。

（黄娴整理）

（张学立 《人民日报》2023 年 12 月 05 日第 10 版）

贵州奋力在乡村振兴上开新局

苗岭深处，一个个产业基地里热火朝天，新收获的农特产品即将运往各地；黔北高原，一座座茶山绵延起伏，青瓦白墙的传统民居里不时传出欢声笑语……行走在贵州的村寨，一幕幕丰收景象在眼前铺展开来。

习近平总书记指出："实现小康不是终点，而是新的起点。我们还要巩固脱贫成果，接续推进乡村振兴，按照既定的目标踏踏实实走下去，把产业发展好，把乡村建设得更好，创造更加多彩多姿的生活。"

深入贯彻落实习近平总书记重要讲话精神，贵州切实做好巩固拓展脱贫攻坚成果同乡村振兴有效衔接各项工作，加快建设宜居宜业和美乡村，奋力在乡村振兴上开新局。

产业兴旺，钱袋子越来越鼓

清晨，薄雾还未散尽，车江大坝在氤氲中渐渐揭开面纱。月寨村村民石珍早早出门，和蔬菜种植专业合作社的社员们一起移栽新一茬菜苗。

月寨村位于黔东南苗族侗族自治州榕江县古州镇。石珍的家门口，是万亩连片坝区。在没有平原的贵州，这实在难得。

"以前土地不平、各自耕种，收成只够养家糊口。现在土地平整，规模种植，一年四季种菜、种粮，亩收入超过 1.5 万元。"石珍指着平整好的 300 多亩蔬菜基地说。

2020 年，榕江县在车江大坝坝区建设高标准农田，引导规模化特色种植。而今，坝区已吸引 25 家经营主体入驻，2023 年前三季度采收农产品 3.04 万吨，产值上亿元。

距离车江大坝 200 多公里，黔南布依族苗族自治州惠水县的一座食品生产车间里，金灿灿的刺梨果经过筛选、清洗、压榨、杀菌、灌装，变成畅销饮品。而就在前些年，这种浑身带刺、口感酸涩的野果子一度乏人问津。

"我们组织团队，研发适应市场需求的各种刺梨产品，2023 年销售额超过 10 亿元。"贵州王老吉刺柠吉产业发展有限公司董事长叶继曾介绍，2018 年，通过东西部协作机制，广药集团王老吉公司在惠水县建立生产研发基地，培育壮大刺梨产业。

如今，刺梨产业成为贵州巩固脱贫攻坚成果、助力乡村振兴的重要支撑。截至 2022 年底，全省种植刺梨 210 万亩，实现年产值 150 亿元，带动超 21 万名群众增收，户均增收 8000 元以上。

刺梨、辣椒、蓝莓、李子等种植面积居全国前列，省级以上农业产业化重点龙头企业达 1200 家，创建国家现代农业产业园 10 个、产业集群 6 个、农业现代化示范区 6 个……规模化发展特色产业，推进一二三产融合发展，成为贵州推动农民持续增收致富的关键之举。

乡村和美，有颜值更有气质

走进遵义市湄潭县兴隆镇龙凤村，只见山上茶园延绵苍翠，山下荷塘波光粼粼，一栋栋青瓦白墙的黔北民居掩映在青山秀水之间，与稻田、炊烟、远山相映成景。

在龙凤村广场上，七旬老人祁承烈为游客唱起了花灯戏。唱词由村民们你一言、我一语凑成，围绕吃饭、穿衣、住房等生活场景，生动反映农村的巨大变化。

近年来，龙凤村以美丽乡村建设为引领，系统改造农村房、水、电、路、厨、厕，建成人工湿地，修通硬化道路，整修古朴民居，搭建廊桥水榭……昔日穷山沟，如今走在乡村振兴前列。

在贵州，越来越多的村庄、庭院正在变美。近年来，贵州实施美丽乡村人居环境整治提升工程，实现行政村垃圾收运处置全覆盖，完成新建、改建农户厕所 22 万户。

建设和美乡村，贵州既提颜值，又提气质。

2023 年 3 月以来，黔东南苗族侗族自治州台江县台盘乡台盘村篮球赛事不断。从村级赛到省级联赛再到全国总决赛，这个仅千余人口的小山村惊艳全网、火爆出圈。

台盘村因乡村篮球大赛走红，背后是体育精神与民俗风情的融合。"不要赞助、不收门票，追求的是一份纯粹的热爱。"台盘村村委会主任岑江龙说，村里的篮球赛历经 80 多年，如今蓬勃发展，满足了村民的精神文化生活，促进了乡村精神文明建设。

党建引领，凝心聚力谋发展

六盘水市水城区以朵街道滴水岩村，延伸的乡间小道，将水上乐园、露营基地、精品民宿串联起来，令人流连忘返。

2021 年以来，水城区立足农村特色资源禀赋，将全区 179 个村（社区）分级分类，在 45 个示范引领村居探索建设产业型、工矿型、文旅型、生态型、康养型"五型"村居。其中，滴水岩村规划建设文旅型村居。

文旅型村居，究竟什么样？滴水岩村党支部邀请党员、在外公职人员、大学生等建言献策，绘制出以瀑布景区为核心，配套种植、游乐、民宿、养殖、美食等"一景五区"产业发展蓝图。"只有干部群众拧成一股绳，才能把村子建设好，把文旅产业发展好。"滴水岩村党支部书记、村委会主任肖开态说。

2023 年 1 月，贵州制定出台《关于推动基层党建高质量发展的指导意见》，提出重点围绕抓党建促乡村振兴，深入实施"千乡争创、万村提升"示范创建，加快实现农业农村现代化。

毕节市七星关区柏杨林街道，是贵州单体规模最大的易地扶贫搬迁安置点。为让搬迁群众安居乐业，街道逐步探索出一套有别于农村、不同于城市的基层社会治理体系。"我们将 148 个楼栋划分为 29 个网格，做到人在格中走、事在格中办。"柏杨林街道党工委书记陈晓东介绍。

此外，贵州 2023 年还选派 1 万多名驻村第一书记，实现脱贫村、易地扶贫搬迁安置社区（村）、乡村振兴任务重的村、党组织软弱涣散村选派驻村第一书记和工作队员全覆盖，持续推进巩固脱贫攻坚成果同乡村振兴有效衔接。

（葛桑、何宇澈、苏滨、陈隽逸参与采写）

（马跃峰　黄娴　程焕　《人民日报》2023 年 11 月 29 日第 01 版）

贵州依托生态优势推动绿色发展

初冬的六枝河，碧波荡漾，水鸟翩跹。沿河步道两旁，银杏树不时落下金黄叶片，为城市增添色彩。

"过去，由于沿河污水、生活垃圾等随意倾倒，六枝河一度水体发黑、水质严重恶化，2019 年被列为全省十大污染源之一。"贵州省六盘水市六枝特区水务局水政水资源股负责人邱学谦介绍，六枝河属珠江流域北盘江水系，全长 35 公里，其中穿城而过的河道有 9.2 公里。

近年来，六枝特区围绕六枝河水质污染综合治理精准发力：新建六枝河主河道污水管网 2.82 万米，实现沿河污水应收尽收；完成 6 个分散式污水处理设施建设及多个污水处理厂、水库截污工程提标改造；强化河道项目建设，全力改善两岸环境。

为保障六枝河生态补水水源充足，六枝特区通过新建再生水工程，实现中心城区污水处理厂（二期）中水回用。六枝特区中心城区污水处理厂（二期）厂长邓超能介绍，自 2021 年正式启用以来，污水处理厂每天向六枝河提供生态补水 1 万吨。

在贵州，牢牢守好发展和生态两条底线已成共识。2023 年 1 至 9 月，全省 9 个中心城市、88 个县级以上城市环境空气质量优良率分别达 98.7%、98.8%，119 个地表水国控断面水质状况总体为优，优良水质断面比例为 99.2%。

牢固树立和践行绿水青山就是金山银山理念，贵州各地不断改革探索，因地制宜发展森林康养、林下经济、休闲旅游等业态，全面推进绿色转型。

行进在贵州省黔南布依族苗族自治州三都水族自治县境内，一路青山如黛，层峦叠翠。三都县森林覆盖率达 72.47%，是贵州省十大重点林区县之一。优良的生态环境是三都最大的发展优势和竞争优势。

2022 年 7 月，黔南州林业局向三都县发放首张林业碳票，贵阳银行三都分行向碳票授信 300 万元的信用额度，让三都县 2.23 万亩林海所净化的空气变成可流通的资产。这是贵州不断探寻新的减碳路径、实现发展"增绿"的又一实践探索。

贵州于 2018 年启动重点生态区位人工商品林赎买改革试点工作，实现"造林变现"，2021 年至 2025 年全省每年拟赎买约 1.6446 万亩，促进林农增收；凭借丰富的竹资源，赤水市 2023 年成立了贵州首个森林碳汇管理局，组织开展林业固碳增汇工作；发挥山地特色和生态优势，现代山地特色高效农业量质齐升，实现做优大生态、绿产销八方……依托生态优势推动绿色发展，贵州努力将生态"高颜值"转化为经济"高产值"，将"含绿量"变为"含金量"。

截至 2022 年底，贵州省建成特色林业产业基地 1152 万亩，特色林业年产值达 217 亿元；发展林下经济面积 2960 万亩，全产业链年产值达 605 亿元。

（黄娴　《人民日报》2023 年 11 月 24 日第 02 版）

坚持把发展经济的着力点放在实体经济上
贵州加快建设现代化产业体系

生产前端，工人操作电脑，实时把控溶解、反应、洗涤、干燥等工序；生产末端，磷酸铁成品自动封装，随后搭乘货车驶出大山，销往国内外。位于贵州省黔南布依族苗族自治州瓮安县的贵州雅友新材料有限公司，年产10万吨磷酸铁的生产线开足马力。

行走贵州，随处可见火热的生产场景。近年来，贵州发挥比较优势，坚持把发展经济的着力点放在实体经济上，加快建设现代化产业体系，为推动全省高质量发展和现代化建设提供有力支撑。

调度一条生产线，需要多少人力？在贵州航天林泉电机有限公司，过去需要几十个人协同作业的生产车间，现在只需几个人。其中的关键，在于依托大数据进行信息化建设和数字化转型。

"我们主要从事精密微特电机的研发和生产，每天有上千的零配件入库，品种多、批量小、批次多，数字化转型是必经之路。"贵州航天林泉电机有限公司主管采购的工程师赵维卫介绍，2022年建成"5G+智能供应链协同数字中心"后，生产车间变得更"智慧"，零配件入库出库的周转时间缩短20%，产品合格率整体提升10%，生产效率提升20%以上。

拥有首个国家大数据综合试验区，贵州奋力在实施数字经济战略上抢新机，大力推动数字经济与实体经济融合发展。截至2022年，贵州数字经济增速连续8年位居全国前列，近5年数字经济规模复合增速达18.1%。

"作为全球集聚大型和超大型数据中心最多的地区之一，贵安新区已成为贵州数据存储运算的'大机房'。"贵州省大数据发展管理局副局长娄松说，目前贵州拥有数据中心25个，其中超大型数据中心11个。

让数据"聚"起来，更让数据"跑"起来、用起来。贵州紧握算力、赋能、产业 3 个关键抓手，推动电子信息制造业、软件和信息技术服务业迅速发展。预计到 2025 年，贵州大数据电子信息产业将实现年总产值 3500 亿元，数字产业的长板进一步拉长。

贵州传统产业种类多、体量大、市场广、产值高，是现代化产业体系的基底。贵州着力转变发展方式，推动传统产业在转型升级中焕发新的生机活力。

遵义市播州区铝土矿富集。为提升铝企集聚力和铝资源就地转化率，当地陆续聚集起 22 家铝土矿开采企业及 10 余家铝深加工企业，建成铝产业园，形成"矿山—氧化铝—电解铝—铝加工"的一体化全产业链体系。

"除了铝液直供、省去反复熔化，我们还探索建立起废旧铝镁材料交易集散中心，增大铝材基础产能，提升铝资源园区内就地转化效率，将资源'吃干榨尽'。"播州区工业经济局副局长李齐禄介绍。

在推进新型工业化过程中，贵州各地积极探索产业高端化、智能化、绿色化发展路径，在补齐短板的同时，持续提升产业"含绿量""含金量"，打造高质量发展新引擎。

（苏滨　葛淼　《人民日报》2023 年 11 月 23 日第 04 版）

在推进乡村振兴上全面发力

2023 年 7 月，习近平总书记在四川考察时指出，"把乡村振兴摆在治蜀兴川的突出位置"。习近平总书记的重要指示，为四川全面推进乡村振兴进一步指明了方向。牢记嘱托，四川按照产业兴旺、生态宜居、乡风文明、治理有效、生活富裕的总要求，统筹推进农村经济建设、政治建设、文化建设、社会建设、生态文明建设和党的建设，着力推动产业、人才、文化、生态、组织振兴。

构建现代农业产业体系。全面落实粮食安全党政同责的要求，创新完善粮食"产购储加销"体系，不断提升粮食综合生产能力，保障粮食和重要农产品有效供给，加快构建现代化粮食产业体系。促进一、二、三产业融合发展，大力培育农业新业态、新模式和新型经营主体，促进农户与现代农业产业体系有机衔接。

强化乡村振兴人才支撑。加大乡村专业人才引进力度，提升涉农专业人才的服务能力和辐射范围。完善乡村人才培育机制，提升综合素质和生产经营能力。加快培育新型职业农民队伍，积极培育农业实用技术人才和职业经理人、经纪人，增强乡村人才的市场竞争能力。

完善乡村公共文化服务体系。加强农村精神文明建设，深入开展社会主义核心价值观宣传教育，培育文明乡风、良好家风、淳朴民风。深入实施文化惠民工程，完善综合文化服务中心等软硬件设施，充分满足农民群众的多元文化服务需求。有序开展文体下乡工作，鼓励支持乡村举办各类群众性文体活动，拓展乡村文化建设内容，丰富乡村文化活动内涵。

建设宜居宜业和美乡村。保护好乡村特有的自然生态资源和人文资源，统筹山水林田湖草沙系统治理，强化生态系统保护和修复，整治提升农村人居环境。将传统村落风貌与现代科技元素相结合，探索建立实现各类生态资源价值转换的有效机制，实现生态环境保护和经济社会发展的良性循环。

建立健全上下贯通、精准施策、一抓到底的乡村振兴工作体系。着力把基层党组织建好、建强，使其成为群众致富的领路人，确保党的惠民政策落地见效，成为真正的战斗堡垒。健全和落实干部培育、选拔、管理、使用机制，逐步提高青年人才在乡村干部中的比重，为乡村振兴提供坚强组织保证和人才支撑。

（张帆整理）

（蒋永穆 《人民日报》2023 年 11 月 28 日第 10 版）

四川奋力开创高质量发展新局面

为杭州亚运会提供接驳服务的 2500 台吉利星际客车，产自四川南充；在四川德阳，东方汽轮机有限公司研发的 G50 重型燃机填补国内技术空白……在四川各地，高质量发展动能澎湃。

2023 年 7 月，习近平总书记在四川考察时强调，四川要进一步从全国大局把握自身的战略地位和战略使命，立足本地实际，明确发展思路和主攻方向，锻长板、补短板，努力在提高科技创新能力、建设现代化产业体系、推进乡村振兴、加强生态环境治理等方面实现新突破，推动新时代治蜀兴川再上新台阶，奋力谱写中国式现代化四川新篇章。

四川广大干部群众牢记习近平总书记殷殷嘱托，完整准确全面贯彻新发展理念，服务和融入新发展格局，奋力开创高质量发展新局面。2023 年前三季度，四川省地区生产总值同比增长 6.5%。

加快建设现代化产业体系

功率半导体陶瓷基板项目投产，推动内江市电子信息产业向中高端发展；埃普诺年产 30 万吨硅碳负极材料项目落户，填补内江电池负极材料产业领域的空白……成长中的内江经济技术开发区，发展新动能不断壮大。

"我们推动传统产业改造提升，同时培育新兴产业。"内江市市长李丹说，内江在推进高质量发展过程中，提出"工业倍增"计划，既突出发展"钒钛＋"等传统产业，又大力发展生物医药等新兴产业。

2023 年 6 月，四川省委全会作出深入推进新型工业化、加快建设现代化产业体系的决定，着力培育新动能、塑造新优势，积极抢占未来发展主动权。

四川省发展改革委副主任胡玉清介绍，四川聚焦电子信息、装备制造、食品轻纺、能源化工、先进材料、医药健康六大优势产业实施提质倍增行动，一手抓传统产业转型升级，大力推进工艺变革、结构优化、能级提升、方式转型，努力让老底子焕发新活力；一手抓新兴产业培育壮大，积极投入人工智能、生物技术、卫星网络、新能源与智能网联汽车、无人机等新赛道。

开辟新赛道、布局新材料，让自贡这座老工业城市"老树发新芽"。自贡市航空产业园区里，一架架可用于工业、气象等领域的大型无人机腾空而起。自贡积极发展无人机及通用航空产业，无人机整机及零部件研发制造等 53 个大项目纷纷落地，产业加速集聚，成为四川通用航空产业发展重要聚集区。

与此同时，自贡利用盐卤和天然气资源富集优势，聚力打造以盐化工为基础、氟硅材料为主线、新能源材料与精细化工为两翼的千亿元级新材料产业集群。

将发展先进制造业作为关键抓手，四川各地大力推进产业优化升级，布局新领域新赛道。如今，成都新型显示、宜宾动力电池、乐山晶硅光伏、德阳清洁能源装备、雅安大数据产业等，已成为四川产业新名片。

着力提高科技创新能力

2023 年 3 月，国内首台自主研制 F 级 50 兆瓦重型燃机（代号 G50）发电机组，在广东省清远市经历 "72+24" 小时试运行后，正式投入商业运行。

"G50 实现了重型燃机从'0'到'1'的突破。"东方汽轮机有限公司重型燃机装备研究所研发人员李鑫介绍，在 G50 研制过程中，公司获得授权发明专利 136 项，参与制定国家 / 行业标准 6 项，形成燃机设计 / 制造标准超 1000 项，自主培养燃机设计团队共 120 余人，完整掌握了重型燃机自主设计、制造、试验全过程的能力。

四川大力实施创新驱动发展战略，积极对接国家战略科技力量和资源，优化完善创新资源布局，国家级科技创新平台已达 196 个，位居西部省份前列。

在"中国科技城"绵阳市，加快打通科技创新成果转化和产业化通道，将科技创新优势转化为高质量发展优势。绵阳打造"云上大学城·云上科技城"，吸引了 23 所全国知名高校和 29 个创新创业团队入驻；中国兵器装备集团自动化研究所有限公司与"云上"高校"牵手"合作 20 个高科技项目；长虹集团与在绵院所合作开展氮化硅陶瓷基板、氧化钇透明陶瓷等多个科技成果转化项目……

创新链产业链融合互促，"科技之花"正结出"产业之果"。2023 年前三季度，四川省备案入库科技型中小企业 1.63 万家、同比增长 15.1%；认定登记技术合同 1.6 万项、同比增长 21.8%，金额达 1414.3 亿元、同比增长 65.8%；规模以上高新技术产业实现营业收入 1.42 万亿元、同比增长 4.2%。

坚持生态优先低碳发展

天府新区兴隆湖畔游人如织，高新区桂溪生态公园里人头攒动……成都持续推进公园城市建设，建成逾 6500 公里天府绿道、1500 多个各类公园，实现"园中建城、城中有园、推窗见绿、出门见园"，居民满意度和幸福感不断提升。

以高品质生态环境质量支撑高质量发展。四川省生态环境厅二级巡视员茆爽介绍，四川深入打好污染防治攻坚战，生态环境质量大幅提升——国考断面水质优良率从 2016 年的 72.4% 提高到 2022 年的 99.5%，创近 20 年来最好水平；空气质量优良天数率从 2015 年的 85.2% 提高到 2022 年的 89.3%，重污染天数较 5 年前减少 78%，城乡人居环境显著改善。

以"绿"为底，向"绿"而行。四川加快推动发展方式绿色转型，增强高质量发展的绿色动能。

作为清洁能源大省，四川天然气（页岩气）产量、锂资源储量均居全国前列，清洁能源装机占比达 85.8%。发挥绿色能源基地优势，四川大力推动清洁能源、动力电池、晶硅光伏、钒钛、储能等绿色低碳优势产业发展。

在宜宾市，从上游基础原材料到各大组件，再到新能源汽车整车、电池回收循环利用，"1+N"动力电池绿色闭环全产业链生态圈已经形成。2023 年 1 至 9 月，宜宾动力电池产业实现产值 706 亿元，同比增长 23.33%。

乐山市五通桥经济开发区光伏产业园内，企业生产车间开足马力，园区建设如火如荼。乐山市大力发展晶硅光伏产业，推进产业延链补链强链。2023 年 1 至 9 月，全市晶硅光伏产业实现产值 622.9 亿元，同比增长 26.4%；实现税收

46.5 亿元，同比增长 15.8%。

2023 年前三季度，四川省绿色低碳优势产业增加值同比增长 14.4%，动力电池、晶硅光伏产业增加值分别增长 23.3%、50.3%，新能源汽车、多晶硅产量分别增长 66.7%、73.7%。

（张帆　王明峰　《人民日报》2023 年 11 月 26 日第 01 版）

四川制造业迈向高端化智能化绿色化
持续推动产业转型升级

光学镜片的精度达到纳米级意味着什么？

四川极米光电有限公司光学元件工厂给出答案：相当于一根头发丝直径的八万分之一。

设计、切割、打磨、抛光、镀膜……经过多道工序，一片片精密光学镜片"鱼贯而出"。"我们年产光学镜片达 1000 万片。"工厂负责人陈力介绍，极米同时具备设计制造光机和光学镜片的能力，投影仪出货量连续 5 年位居全国前列。

极米的发展之路是四川持续推动产业转型升级的缩影。近年来，四川积极推进新型工业化，加快改造提升传统产业，前瞻部署未来产业，促进数字经济与实体经济深度融合，推动制造业迈向高端化、智能化、绿色化。

刚起步时，极米也曾向供应商采购光机，但采购的光机远远跟不上企业的发展速度。极米因此转向光机和光学镜片的自主研发生产；2021 年以来，极米在光学技术研究领域的研发投入累计达 10 亿元。

通过持续投入，极米掌握了光机和光学镜片研发的核心技术，产品不断迭代更新，逐渐迈向高端化。而今，企业已拥有专利 866 项，实现从光学镜片到光机的自研自产闭环。2023 年，极米的投影仪产品产量有望突破 100 万台。

在位于绵阳市的华丰科技股份有限公司，机器视觉质检系统正运用计算机视觉、机器学习等人工智能技术进行产品质量检测。"像连接器这样的精密部件，即便出现比头发还细的裂缝，都可能造成严重故障。过去，检测人员要依靠显微镜才能完成检测。现在机器视觉质检系统相当于一个 10 多人的班组，一天能检测 1 万余件，而且又快又准。"公司人工智能实验室视觉检测团队负责人刘明华说。

如今，四川工业企业关键工序数控化率、数字化研发设计工具普及率分别上升至58%、81.4%，一批国家和省级工业互联网平台建成应用。四川还累计打造20个"5G+工业互联网"标杆项目，3家工厂入选全球"灯塔工厂"。

走进遂宁市射洪市的锂电高新产业园，天齐锂业（射洪）有限公司的生产车间机声隆隆，氢氧化锂等锂电产品不断从生产线下线……公司副总经理江虎成介绍，公司率先建设省级企业技术中心和产学研联盟，产品覆盖碳酸锂、氢氧化锂、氯化锂等类型，"我们正加快技术更新和迭代，助力电动汽车和储能产业的锂离子电池技术持续发展。"

射洪市正逐步构建起"锂资源开发—锂电材料—锂电池—终端应用—综合回收利用"的全生命周期产业链，成为西部地区锂电产业链较为完善的集中区之一。如今，产业园拥有锂电企业39家、产业项目57个。

如今，绿色低碳产业成为四川制造业发展的新优势。2023年前三季度，四川出口电动载人汽车、太阳能电池、锂电池等"新三样"产品121.2亿元，增长60.9%。

（杨冠参与采写）

（王永战 《人民日报》2023年11月17日第04版）

加快构建体现新疆特色和优势的现代化产业体系

2023 年 8 月，习近平总书记在听取新疆维吾尔自治区党委和政府、新疆生产建设兵团工作汇报时强调，要立足资源禀赋、区位优势和产业基础，大力推进科技创新，培育壮大特色优势产业，积极发展新兴产业，加快构建体现新疆特色和优势的现代化产业体系，推动新疆迈上高质量发展的轨道，同全国一道全面建设社会主义现代化国家。

习近平总书记的重要讲话，为新疆在构建新发展格局、推动高质量发展、推进中国式现代化中把握新机遇、展现新作为进一步指明了方向。这些年，新疆着力培育壮大油气生产加工、煤炭煤电煤化工、绿色矿业、粮油、棉花和纺织服装、绿色有机果蔬、优质畜产品、新能源新材料等特色优势产业，为加快构建体现新疆特色和优势的现代化产业体系打下坚实基础。

立足新疆资源禀赋、区位优势和产业基础，延伸拓宽做强产业链。加快油气生产加工产业"减油增化"步伐，巩固提升棉花和纺织产业集群竞争力，补齐化纤、印染、服装、家纺等产业链供应链短板，加快煤电硅一体化发展，推动硅基产业下游初步形成以硅光伏和有机硅为主的产业链，打造具有全国影响力的新材料先进制造产业集群。

发挥创新引领作用，建设新能源新材料等新兴产业高地。加强关键技术攻关和数字技术赋能实体经济，加快优势资源产业与绿电、绿氢等新能源新技术耦合步伐，推进源网荷储一体化等新能源产业示范项目建设，实现新能源产业量质齐升；进一步提升硅基、铝基、碳基、生物基等新材料产业竞争力，为打造新兴产业集群注入强劲动力。

促进形成区域互补、南北联动的协调发展格局。加快推进南疆资源密集型、战略性新兴产业和特色旅游、农牧业等产业布局，推进战略性新兴产业集群及重点产业链建设，谋划推动重大项目落地实施，打造南疆经济发展新增长极，进一步缩小区域间发展差距。

提高要素配置效率，优化产业集群建设软环境。完善要素市场，促进科技、金融、人力资本等创新要素与实体经济相适配，探索培育壮大产业集群的有效路径，更好利用国际国内两个市场、两种资源，进一步推动新疆从相对封闭的内陆向对外开放的前沿转变。

深入贯彻落实习近平总书记重要讲话精神，把握新机遇、展现新作为，新疆必将在加快构建体现新疆特色和优势的现代化产业体系中迈出新的更大步伐。

（韩立群采访整理）

（李金叶 《人民日报》2023 年 11 月 17 日第 10 版）

新疆扎实推进高质量发展

2023 年 8 月，习近平总书记在听取新疆维吾尔自治区党委和政府、新疆生产建设兵团工作汇报时强调，构建新发展格局、推动高质量发展、推进中国式现代化，新疆面临新机遇，要有新作为。要立足资源禀赋、区位优势和产业基础，大力推进科技创新，培育壮大特色优势产业，积极发展新兴产业，加快构建体现新疆特色和优势的现代化产业体系，推动新疆迈上高质量发展的轨道，同全国一道全面建设社会主义现代化国家。

牢记习近平总书记谆谆嘱托，新疆广大干部群众把握新机遇、展现新作为，扎实推进高质量发展。

培育壮大特色优势产业，积极发展新兴产业

2023 年 9 月 1 日，福建平潭海上风电场的 16 兆瓦海上风电机组单日发电量达 38.41 万千瓦时，创全球风电单机单日发电量新纪录。这台风电机组产自一家新疆风电企业——金风科技股份有限公司。

"新疆充足的自然资源，是我们创新创造的扎实土壤。"金风科技股份有限公司党委副书记房忠说，"截至 2023 年 6 月底，公司拥有国内外专利申请逾 6700 项，专利申请数量每年保持高速增长。"

"新疆能源资源丰富，得天独厚的资源禀赋为发展特色优势产业提供坚实基础。"新疆维吾尔自治区党委政研室副主任张世俊说，依托优势资源禀赋，新疆不断加大科技创新力度，建设能源、高端能源化工、高端装备制造、新能源等产业集群，加快构建体现新疆特色和优势的现代化产业体系。

依托科技创新，新疆把资源优势转化为经济优势，把优势产业打造成现代产业，培育壮大特色优势产业。

在伊犁哈萨克自治州，新天煤化工有限责任公司把煤制成天然气，收入是之前的数倍；在哈密市，众友浦汇科技有限公司将煤制成甲醇，再将甲醇制成甲基丙烯酸甲酯，甲基丙烯酸甲酯可用于生产有机玻璃、工业塑料、电子器件等工业产品，产业链条不断延长。

在位于喀什经济开发区的九疆新能源科技有限公司车间里，员工们正有条不紊地进行锂电池的制片、卷绕、注液等作业。2022年以来，喀什经济开发区引进落地锂电企业28家，项目计划总投资105.78亿元，达产后可实现年产值130多亿元。

塔里木油田建起一座座大型光伏电站，截至2023年9月累计生产绿电突破1亿千瓦时；中国石油独山子石化分公司利用原油、天然气生产乙烯新材料，畅销市场；乌鲁木齐石化公司生产出硫含量低于0.5%的低硫石油焦，应用于新能源电池制造……新疆大力发展新能源、新材料等战略性新兴产业。2023年前三季度，新疆工业投资同比增长30.6%，其中风力光伏发电项目投资同比增长1.6倍。

强化科技引领，为农业现代化注入动力

新疆的戈壁荒漠中，经常能看到一根根黑色的皮管藏在沙土里。得益于滴灌技术应用，皮管延伸到的地方，就是绿色生长的地方。

新疆强化科技引领，为农业现代化注入动力。新疆的滴灌技术不断发展进步，以此为基础的干播湿出、膜下滴灌、水肥一体化等现代农业技术走在全国前列，诞生了一批知名的农业机械企业、育种制种企业和农产品深加工企业。

位于昌吉市的九圣禾种业股份有限公司是农业产业化国家重点龙头企业，利用"种质资源整合"和"公司+村集体经济组织+基地+农户"模式，带动新疆农户小麦、玉米、棉花种植制种达20多万亩。"我们生产的良种已销往17个省份。"九圣禾控股集团有限公司董事长舍亚辉说。

截至2022年底，新疆农业高效节水应用面积近6300万亩，其中精准水肥调控示范面积120万亩以上，粮食作物良种覆盖率达98%以上，全区农作物综合机械化水平达86.74%，小麦、玉米、棉花等主要农作物实现耕种收全程机

械化。

在喀什地区疏勒县蔬乐现代高效农业示范园的日光温室大棚里，技术人员指导农民用现代设备采摘保存水果；不远处的直播间里，主播正在线销售刚刚采摘的新品种西瓜……"我们种的西瓜供不应求。"疏勒县郭牌西瓜种植培训基地运营部主管于尧尧说。

疏勒县引进山东水发集团、山东郭牌西瓜、江苏德利尔等15家龙头企业，建设喀什现代蔬菜产业示范园、蔬乐现代高效农业示范园、疏勒县智慧农业产业园，建成智能温室大棚8000平方米、日光温室大棚1000余座，带动5000余人就业增收。

新疆各地努力做大做强一批领军型农产品加工龙头企业，不断提升产业带动力和市场竞争力。近年来着力建设的薄皮核桃、库尔勒香梨、新疆葡萄、伊犁马、新疆棉花、新疆褐牛等6个农业优势特色产业集群，目前全产业链产值均已突破100亿元。

发挥区位优势，开放之路越走越宽

喀什综合保税区里，一派繁忙景象。跨境电商进出口商品展示交易中心内，综合运营平台实时显示着的跨境电商贸易路线，从喀什延伸到世界各地。

新疆打好口岸贸易这张牌，据乌鲁木齐海关统计，2023年前三季度外贸进出口总值达2528.4亿元，同比增长47.3%。

乌鲁木齐国际陆港区里，机车穿梭，装卸忙碌，一列列中欧（中亚）班列在这里完成换装后出发，2天可抵达哈萨克斯坦，8天可抵达俄罗斯，16天可抵达荷兰。

"陆港区是中欧班列西通道距离中西亚和欧洲最近的物流枢纽。"乌鲁木齐国际陆港有限责任公司副总经理卢山介绍，陆港区班列累计发运7000余列，运载货物包含200多个种类；开行线路由最初的4条增至21条，通达亚欧19个国家、26个城市。

口岸兴旺，贸易发达，也带动了新疆新产业、新业态、新服务模式的发展。新疆明确以积极服务和融入新发展格局为目标，在巩固口岸、边境贸易等传统优势的同时，发力培育外贸新业态、贸易产业融合发展等新优势。

新疆霍尔果斯公路口岸出境货运通道上，不同类型、产地的国产汽车整齐排列。这些车在办妥手续后，将出口至哈萨克斯坦。为更好服务整车企业出口需求，霍尔果斯海关开辟出口专用通道，提供本地报关、一体化申报、直通转关等多种出境通关方案。

新疆持续完善"西引东来""东联西出"，在产业链、供应链、物流链领域与中亚及欧洲各国不断深化合作，开放之路越走越宽。

（韩立群、白阳、张义钊参与采写）

（杨明方　于洋　李亚楠　《人民日报》2023 年 11 月 09 日第 01 版）

新疆伽师县大力发展新梅产业
种好致富树　结出幸福果

每到新梅收获时节，新疆维吾尔自治区喀什地区伽师县的 45 万亩新梅林里，采摘的农户往来穿梭，来自全国各地的果商络绎不绝，物流公司的冷藏车在路边排起长队……

"新梅树是农民的'致富树'，新梅果是农民的'幸福果'。"伽师县现代农业产业园发展服务中心党支部书记党羽介绍道。

伽师县的土壤和气候条件适合种植新梅。近年来，伽师县把发展新梅产业作为脱贫攻坚和乡村振兴的重要抓手，持续推进标准化种植，积极建设示范基地。目前全县新梅种植面积达 45 万亩，建成 65 个标准化示范园和 2 万亩绿色有机种植基地。

吐尔洪江·买买提是伽师县拉依力克村人，也是远近闻名的新梅经纪人。新梅成熟时，他与全国各地的客商积极接洽，引领村民分区采摘。在他的帮助下，2023 年全村 2100 亩挂果新梅实现快采快售快运，收入达 3500 万元。

"政府给每一户都配备了新梅种植管护月历，专家手把手地教我们种植管理。"吐尔洪江说，"2023 年我又承租了 200 多亩新梅林，带着乡亲们一起致富。"

新梅产季短、不易保存，难以远距离运输。种得好是基础，运得出、卖得好、附加值高，是实现新梅产业高质量发展的关键。

2021 年，由广东省援建的粤伽新梅产业园投入运营。园区配套建设了科研培训教学区、示范实训品种展示区、冷链仓储物流智能分选区、精深加工包装区，挂牌成立了新梅特色产业技术研究院等，开展品种选育、病虫害防治等技术研发。

在伽师德汇好物农业科技有限公司，新梅采摘后 4 小时内，就被送到水式预冷库进行低温冲洗，最大限度保留新鲜口感。随后，送到空间电场保鲜库，对鲜果进行物理休眠，延长鲜果保鲜期。自动分拣包装车间内，光谱分析仪对新梅糖度、硬度、大小、克重等进行精准分析后，再包装运往全国各地。

"目前，伽师县已建成总库容15万吨的冷链物流体系，新梅由以往20至30天集中上市，延长到2至4个月错峰销售。"德汇好物董事长助理孙跃敏介绍。

依托粤伽新梅产业园，伽师县成功创建国家现代农业产业园、国家骨干冷链物流基地、国家农业现代化示范区。"粤伽新梅产业园已建成16条智能分选线，引进18家企业，研发生产出果汁、果干、果酒、果酱等22种产品，通过'线上＋线下'销售，推动伽师新梅走出国门，走进中亚和东南亚等市场。"党羽说。

（白阳、陈新辉参与采写）

（张义钊　韩立群　于洋　《人民日报》2023年11月02日第04版）

建设煤炭煤电煤化工基地
新疆以煤为基延长产业链条

矿区采煤一线，数百辆挖掘机、电铲车、大卡车忙着采煤、运煤，平均每天运出 10 余万吨煤——这里是位于新疆维吾尔自治区昌吉回族自治州的准东经济技术开发区天池能源南露天煤矿，也是新疆首个智能化示范露天煤矿，年产能达 4000 万吨。

2023 年 1 至 8 月，新疆原煤产量为 27992.07 万吨，同比增长 10%。疆煤外运量大幅增长的同时，更多煤炭顺着输煤廊道运至发电厂，变成电流源源不断送往千家万户。

昌吉—古泉 ±1100 千伏特高压直流输电工程送端站——昌吉换流站内，高清摄像头实时监控站内设备运行、检修情况，地面机器人、空中无人机对站内设备和线路进行智能巡检……"来自新疆各地的电力在这里汇聚后，被送往全国各地，每天外送电量达 2.4 亿千瓦时。"国网新疆超高压分公司昌吉换流站党支部书记高新龙介绍。

目前，新疆全区日均外送电量达 3.37 亿千瓦时。2023 年 8 月 8 日，哈密—重庆 ±800 千伏特高压直流输电工程开工建设，西电东送将增添一条"高速路"。

以煤为基，新疆不断延长产业链条，建设煤炭煤电煤化工基地，为国家能源安全保供贡献力量。

在位于伊犁哈萨克自治州的新疆庆华能源集团有限公司，煤制天然气生产出来后，通过西气东输的管网输往 10 余个省份。公司副总经理、煤制气事业部经理任延杰介绍，一期煤制天然气项目于 2013 年底投产，已累计生产超 90 亿立方米优质天然气，年产 40 亿立方米天然气的二期项目目前正在建设中。

煤制天然气过程中使用的催化剂，过去依赖进口。2022 年 7 月，新型国产甲烷化催化剂在庆华能源公司整炉替代运行，煤制气的能耗、煤耗、水耗指标大幅降低，经济效益进一步提高。

另一家煤制天然气企业——新疆伊犁新天煤化工有限责任公司的煤制气项目年产量达20亿立方米。生产20亿立方米天然气，用了700万吨煤，"相比销售原煤，制成天然气后收入翻了好几倍。"公司董事长王毅说，过去煤制气生产过程中产生的危险废物，只能以每吨100多元的价格卖给专业危废处理企业，2021年公司建成危废深加工装置，利用危险废物生产化工原料，加工后每吨能卖4000元。

在位于准东经济技术开发区的新疆国泰新华化工有限公司煤基精细化工循环经济工业园内，煤炭经过热能转化，生产出多个高附加值精细化工产品，广泛应用于医药、纺织、航空等领域；广汇能源股份有限公司在哈密淖毛湖建成煤化工基地，围绕煤炭分级分质利用和煤制甲醇、液化天然气两条产业链，不断延链、补链、强链……眼下，新疆正加快煤炭煤化工产业集群建设，推动准东国家级煤化工示范区、哈密国家级现代能源与化工示范区建设，引导支持煤化工产业绿色发展，构建以煤炭清洁高效利用为核心的循环产业链。

（杨明方　李亚楠　《人民日报》2023年10月31日第04版）

黑龙江奋力开创高质量发展新局面

松花江两岸，沃野千里，遍地金黄，黑龙江再迎粮食丰收。近年来，黑龙江粮食年产量稳定在 1500 亿斤以上，总产量、商品量、调出量三大指标居全国首位。

重型机床轰鸣，精密仪器运转，创新活力迸发，老工业基地焕发新生机。中国一重集团有限公司参与研发的"国和一号"核反应堆压力容器全部自主化设计、国产化制造，哈尔滨电气集团有限公司参与研制的全球单机容量最大功率百万千瓦水轮发电机组在白鹤滩水电站成功运行……科技创新引领黑龙江加速振兴。

2023 年 9 月，习近平总书记在黑龙江考察时强调，要牢牢把握在国家发展大局中的战略定位，扭住推动高质量发展这个首要任务，落实好党中央关于推动东北全面振兴的决策部署，扬长补短，把资源优势、生态优势、科研优势、产业优势、区位优势转化为发展新动能新优势，建好建强国家重要商品粮生产基地、重型装备生产制造基地、重要能源及原材料基地、北方生态安全屏障、向北开放新高地，在维护国家国防安全、粮食安全、生态安全、能源安全、产业安全中积极履职尽责，在全面振兴、全方位振兴中奋力开创黑龙江高质量发展新局面。

牢记习近平总书记殷殷嘱托，黑龙江广大干部群众勠力同心、开拓进取，奋力开创高质量发展新局面。

科创集群激活发展新动能

伴随作业时的声响，中国一重集团有限公司水压机锻造厂自主研发制造的国内第一台 1.5 万吨自由锻造水压机开始工作，圆环形锻件表面温度高达 1200

多摄氏度……近70年来，中国一重集团有限公司累计开发研制出421项新产品，填补475项国内工业产品技术空白。

黑龙江努力把振兴发展的基点放在创新上。近5年，全省研发经费投入年均增长5%，技术合同成交额年均增长28.5%。2023年上半年，全省实现新增重大科技成果转化278项，经济收益约30.4亿元。

2023年6月，我国首颗平板式新体制低轨宽带通信试验卫星"龙江三号"成功发射。"龙江三号"由哈尔滨工业大学和哈尔滨工大卫星技术有限公司联合研制，突破了再生式低轨星地高速通信、平板式卫星平台等关键技术。

哈尔滨工大卫星技术有限公司是哈尔滨工业大学孵化的一家卫星生产制造企业，位于哈尔滨新区。这里集聚起40余家航天卫星领域相关企业，带动卫星产业链快速发展。"发挥科技创新的增量器作用，我们全力打造黑龙江省卫星产业集聚区。"哈尔滨新区党工委委员邵钢表示。

黑龙江经国家认定的高新技术企业，已由2017年的929家增至目前的3605家。2022年，航空航天、电子信息制造、新材料等5个战略性新兴产业营收均实现两位数增长。2023年上半年，航空航天器及设备制造业增加值增长24.2%。

创新赋能，传统产业优势不断巩固。

在哈尔滨新哈精密轴承股份有限公司"黑龙江省数字化（智能）示范车间"，智能高速轴承生产线、自动调节电气系统、数控机床等智能化设备一应俱全。"新产品研发设计全部采用数字化工具，数字化率达到100%。"企业负责人张利说。

目前，黑龙江省累计认定省级数字化（智能）示范车间和智能工厂279个。作为老工业区的哈尔滨市香坊区，2023年上半年规模以上工业企业增加值同比增长9.2%。

现代农业培育竞争新优势

金秋时节，富锦市53.1万亩水稻陆续进入成熟收获期。

富锦市长安镇属于典型的低洼乡镇，常年易涝。"2023年大丰收，水稻亩产能够达到1000斤。"长安镇东北村村民刘春说，这得益于高标准农田建设，修好了"下水道"，旱能浇、涝能排。

藏粮于地，藏粮于技。黑龙江省累计建成高标准农田超过 1 亿亩，全省农作物耕种收综合机械化率稳定在 98% 以上。

豆荚饱满，绥化市海伦市大豆迎来丰收季。

"做强'种子芯片'，才能端牢'中国饭碗'。"中国科学院海伦农业生态实验站试验田内，科研人员李艳华从事寒地黑土区大豆育种研究工作 30 余年，培育出"东生"系列新品种 17 个，累计推广 5000 万亩，增产 20 亿斤，增加效益 40 亿元。

近年来，黑龙江大力实施种业振兴行动，建成国家级寒地作物种质资源库，启动国家级大豆种子基地建设，国家制种大县和区域性良种繁育基地达到 19 个，建设专家育种基地 16 个。

在齐齐哈尔市依安县，北纬四十七绿色有机食品有限公司总经理尚文辉说，公司 2022 年鲜食玉米产出超 10 万吨，产值约 1.8 亿元。"2023 年，我们种植鲜食玉米超 25 万亩，为农民提供就业岗位 4500 个，可带动增收约 6000 万元。"

小玉米做成大产业，折射出黑龙江农业大基地、大企业、大产业正加速发展。目前，全省规上农产品加工企业发展到 2045 家，农产品加工转化率达 65%，"黑土优品"省级优质农业品牌走向全国。

"大力推进农业高质量发展，全省着力培育壮大优质粮食、现代畜牧、森林食品、寒地果蔬、冷水渔业和特色农业等优势产业，努力打造践行大食物观先行地。"黑龙江省农业农村厅副厅长李文德说。

绿色发展彰显美丽新风貌

站在双鸭山市宝清县翡翠湖矿坑森林公园观景台俯瞰，椭圆形湖面像一颗蓝色的宝石，镶嵌在林海间。

"这里曾是一座废弃露天矿山。"宝清县自然资源局副局长赵振平介绍，县里推动实施矿山修复项目，通过危岩清理、土壤重建、植被恢复，还绿水青山本来面貌。

废弃矿坑变身森林公园，成了集婚纱摄影基地、印象灯光秀、野外露营等功能于一体的新兴郊野旅游度假目的地。自 2022 年 10 月对外营业以来，公园共接待游客数万人次，带动旅游收入 1200 万元。

黑龙江省坚决筑牢祖国北方生态安全屏障，统筹推进山水林田湖草沙系统治理，近 5 年来累计营造林 635.7 万亩。2022 年，整治入江河湖排污口 1.2 万个，全省空气质量优良天数比例达到 95.9%。

秋日的大兴安岭林海，层林尽染。大兴安岭地区加格达奇区加南村，村民李伟返乡成立中药材种植专业合作社，流转土地 5000 余亩，建成省级中药材良种繁育基地。

"种植赤芍、防风等 30 多个品种，让加南村成了远近闻名的花海打卡地。"李伟有了推动药旅融合的决心和信心，"合作社年用工量 2 万人次以上，人均月收入 4500 余元；花海观光游带动 60 户村民销售农副产品，人均年增收 2 万元。"

加快发展绿色能源，打造"哈大齐"新能源产业带；探索建立生态产品价值实现机制，推动大兴安岭生态产品价值试点成果转化……拥有大森林、大草原、大湿地、大湖泊、大界江、大冰雪，黑龙江着力走好绿色发展之路，让青山常在、绿水长流、空气常新。

（崔佳　祝大伟　刘梦丹　《人民日报》2023 年 10 月 31 日第 01 版）

黑龙江佳木斯大力发展高端装备制造业
构建特色鲜明的现代化产业体系

大型加工机械整齐排列，机械手臂高效装卸，自动叉车往来穿梭……在位于黑龙江省佳木斯市的哈尔滨电气集团佳木斯电机股份有限公司数字化（智能）车间，生产忙而有序。

"过去，即使生产一个零部件，过程也非常复杂，需要多台设备和大量人工的配合，工序长且繁琐。如今，一个有孔、有棱、有弯度的电机零部件，可以在数字化车间'一键成型'。"佳木斯电机股份有限公司党委书记、董事长刘清勇说。

作为一家有几十年电动机生产经验的特种电机制造企业，哈尔滨电气集团佳木斯电机股份有限公司近年来从濒临破产、扭亏脱困到持续盈利，并成功入选国资委公布的"创建世界一流专精特新示范企业"名单。

"老字号"何以历久弥新、迸发活力，走出一条高质量发展之路？

"创新引领是关键。"刘清勇说，这几年公司每年投入研发资金上亿元，智能制造和信息化生产能力不断提升，"产品广泛应用于石油化工、航空航天等领域重点建设项目。"

推进前沿性、引领性产品研发，多措并举鼓励企业加大研发投入，持续开展产学研对接……瞄准建成世界一流的特种电机制造和服务基地的目标，佳木斯大力推进电机装备制造产业高端化、智能化、绿色化改造，稳步提升技术创新能力，不断完善产业链条。2023年上半年，佳木斯规上电机装备产业实现营收22.59亿元，同比增长19%。

智能农机制造，成为佳木斯高端装备制造业高质量发展的另一典型。

作为国内制造和应用农机最早的地区之一，经过70余年发展，佳木斯已形成动力机械、收获机械为主，橡胶履带等配套产品为辅的7个门类80余种系列农机产品。

2023年9月1日，由黑龙江省农业科学院与重兴科技股份有限公司联合研发的大型高端智能鲜食玉米收割机，在北大荒（佳木斯）区域农服试验田现场作业成功。收割机每小时可以收割20亩鲜食玉米，每天的效率相当于100个人工，收获损失率仅为2%。

"这标志着高端智能鲜食玉米收割机已完成自主转化制造，破解了技术和产品更新换代问题。"佳木斯市工业和信息化局局长那慧敏表示。

佳木斯积极对接和引进国际国内农机行业龙头企业，开展高校院所产学研对接，成立智能农机产业联盟引领创新发展，全力推动产业要素集聚，促进产业转型升级。目前，佳木斯与哈尔滨工业大学、哈尔滨工程大学共签约9个项目，拥有农机生产企业48户，是黑龙江省内农机产业配套最齐全的地区。

"佳木斯正加快培育壮大电机装备、智能农机等10个百亿级产业集群，以高质量发展为主题、以技术创新为引领、以深化改革为动力，做强高端装备制造产业，加快构建特色鲜明的现代化产业体系，增强发展新动能。"佳木斯市委书记丛丽说。

（祝大伟　屈信明　李龙伊　《人民日报》2023年10月05日第02版）

黑龙江牡丹江着力推动产业振兴
三产融合激发乡村新活力

　　行进在稻田边的小火车、可供游玩吃住的汽车度假小镇、温馨整洁的特色民宿……眼下的黑龙江省牡丹江市西安区中兴村，景色美不胜收，游客流连忘返。

　　"我打算扩大规模，院子里搭上彩钢顶棚，再摆放些桌椅，让更多游客吃上可口的特色美食。"两年前，村民金明洙返乡经营起汤饭馆，现在一年纯收入有 30 多万元。

　　从"空壳村"到农旅融合发展的"旅游村"，中兴村集体收入由 2020 年的 10 余万元，增长到 2022 年的 360 万元。

　　近年来，牡丹江市聚焦农业提质增效，坚持三产融合，激发乡村新活力，让广大乡村走上产业振兴新路。2022 年，全市农民人均收入近 2.5 万元。

　　在宁安市上官地村的响水·国际稻米公园，温暖的阳光洒在玄武湖上，湖面泛起粼粼波光。微风拂过，湖畔的稻田里稻浪翻滚。

　　"上官地村的黑土地富含各种矿物质、有机质和微量元素，造就了'石板大米'的优秀品质和口感。"宁安市玄武湖大米专业合作社销售经理陈雨佳的脸上洋溢着灿烂笑容。

　　2016 年，陈雨佳返乡领办宁安市玄武湖大米专业合作社，坚持绿色生态有机种植，带动本村及周边农民就业 500 余人。

　　如今，合作社有机水稻种植规模从最初的 50 亩扩大到 1800 亩，还辐射附近村屯 6000 多亩，每亩收入从 5000 元左右提高到近 1 万元。

　　截至目前，牡丹江市绿色有机农产品认证面积接近全市播种面积的 50%，培育 26 个国家农产品地理标志登记产品，绿色有机食品认证数量达到 220 个。

　　在农产品种植环节提质增效的同时，牡丹江市不断推进一二三产融合发展，全市规上农产品加工企业已发展到 209 户，2022 年农产品加工转化率达到 65%。

在以种植黑木耳闻名的东宁市，菌种菌袋制作、食用菌机械制造、木耳精深加工等一批产业链上下游企业正加速集聚。

木耳酱、冻干木耳、即食木耳……东宁山友食用菌科技研发有限公司的展厅内，各色木耳深加工产品琳琅满目。"我们多年来持续深耕黑木耳精深加工领域，着力提高产业附加值，产品进入大型商超、铁路餐饮等。"公司相关负责人介绍。

目前，牡丹江市已创建 5 个国家级农业产业强镇、1 个国家级和 5 个省级现代农业产业园，多个产业被纳入国家优势特色产业集群建设名单。

（祝大伟　李龙伊　屈信明　《人民日报》2023 年 10 月 04 日第 02 版）

黑龙江哈尔滨着力以科技创新引领全面创新
为经济发展注入动能活力

松花江两岸，一座座高楼拔地而起，跨过江桥，就来到我国最北部的国家级新区——哈尔滨新区。这里处处透着"科技范儿"，高质量发展的坚实足迹清晰可见。

"大家眼前这些陈列品，都是能飞的！"在哈尔滨工大卫星技术有限公司的展厅，董事长陈健介绍，公司作为哈尔滨工业大学卫星技术科技成果转化平台，已承担近百颗商业卫星的研制、批产任务，覆盖通信、导航、遥感等3类商业卫星领域。

近年来，黑龙江省哈尔滨市着力以创新为城市锚定新的发展坐标，为经济注入新的发展动力，涌现了不少科创企业。

平房区因工而建、因工而兴，在哈尔滨举足轻重。在科技创新驱动下，这座工业重镇的一批老牌企业华丽蝶变。

国产大飞机C919等诸多重大工程项目的关键部件背后，都有东北轻合金有限责任公司的身影，它被誉为"中国铝镁加工业摇篮"。

车间里，数10米长的铝板材料泛着亮光。"这是制作国产大飞机C919机翼的材料。首次生产这么大的机翼，我们攻克了多个难题，研发了多项专利技术。"东北轻合金有限责任公司总经理张荣旺介绍。

哈尔滨东安汽车动力股份有限公司是一家老牌汽车动力总成制造企业，此前一直生产汽油发动机，如今又成为多个国产自主品牌新能源汽车企业的供应商。"我们研发生产的新能源混动增程器，以燃油驱动电机为车辆供能，这样能明显降低能耗。"公司副总经理王福伟介绍。

目前，平房区所拥有的工业门类占全省85%以上，入区企业超过2万家。

不断提高自主创新能力，发挥企业创新主体作用，多家专注水电、船舶动力装置、电气驱动装置等领域的先进制造企业在哈尔滨聚集，为打造"国之重器"夯实基建底座。

白鹤舞金沙。2022年底，金沙江白鹤滩水电站16台百万千瓦水轮发电机组全部投产发电，在长江之上融入世界最大清洁能源走廊。其中，右岸的8台机组来自数千公里之外的哈电集团哈尔滨电机厂有限责任公司。

"水电机组在手订单已经排到了2025年。"哈电集团哈尔滨电机厂有限责任公司党委书记、董事长王贵说，经过70多年的发展与积淀，哈电集团已累计生产发电设备4.8亿千瓦，产品装备了海内外800余座电站。

2022年，哈尔滨全社会研发投入强度达2.51%，高新技术企业新增551户。

"未来5年，哈尔滨将以打造东北亚区域科创中心为目标，以科技创新引领全面创新，努力把科技创新的'关键变量'转化为振兴发展的'最大增量'，加快实现从科教强向企业强、产业强、经济强的迈进。"哈尔滨市科技局副局长刘修宽说。

（刘梦丹　杨雪楠　《人民日报》2023年10月03日第02版）

湖北着力增强经济发展新动能

"湖北武汉东湖新技术开发区在光电子信息产业领域独树一帜。要加强技术研发攻关，掌握更多具有自主知识产权的核心技术，不断延伸创新链、完善产业链，为推动我国光电子信息产业加快发展作出更大贡献。"2022 年 6 月 28 日，习近平总书记在湖北武汉考察时殷殷嘱托。

如今，在有"中国光谷"之称的武汉东湖新技术开发区，"独树一帜"的这束光在创新中持续闪亮：中国信科集团研制出国内首款超 1 太比特 / 秒硅基相干光收发芯片；华工激光制造出我国首台核心部件 100% 国产化的高端晶圆激光切割设备……目前，光谷科创大走廊上的光电子信息产业规模已接近 8000 亿元，正加速冲刺万亿元级规模。

光谷这束光，折射出湖北加快建设全国构建新发展格局先行区、奋力谱写高质量发展新篇章的坚实脚步。

2018 年 4 月，习近平总书记在湖北考察时强调："推动高质量发展是做好经济工作的根本要求。""加快传统产业改造升级，加快发展新兴产业，增强经济发展新动能。"

担起湖北之责，激发湖北之能，砥砺湖北之为。

2022 年 6 月，湖北省第十二次党代会提出努力建设全国构建新发展格局先行区。"建设全国构建新发展格局先行区，是我们落实国家重大战略必须肩负的历史使命，是'建成支点、走在前列、谱写新篇'在新发展阶段的内在要求，是湖北全面推进社会主义现代化建设的重要路径。"湖北省委主要负责同志表示。

发力先行区建设，荆楚大地呈现发展新气象。

聚力提升科创能级，经济"含新量"持续攀升

构建新发展格局最本质的特征是实现高水平的自立自强。湖北科教资源丰富，加快先行区建设，科技需先行。

在车载北斗导航系统的引导下，车辆根据路况自动加速、减速、变道、转弯……在武汉经济技术开发区，200多辆无人驾驶出租车、55辆无人驾驶巴士每天在道路上奔驰，服务市民出行。这里正在形成"研发—测试—示范应用—商业运营—生产制造"的智能网联汽车产业链闭环。

湖北是全国汽车产业化程度最高、产业链条最完整的省份之一，武汉经开区则是全国汽车产业集聚度最高的区域之一，被形象地称为"中国车谷"。

面对新能源与智能网联汽车这个产业新风口，"光谷"和"车谷"深化双向联动，重点推动5G通信、人工智能、高精地图、车规级芯片、北斗导航等领域优势企业与汽车整车企业构建联合技术开发、产品协作配套的良性创新生态。

2022年5月，位于车谷的东风集团与位于光谷的中国信科联手，联合华中科技大学等单位，共建湖北省车规级芯片产业技术创新联合体。

"汇聚优势资源、协同发力，实现了3款国内空白车规级芯片首次流片，完成了国内首款基于RISC—V指令集架构车规级MCU芯片……"东风公司副总经理尤峥细数联合体创新成果。

从车规级芯片到光纤激光器，从先进低碳冶金到生物医学成像，湖北以行业龙头企业为依托，迄今已组建6个产业技术创新联合体，带动产业链上中下游、大中小企业融通创新。

夜色降临，湖北洪山实验室大楼依然灯火通明。"我们聚焦生物育种领域，健全人才引育等机制，强化有组织的科研，合起伙来干大事。"湖北洪山实验室常务副主任、华中农业大学副校长严建兵说，目前实验室已取得一批重要研究成果，"比如，发现玉米和水稻增产关键基因，入选2022年中国十大科技进展新闻。"

"高能级创新平台是激活创新资源、促进科技成果转化、实现创新驱动的有效载体。"湖北省科技厅负责人介绍，近年来，湖北聚焦国家重大战略需求和

全省产业创新发展需要，结合优势学科领域和重点产业，在光电科学、生物育种等领域，布局组建了10家实验室。

紧盯全省光电子信息、新能源与智能网联汽车、生命健康、高端装备、北斗五大优势产业和人工智能、量子信息等未来产业，湖北在加强区域创新体系建设、推进产学研用深度融合等方面聚力突破，科技创新驱动效应日益显现。全省4个产业集群入选国家级战略性新兴产业集群，国家创新型产业集群达到16个，高新技术产业增加值突破万亿元，高技术制造业对工业增长贡献率突破30%，经济"含新量"持续攀升。

扎实推进流域综合治理，守护一江清水、一库净水

治荆楚必先治水。湖北是长江径流里程最长的省份，也是三峡工程库坝区和南水北调中线工程重要水源区所在地。确保"一江清水东流、一库净水北送"，湖北重任在肩。

晨光熹微，梁子湖湖面波光粼粼。走近看，一片"森林绿"在水下显露出来。一排排直立的竹竿旁，穿起绿色的大围网。

"这网可不是捕鱼的，而是用来种草的。"护湖管理员杨启威套上红马甲，撑着小船进入湖中巡查，"看，围网下种植了大片苦草、黑藻等沉水植物。每天早上，我们要根据不同水草的生长周期进行防虫、除杂。"

梁子湖是湖北第二大湖泊，历史上长期开展拦网水产养殖，导致湖泊水体自净能力下降，尽管已完成全部退养，但湖泊自净能力恢复较慢。近年来，依托武汉大学生命科学学院梁子湖国家野外科学观测研究站，鄂州市梁子湖区全面推广"以草净水"经验，实施湖区水生植被恢复工程。

"水草能进一步净化浅水型湖泊水质，修复水生态。经过长期观察，'以草净水'区域内水生植被恢复情况良好，湖水透明度相对提高。"武汉大学生命科学学院博士后李杨介绍，2023年整个梁子湖"围网种草"面积将达7000亩。

坚持精准、科学、依法治污，湖北正以更高标准打好蓝天、碧水、净土保卫战，推动污染防治在重点区域、重点领域、关键指标上实现新突破。

6月1日，湖北省本年度首笔长江一级支流跨市生态补偿资金发放：武汉市

向仙桃市支付 300 万元生态补偿资金。

通顺河是长江重要支流，自湖北潜江、仙桃顺流而下，在武汉境内汇入长江。2022 年 5 月，按照"谁超标、谁赔付，谁受益、谁补偿"原则，武汉与仙桃签署《通顺河流域跨市断面水质考核生态补偿协议》。

仙桃坚持以小流域为单元、以水系为脉络、以问题为导向，推进流域综合治理，促进水环境质量持续改善。生态环境监测数据显示，2022 年 6 至 12 月，通顺河仙桃至武汉段水质国考断面大多为Ⅲ类，优于双方约定的Ⅳ类目标。

2023 年以来，全省上下深入实施《湖北省流域综合治理和统筹发展规划纲要》，坚持流域统筹、单元控制、系统均衡，加强流域、市域、县域之间协同协作，统筹做好水灾害防治、水资源节约、水生态修复、水环境治理，厚植高质量发展的绿色底色。如今，长江干流湖北段水质稳定在Ⅱ类，丹江口水库水质保持在Ⅱ类以上。

抓住关键补短板锻长板，努力走出循环畅通、全域开放的发展之路

新发展格局决不是封闭的国内循环，而是开放的国内国际双循环。对外开放水平不高是湖北最大短板，也是推动湖北高质量发展的潜力所在。

沐着夜色，一架架来自天南海北的货运航班陆续飞抵鄂州花湖机场，工作人员忙着卸货、装货。清晨，满载货物的航班渐次飞离。

花湖机场是国内首个专业货运机场，2022 年 7 月 17 日开航投运。截至目前，已开通 14 条国内客运航线、21 条国内货运航线和 7 条国际货运航线，国际货运量突破 1.4 万吨，正成为湖北的"空中出海口"。

武汉港阳逻港区，集卡车穿梭不息，龙门吊长臂舞动。码头上，一艘满载汽车零配件等货物的班轮正准备起航驶往韩国釜山；不远处的铁水联运场站，装满电子产品的中欧班列鸣笛启程，即将开往欧洲……

在服务和融入国内国际双循环中加快建设内陆开放新高地，既要加力打通开放通道、建强交通枢纽、优化集疏运体系，也要持续优化市场化、法治化、国际化营商环境。

日前，襄阳正大有限公司从哈萨克斯坦采购了 1300 吨麦麸，用作饲料加

工。"过去我们进口麦麸，采购、报关、清关等各项流程加起来要一个多月，在途时间长、成本高。"公司原料采购部主管向赟说，如今，依托湖北楚象供应链集团有限公司庞大的海外资源和完善的物流体系，物流时间缩短到半个月，原料价格还便宜不少。

2022年以来，湖北先后搭建了国控、楚象、华纺链、长江汽车链和供销系统供应链等平台，推动原材料、设计、生产、交易、物流等各环节供需对接，帮助企业降本增效。

湖北坚持以控制成本为核心优化营商环境。2023年6月，湖北发布《关于进一步降低企业成本的若干措施》。"我们认真梳理2022年下半年以来我省出台的关于降低企业成本政策措施，逐条逐项分析评估，在此基础上研究推出33条顺应企业新期盼、更富含金量、更具操作性的政策措施。"湖北省经济和信息化厅厅长刘海军介绍，据相关部门初步测算，这些政策措施实施后，2023年下半年可为全省企业降低成本约650亿元。

抓住关键补短板锻长板，湖北努力走出循环畅通、全域开放的发展之路。2023年上半年，中欧班列（武汉）开行560列，已超过2022年全年开行量；招商引资亿元以上签约项目5366个，创历史最好水平。

（史鹏飞、郭雪岩、裴苘迪、李忱阳参与采写）

（禹伟良　范昊天　强郁文　《人民日报》2023年09月05日第01版）

湖北省积极拓展产业功能、延伸产业链条
发展特色产业　带动农民增收

产业振兴是乡村振兴的重中之重。拓展产业功能、延伸产业链条、推进一二三产业融合发展、拓宽农民增收渠道……行走在荆楚大地，广袤田畴间，一幅幅发展壮大特色产业的画卷正徐徐铺展。

——端稳生态碗，培育新业态。

湖北省宜昌市夷陵区太平溪镇许家冲村，被誉为"坝头库首第一村"，从这里开车前往三峡大坝旅游区只需10分钟。平坦的水泥路，精美的外墙画，错落有致的民居掩映在青山绿水之间。

2018年4月，习近平总书记在许家冲村考察时强调，乡村振兴不是坐享其成，等不来、也送不来，要靠广大农民奋斗。5年多来，许家冲村干部群众牢记嘱托，立足三峡生态优势，不断拓展农业多种功能、挖掘乡村多元价值，发展生态旅游等新业态，扎实推进乡村振兴。

"良好的生态环境是我们最大的优势和财富。"许家冲村党支部书记谢蓉说，村里先后投入1200万元改善人居环境；鼓励村民做好垃圾分类，用文明积分兑换生活用品。如今的许家冲村，生态更美，环境更好，村民也养成了爱护环境的好习惯。

好环境带动生态产业蓬勃发展。现在许家冲村已建成民宿餐饮38家，推出高峡平湖游、三峡茶谷游等多条特色旅游线路，年接待游客达16万人次。80后姑娘望华鑫也尝到了特色产业发展的甜头，如今她辞掉了在城市的工作，回到村里接手经营父亲的茶叶合作社。目前，合作社已稳定解决近百名三峡移民就业问题。

——延伸产业链，放大新优势。

位于长江北岸的浠水县，拥有湖北规模最大的蛋鸡养殖基地，年产鲜蛋43

亿枚。

包装车间里，全自动化的传送带正在运转，一枚枚鸡蛋经过分拣、消毒、清洗、烘干、包装等工序后，被发往各地；养殖场内，喂料、取蛋、清粪等环节都由机器自动完成，生产效率大幅提升。

2022 年，浠水县投资 2.1 亿元，推动建设华中（浠水）蛋品交易中心，引进蛋鸡相关企业进入交易市场，推动产业集聚。目前已有 19 家鸡蛋经销商入驻，日交易额达 500 万元。

"交易中心正式投入运营后，年产值预计可达 30 亿元，将进一步提升浠水蛋鸡全产业链的整体质效。"浠水县委书记付宇说。如今，浠水已形成蛋鸡养殖、贸易的全产业链，2022 年总产值约 83 亿元，带动 15 万人就业、23 万人增收。

——迈向品牌化，提高附加值。

从传统的艾草、艾条、艾灸贴，到精油、面膜、洗发液……在蕲春李时珍中医药大健康科技产业园展厅内，百余种蕲艾产品琳琅满目。一株小小的艾草，在蕲春县形成了百亿级的产业群。

蕲春县位于大别山南麓，近年来，蕲春聚焦蕲艾这一特色品种，加强科研攻关，开展精深加工，着力打造蕲艾品牌。

药材种植户邓爱明种了大半辈子艾草，亲眼见证了蕲艾品牌的发展，如今，不少企业都会上门提前订购。截至 2022 年底，蕲春全县种植蕲艾面积 22 万亩，拥有种植专业合作社 530 多家，蕲艾加工企业 560 多家，累计研发 18 个系列千余种产品。

除了研发高附加值的蕲艾产品，近年来，蕲春县还在全国开设蕲春艾灸馆 1.5 万多家，培训近 6 万名艾灸专业人才，培育艾草业经营主体超 3000 家。

"目前，我们正推动蕲艾从消费品向有更高技术含量的中医药品延伸发展。"蕲春县县长陈丹说，围绕种植、加工、文旅、康养等环节，蕲春还将继续提升蕲艾的品牌价值，助力农民增收致富。

（史鹏飞　裴苒迪　《人民日报》2023 年 08 月 30 日第 02 版）

交通畅通、产业协同，武鄂黄黄四市加快同城化
湖北以都市圈带动区域高质量发展

湖北鄂州市葛店经济技术开发区，湖北芯映光电有限公司 10 万级无尘车间内一片繁忙景象，数千台自动化机器高速运转生产。一颗颗直径从 0.4 至 2.7 毫米不等的 LED 灯珠陆续下线，经过烘干、真空包装、贴标、发货等流程，供应给武汉光电显示制造企业。

"光电子信息产业是武汉光谷的优势主导产业。公司选择在葛店开发区安家，就是看中了这里靠近光谷、交通便利、产业链上下游配套完整的优势。"芯映光电副总经理王建华介绍，武汉地铁直达葛店，公路四通八达，公司进货、发货都非常便利。

近年来，湖北推动以中心城市引领都市圈发展、以都市圈带动区域高质量发展，武鄂黄黄同城一体化发展势头喜人。

武鄂黄黄，即武汉、鄂州、黄冈、黄石 4 个城市，是武汉都市圈的核心区。2021 年 4 月，中共中央、国务院印发关于新时代推动中部地区高质量发展的意见，明确提出"支持武汉、长株潭、郑州、合肥等都市圈及山西中部城市群建设"。2022 年，《武汉都市圈发展规划》获国家发展改革委正式批复。

武鄂黄黄产业基础好，相互之间联系紧密，具备率先实现同城化的条件。2022 年 12 月，武鄂黄黄规划建设纲要大纲印发；2023 年 2 月，武汉新城规划发布。这座横跨武汉、鄂州两市的新城，将规划建设成为武鄂黄黄城市中心，成为引领武汉都市圈高质量发展的主引擎。

一体化发展，交通要先行。在全长近千米的短咀里湖桥，工人正进行混凝土空心板吊装作业。"这座桥是连接武汉光谷与鄂州葛店的交通枢纽。"中建三局城市投资运营有限公司葛店基础设施指挥部现场工程师王志介绍道。围绕交通一体化，湖北加快推进快速道路系统建设，着力打通瓶颈路、断头路，实施

道路扩容、品质提升工程，并连通鄂州花湖机场、黄石新港等重要枢纽。截至2023 年 7 月底，快速道路系统已开工 32 个项目，完成投资 71.3 亿元。

一体化发展，产业要协同。2023 年 2 月印发的武汉都市圈发展三年行动方案提出，聚焦光电子信息、高端装备、生命健康等优势产业，推动产业协同联动；促进武汉市一般制造业向周边城市有序转移，逐步形成主链在武汉、配套在都市圈等一体化产业发展格局。

从短咀里湖桥向北望，是武汉千亿级显示面板产业重镇——光谷左岭。那里坐落着天马微电子、华星光电等知名显示面板企业。紧邻的鄂州葛店开发区，新型显示器件产业集群渐成规模，2022 年入选湖北省发展改革委公布的第一批省级战略性新兴产业集群。

"光谷有'屏'，葛店配套产'芯'。"葛店开发区管委会主任邱建明说，葛店开发区陆续引进多个显示芯片项目，与光谷共建光电子信息产业聚集区，初步形成以三安光电为上游的 LED 芯片研发生产，芯映光电、瑞华光电为中游的LED 芯片封装，华星光电、天马微电子为下游的 LED 模组集成的产业链闭环。

走进黄石锐科激光器智能制造基地，身穿白色无尘服的员工正操作数控设备，赶制各类激光器和元器件。"公司计划将武汉基地产能逐步转移到黄石，实现研发在武汉、生产在黄石。"武汉锐科光纤激光技术股份有限公司副董事长闫大鹏介绍。

黄冈与武汉光谷共建科技产业园，发展光电子信息、智能制造装备、医疗器械等主导产业；黄石与武汉组建产业联盟，121 家规上工业企业与武汉产业配套；亚洲最大的专业货运机场——鄂州花湖机场投入使用，带动周边各市积极布局临空产业……近年来，武鄂黄黄立足差异化定位、有序化协作，同城一体化发展跑出"加速度"。

（范昊天　李忱阳　《人民日报》2023 年 08 月 29 日第 02 版）

湖北系统推进长江生态环境治理修复
绘就水清岸绿的生态画卷

碧叶接天，一望无际，荷花随风摇曳。绕湖徐行，水鸟点缀其间，不时振翅起飞。

这里是湖北省荆州市公安县崇湖国际重要湿地，北临"九曲回肠"的长江荆江段，南濒水系交错的洞庭湖流域。过去，崇湖被渔民大面积围网养殖，过量饲料投入湖中，水质变差。

拆除围网围堤，严控养殖密度，清淤除杂，修复立体植被群落……自2014年起，崇湖湖区全面实施退渔还湿政策，经过近10年治理，崇湖现有水生植物430种、鸟类158种；世界极危物种青头潜鸭由4只增加至157只。

2018年4月，习近平总书记在湖北武汉主持召开深入推动长江经济带发展座谈会时强调，推动长江经济带发展，前提是坚持生态优先，把修复长江生态环境摆在压倒性位置，逐步解决长江生态环境透支问题。

牢记嘱托、向绿而行，湖北坚持系统观念、统筹方法，从解决长江生态环境突出问题入手，全面系统推进长江生态环境治理修复。

"湖北是长江径流里程最长的省份，也是三峡工程库坝区和南水北调中线工程重要水源区所在地，肩负着'一江清水东流、一库净水北送'的重大责任。"湖北省生态环境厅副厅长周水华说，长江湖北段水质连续4年保持在Ⅱ类，出境断面总磷浓度比2016年下降30.3%，丹江口水库水质常年稳定在Ⅱ类以上。

襄阳市保康县黄龙观村山峦叠翠，宛如画境。保康县地处秦巴山脉，磷矿资源丰富。黄龙观村曾是远近闻名的磷矿村，"大小矿坑几十个，最深矿坑近百米。"村党委书记章祖良说，伴随着采矿，开采区地质环境恶化，岩石裸露、山体变形，生态环境亟待修复。

回填矿坑，消灭危岩体，覆土植绿……几年间，矿区修建起山顶木屋、民宿等，昔日饱受"灰色包袱"困扰的村落化身 3A 级景区。"2023 年'五一'假期，景区接待游客 2 万余人次，旅游收入 500 多万元。"章祖良说。

近年来，襄阳市开展长江干支流两岸废弃露天矿山生态修复，一矿一策编制方案。襄阳市自然资源和规划局局长王衡介绍，通过自然恢复、转型利用、工程修复等形式，预计 3 年内完成全市约 333 公顷历史遗留矿山生态修复任务。

走进兴发集团宜昌新材料产业园，景观带内绿树成荫、生机盎然。5 年前，因环境污染，兴发集团一年能接到上百起相关投诉；长江宜昌段 232 公里岸线上，分布着 130 多家像兴发这样的化工企业，最近处距长江不足百米。

面对污染，宜昌以壮士断腕的决心，推动沿江 1 至 15 公里范围内的化工企业"关改搬转"，整治沿江码头，取缔非法采砂场。2022 年，宜昌长江岸线整治修复项目全面竣工，焕然一新的长江岸线与滨江公园自然衔接，形成了绵延 25 公里的城市滨江绿廊。

生态修复，久久为功。湖北印发方案，提出到 2025 年底前完成剩余 39 家沿江化工企业"关改搬转"，完成造林绿化 120 万亩、森林质量提升 520 万亩等，力争持续改善长江生态环境和水域生态功能。

未来，湖北省将持之以恒打好污染防治攻坚战，筑牢长江中游生态屏障，让荆楚大地天更蓝、山更绿、水更清。

（强郁文　郭雪岩　《人民日报》2023 年 08 月 28 日第 02 版）

河北激发高质量发展新动能

2023 年，燕赵大地再谱新篇——

渤海之滨，利用搬迁进行改造升级，传统钢铁企业迎来新生；

冀中平原，依托自主创新开展研发，生物医药产业蓬勃发展；

张北坝上，一排排光伏板光彩熠熠、一座座百米高的风机迎风而转，无限"风光"变成绿色动能；

…………

2023 年 5 月 11 日至 12 日，习近平总书记在河北考察并主持召开深入推进京津冀协同发展座谈会，希望河北在推进创新驱动发展中闯出新路子，在推进京津冀协同发展和高标准高质量建设雄安新区中彰显新担当，在推进全面绿色转型中实现新突破，在推进深化改革开放中培育新优势，在推进共同富裕中展现新作为，加快建设经济强省、美丽河北，奋力谱写中国式现代化建设河北篇章。

牢记习近平总书记殷殷嘱托，河北广大干部群众完整、准确、全面贯彻新发展理念，牢牢把握高质量发展这个首要任务和构建新发展格局这个战略任务，抢抓国家重大战略机遇，激发高质量发展新动能。

绿色生产，传统产业转型升级实现新突破

"吃"进去废钢，产出来新钢。走进河钢集团石钢公司的电炉车间，只见各式各样的废钢通过天车加入电炉内，经过电炉后熔化成火红的钢水，顺着出钢口流入钢包中，再送往精炼车间。

退城搬迁，顺势升级。2020 年，石钢公司从石家庄城区搬迁至井陉矿区工

业园区，由过去使用焦炭、矿石的长流程工艺，改为用电力和废钢直接炼钢的短流程。设备升级，工艺也更新。"通过更加绿色环保的短流程炼钢，变废为宝，在等量级生产规模下，还实现二氧化硫、颗粒物等污染物减排 75% 以上。"石钢公司环保部一级业务主管陈文印介绍，2022 年公司晋升为环保绩效 A 级企业，2023 年又被评为国家级绿色工厂。

凤凰涅槃，绿色转型。石钢的嬗变是河北推动钢铁等传统产业转型升级的一个缩影。

过去，河北工业"一钢独大"，经济结构偏重，如何"突出重围"？

"坚决去、主动调、加快转"，攻坚克难去产能，河北下定决心，将钢铁产能由峰值时的 3.2 亿吨压减到如今的 2 亿吨以内，还将去产能的范围扩大到焦化、水泥等 6 个行业，并且均如期完成规定任务。

绿色低碳促转型，河北聚焦钢铁、石化等传统产业，开展高端化、智能化、绿色化技改专项行动，让传统产业焕发新生机。目前，河北省钢铁企业全部完成超低排放改造。2022 年，河北还以钢铁行业为突破口，在 7 个重点行业开展环保绩效创 A，引领企业绿色转型。

生产绿色化，产品高端化。机声隆隆，在河钢集团邯钢公司邯宝热轧厂生产车间内，一块块超高强度耐磨钢板正慢慢"滑"下生产线。"这是我们研发的新品，将用于制造宽体矿车厢体，可使厢体减重 20% 至 45%。"邯钢公司高级工程师刘红艳说。

近年来，邯钢公司去除低端产能，持续开发汽车用钢等市场急需的高端新产品，效益显著提升。

2023 年 4 月，首钢智新电磁高性能取向电工钢专业化生产线在河北迁安市投产运营。这是 100% 薄规格、高磁感取向电工钢专业化生产线。"目前，我们生产的电工钢产品应用在变压器上，每台每年可减少电力损耗 7600 千瓦时。"首钢智新迁安电磁材料有限公司总经理助理赵松山说。

"一块钢"折射一个省的新型工业化之路。近些年，河北钢铁产品"含金量""含新量""含绿量"不断提升。河北出台推进先进钢铁等 9 个工业主导产业高质量发展工作方案，支持企业进行技术革新提升产品附加值；建设绿色制造体系，创建国家级绿色工厂共 157 家。

科技赋能，优势产业不断壮大迸发新活力

走进石家庄高新技术产业开发区，石药集团中央药物研究院一片静谧，身穿白大褂的科研人员凝神专注。"依托全球领先的纳米制剂药物平台等 8 个创新研发平台，我们组建了由 2000 余名科学家组成的全球研发团队。"集团首席科学家李春雷说，2022 年集团研发投入约 40 亿元。

石药集团研制的一种治疗高血压的创新药，是我国本土企业首个获得美国 FDA 完全批准的创新药。目前，石药集团在研创新药项目 110 余个，未来 5 年预计推出 40 余款创新药。

石家庄是首批国家生物产业基地之一，依托石药集团、神威药业等龙头企业在研发创新、市场拓展等方面持续发力。近年，石家庄启动建设了国际生物医药园，通过集群发展扩大产业规模。目前，生物医药产业规上企业达 189 家。2022 年，石家庄市生物医药产业实现营业收入 855 亿元。

出台省级先进制造业集群培育管理指南，启动先进制造业集群竞赛……锚定制造强省目标，河北加快培育先进制造业集群，不断推动生物医药、装备制造等优势产业高质量发展。2023 年 1 至 5 月，全省生物医药产业增加值增速 16.6%，连续 5 年实现两位数增长；全省高端装备产业规模突破万亿元。

产自唐山的轻轨列车"驶"向海外。智能人脸识别、智慧人机交互……2023 年 6 月，出口阿根廷胡胡伊项目首列车在中车唐山公司成功下线。这是由中车唐山公司研制的具有完全自主知识产权的新能源轻轨列车。"列车安装了智能化的人文感知系统，提供了更智慧、更舒适的乘坐体验。"该项目技术经理罗超说。

来自秦皇岛的玻璃"飞"向太空。不久前，搭载神舟十六号载人飞船的长征二号 F 遥十六运载火箭发射升空，由秦皇岛星箭特种玻璃有限公司研制生产的 1 万多片特种玻璃，为这艘飞船披上"护身铠甲"。"坚持科技赋能，创新为魂，是'星箭'保持行业领先的秘诀。"公司董事长卢勇介绍。截至目前，该公司共

为中国航天领域提供 1200 多万片特种玻璃盖片。

创新驱动，新兴产业加速成长催生新动能

雄安新区启动区，中国电信智慧城市产业园建设显露雏形。"目前，项目一阶段 3 座楼已经主体封顶。"中电信数字城市科技有限公司基建办公室副总经理孙晓新介绍，园区投产后，将推进数字城市产业、空天信息和卫星互联网产业集聚发展。

作为创新之城的雄安，推进科创中心中试基地、中交未来科创城等项目建设，打造高端高新产业集聚区；发挥首批 4 所高校集中疏解到新区并且比邻而建的优势，支持开展协同创新，带动人才集聚和创新创业。

不只在雄安，创新的"音符"跳跃在燕赵大地。

行走张家口街头，蓝白相间的氢燃料电池公交车十分亮眼，绿色出行渐成时尚。"噪声小、续航远，适应低温天气，最重要的是零碳排放。"公交车驾驶员李宝生对这款新能源车赞不绝口。

"绿电"造"绿氢"，新能源动力强劲。地处坝上的张家口，风电光电能源丰富，国务院已批复建设张家口可再生能源示范区，利用丰富的清洁电力，该市加快推动氢能全产业链发展，培育和引进亿华通、海珀尔等 22 家氢能企业。

"我们利用京津冀三地创新资源，加速氢能全产业链布局，打造产业链联动、产学研合作、大中小企业融通的创新联合体，提升产业链供应链稳定性和竞争力。"河北省科技厅副厅长李华峰表示。

一个商贸城吸引物流企业 56 家，拥有直达物流专线 220 多条、中转线路500 多条。"现在每天发货 2000 件左右，比之前翻了一番。"永定城·京津冀（固安）国际商贸城商户陈洁喜不自禁。

多家物流快递头部企业聚集廊坊，"一点"发"全国"，"物流 +"为商贸业插上腾飞的翅膀。廊坊利用区位条件、交通优势和产业基础，规划建设北方现代商贸物流基地，推动现代商贸物流产业链式发展、集聚发展和数字化升级。

新产业，新模式，新动能。从雄安到张北，从大数据到新能源，深化协同

创新、建设科技平台、设立引导基金……河北重点聚焦信息技术、新能源等战略性新兴产业，培育新的经济增长点。2023年上半年，全省规模以上工业战略性新兴产业增加值同比增长8.5%。

结构更"优"，底色更"绿"。奋力迈向高质量发展，燕赵儿女正以更加奋发有为的精神状态稳步前行。

（程龙、崔妍、程红、雷崔捷参与采写）

（万秀斌　张志锋　邵玉姿　《人民日报》2023年08月31日第01版）

河北坚持生态优先、绿色发展，生态环境越来越美
让广大群众共享蓝天绿地秀水

"天越来越蓝！"

2014 年开始，河北石家庄市民王汝春每天在固定时间地点拍摄城市同一片天空。3000 多张照片组成的"天空日记"里，从"雾霾锁城"到看见天际线，再到晴空万里成为常态，石家庄蓝天数量越来越多。

"地越来越绿！"

塞罕坝林海苍翠，山坡上新栽的树苗随风摇曳。年近八旬的塞罕坝第一代务林人陈彦娴有空便重回坝上，追忆当年"百万亩荒原变林海"奇迹的同时，更惊叹如今石质阳坡也能栽树成活。党的十八大以来，塞罕坝人又完成"攻坚造林"10.5 万亩。

"水越来越清！"

盛夏，家住白洋淀边的村民张福庆打起赤膊，一个猛子扎进水里，河底石子、鱼虾清晰可见。在荷红苇绿的深处，青头潜鸭等珍稀鸟类也从难得一见到如今安家落户。

燕赵大地生态持续变好，成绩有目共睹。

"加快建设经济强省、美丽河北"是习近平总书记寄予河北的殷切期望。河北全省上下牢记嘱托，坚持生态优先、绿色发展，让生态环境越来越美。

刚与柔，打好污染防治攻坚战，推动重点行业企业环保绩效创 A。

突出精准治污、科学治污、依法治污，推动钢铁、水泥等重点行业企业争创环保绩效 A 级。"遇重污染天气，对环保绩效评级为 A 级的企业不停不限，对 B、C、D 级企业按区域、行业、生产工艺等分类，精准制定管控措施。"河北省生态环境厅大气环境处处长钱鹏说。

走进首钢股份公司迁安钢铁公司智能化生产环保调度中心，大屏实时显示

各项在线监测排放数据。"我们利用大数据、云平台技术，使生产设施、污染治理设施、清洁车辆等通过 5G 网络互连，自动分析和识别环境污染风险，并远程集控处置。"首钢迁钢环保部部长程华说。

通过实施超低排放改造，首钢迁钢成为全国首家钢铁行业 A 级企业。"目前首钢迁钢遇重污染天气可不限产，实现连续稳定生产经营。"程华说。

零与整，坚持山水林田湖草沙一体化保护和系统治理。

夏日炎炎，来到雄安新区千年秀林，林木交错，绿意盎然。

中铁一局项目经理田京利走到两三米高的银杏树前，介绍道，"这片树苗来自塞罕坝机械林场，5 年前种下时只有 5 厘米粗，如今已经长到近 20 厘米粗了"。

"我有幸参与千年秀林和白洋淀的治理建设，见证了从荒地枯水到绿树成荫、碧波荡漾的变化。未来我们将依托千年秀林的生态体系来涵养白洋淀，持续保障白洋淀碧波荡漾。"田京利说。

河北坚持"山水林田湖草沙是生命共同体"理念，修山、治污、增绿、固沙、扩湿，使生态系统多样性、稳定性、持续性提升。

减与增，推动经济社会发展全面绿色转型。

在张北坝上草原，一排排深蓝色光伏板鳞次栉比、光彩熠熠，一座座巨型风机并排矗立、迎风旋转，将风光转换成绿电；在东部渤海的浪涛中，连排的白色风机稳稳"扎根"大海，将呼啸的海风转化成绿电。

作为工业大省，河北积极转变偏煤的能源结构、偏重的产业结构。一方面，超额完成国家下达的钢铁、煤炭、水泥、平板玻璃、焦炭、火电六大行业去产能任务；另一方面，加快规划建设清洁高效、多元支撑的新型能源体系。全省以抽水蓄能电站项目建设为切入点，协同发展光伏、风电、氢能等，提高清洁能源比重，优化能源消费结构。

2022 年，河北省风电光伏总装机量 6652 万千瓦，新增抽水蓄能装机 210万千瓦，逐步形成风、光、水、火、核、储、氢多能互补的能源格局。

人不负青山，青山定不负人。2022 年，河北省 PM2.5 平均浓度 36.8 微克/立方米，为 2013 年有监测记录以来历史最好水平；全省森林覆盖率由 2015 年31% 提高到 2022 年 35.6%；全省地表水国考断面优良比例达到 84.4%，V 类及以下断面首次清零。2023年1至6月，全省空气优良比例为81.9%，同比提高3.9个百分点。

像保护眼睛一样保护自然和生态环境，河北将继续书写绿色篇章，让广大群众共享蓝天、绿地、秀水。

（雷崔捷、程红参与采写）

（张腾扬 《人民日报》2023年07月30日 第02版）

腾笼换鸟　凤凰涅槃
山东推动高质量发展取得有效进展

泰山巍然矗立，黄河奔流入海。行走齐鲁大地，探寻高质量发展新脉动，气象万千，活力澎湃。

黄河之畔，山东济南，新旧动能转换，规划引领、生态保护、产业培育等加速推进；

黄海之滨，山东青岛，人工智能"双算力中心"上线，家电、交通、汽车等传统制造业焕发新气象；

黄河入海口，山东东营，黄蓝交汇的壮丽景观铺展我国暖温带最为完整的湿地生态系统；

…………

"要坚持腾笼换鸟、凤凰涅槃的思路，推动产业优化升级，推动创新驱动发展，推动基础设施提升，推动海洋强省建设，推动深化改革开放，推动高质量发展取得有效进展"……齐鲁儿女牢记习近平总书记殷切嘱托，坚决扛牢习近平总书记赋予"走在前、开新局"的光荣使命，奋力蹚出一条高质量发展新路。

敢担使命，建好绿色低碳高质量发展先行区

济南中心城区向北，跨过黄河，只见塔吊林立，机械轰鸣，建设热火朝天，一幢幢建筑拔地而起——这里是济南新旧动能转换起步区。国务院批复同意《济南新旧动能转换起步区建设实施方案》两年多来，从"纸上"到"地上"，一个高质量发展的现代化新城正在黄河之畔成形。

走进起步区，绿意格外浓郁。"全域面积 798 平方公里，湿地水系、公园绿地等蓝绿空间占比超过 70%。"济南市副市长、起步区党工委专职副书记李国祥

说，绿色是起步区最鲜明的发展底色，引来的必须是绿色产业项目，立起来的必须是绿色建筑。在这里，万元国内生产总值能耗 5 年内下降 20%，远高于全市平均水平。

"绿"字当头，生态优先，不仅是济南起步区，山东全省坚定迈向绿色低碳高质量发展——

2022 年 8 月，国务院印发《关于支持山东深化新旧动能转换推动绿色低碳高质量发展的意见》，支持山东"以深化新旧动能转换为中心任务"，"努力建设绿色低碳高质量发展先行区"。蓝图绘就，目标清晰，山东全省上下鼓足干劲，奋力提升山东在全国经济版图中的战略地位。

高起点谋划，高标准推进。山东出台实施《山东省建设绿色低碳高质量发展先行区三年行动计划（2023—2025 年）》，细化确定 160 项重点任务，明确时间表、路线图、责任书，强力推动各项任务扎实落地。

2023 年 6 月 28 日至 30 日，山东省绿色低碳高质量发展重点项目现场观摩举行。两天半时间，省委、省政府主要领导带领各地市、各部门一把手，实地观摩菏泽、聊城、泰安 3 市的 18 个项目。看项目牵引性，规模体量大，平均投资超 68 亿元；看项目含"新"量，创新动力涌动，生态底色鲜明。

这是一次集体观摩，更是一次大竞赛、大比武，既晒成绩，更找差距，充分激发全省抓项目扩投资强招商的浓厚氛围，更充分彰显山东深化新旧动能转换、推动绿色低碳高质量发展的成效。

敢闯新路，加力提速工业经济高质量发展

青岛市即墨区，奇瑞汽车青岛基地总装车间，机器人将一个个零部件组装起来……90 秒，一辆全新整车在这里下线。

随着奇瑞汽车青岛基地的投产，其"链主"价值开始凸显。一街之隔，即墨区规划的千亩零部件产业园，计划总投资 100 亿元，首批落户的 31 个汽车零部件项目中 16 个正在加速建设。

不到 10 年时间，青岛汽车产业形成以整车生产为主导，以电池、电机等关键零部件为支撑的生态链条，实现从无到有的质变，在汽车产业赛道上不断突

围赶超。2023 年上半年，青岛汽车制造业工业增加值同比增长 9.9%。

作为拥有全部 41 个工业大类的大省，山东的根基在工业，优势在工业，推动高质量发展的主战场也在工业。2023 年 2 月，山东省委、省政府召开全省加力提速工业经济高质量发展大会，提出"把加力提速工业经济高质量发展作为'一项战略性系统工程'"。如何加力？如何提速？

锐意改革，持续优化营商环境——

回望奇瑞项目的建成，从一片荒地开工到一座"超级工厂"投产，只用了 17 个月，创出奇瑞整车工厂建设的"青岛速度"。

"青岛速度"从何而来？从前期办理各类许可证开始，项目就乘上改革东风——即墨区自然资源局和行政审批服务局在符合规定的情况下，创新实施"容缺受理"，保证相关许可证以最快速度办理。"优服务才能赢得真发展！"即墨区委书记韩世军说。

近些年来，从开展"标准地"改革、推行"拿地即开工"，到出台实施"要素跟着项目走"意见及土地、能耗、环境容量等实施细则；从完善要素市场化交易流转机制，到开展"亩产效益"评价改革……山东省不断深化"放管服"改革，着力打造审批事项少、办事效率高、服务质量优的营商环境。

大胆创新，提升科技自立自强水平——

"海燕—X"水下滑翔机最大下潜深度达 10619 米，刷新世界纪录；搭建新一代"智能+"海洋药物快速筛选平台，发现多个具有重要开发前景的药物先导化合物……山东省实施基础研究十年行动，有组织推进战略导向的体系化基础研究、前沿导向的探索性基础研究、市场导向的应用性基础研究，打造原始创新策源地。

目前，山东省获批国家实验室 1 家、全国重点实验室 21 家，建设 9 家省实验室、277 家省重点实验室，四级实验室体系初步形成。依托各级实验室，"透明海洋""海底发现""蓝色药库"等大科学计划加速推进，一批原创性引领性技术落地齐鲁大地。

山东省科技厅党组书记、厅长孙海生介绍，紧扣发展中的重点难点堵点问题，山东推出关键技术攻关动态清单，每年组织实施 100 项左右科技重大项目，促进山东工业阔步前行。

敢挑大梁，努力塑造高质量发展新优势

降碳减污扩绿增长，转方式调结构促转型，加快构建现代产业体系，山东省各地奋进绿色发展。

异氰酸酯制造技术完成第七次迭代升级；尼龙 12 全产业链技术、高硅共聚碳酸酯绿色产品等打破国际垄断，填补国内空白……在万华烟台产业园展厅，一个个产品和技术讲述着这个老牌化工企业，如何让化学更绿色、让发展更安全。

石化产业是烟台的支柱产业。坚持绿色发展，2018 年以来，烟台关闭评级评价差的化工生产企业，化工生产企业由 800 多家减少到 394 家。

数量减下去，质量提上来。眼下，烟台市全力以赴加速建设裕龙石化产业园、烟台化工产业园和万华新材料低碳产业园三大产业园，计划到 2026 年末实现总产值突破 5000 亿元。

"进入新发展阶段，绿色低碳发展是一道必答题。"山东省委常委、烟台市委书记江成说，全市正握紧拳头向着"世界级绿色石化城"进发。

在威海，服装企业迪尚集团在全球建有十一大生产基地。近年来，迪尚通过工业互联网整体赋能，实现向自主设计制造、数字化设计制造转型，"一件新衣打样几分钟就能完成"，公司负责人透露，公司设立设计公司和设计师工作室，推动传统纺织服装产业加快从"制造"迈向"创造"。

不单服装产业。威海市委书记闫剑波说，威海市大力开展智能制造攻坚突破专项行动，坚持数字化赋能，加快培育七大产业集群，着力提升 10 条产业链。

位于淄博高新区的齐鲁储能谷零碳智慧产业园，数十台储能集装箱整齐摆放。工作人员说，经过水浸、暴晒等安全检测后，即发往全国各地。作为老工业城市着力打造的绿色低碳"轻园区"，齐鲁储能谷聚合打通储能、光伏及海上风电柔性传输国内产业链最全的三大产业，相关技术和产品可为全国减少 360 万吨二氧化碳排放量、110 万吨煤炭使用量。

传统产业立足"双碳"找出路，新兴产业立足优势乘势而上。淄博市委书

记马晓磊说，淄博扎实推动产业转型"换挡升级"，锚定绿色低碳发展新赛道，不断塑造发展新动能新优势。

烟台石化产业更绿更高端，威海传统产业更新更智能，淄博产业结构更轻更环保……全省 16 个地市相向而行，汇聚成绿色低碳高质量发展合力：目前，山东全省培育"十强"产业"雁阵形"集群 180 个、总规模达 8.9 万亿元，做优做强 7 个国家级、50 个以上省级战略性新兴产业集群。

敢担使命，敢闯新路，敢挑大梁，山东广大干部群众深入贯彻落实习近平总书记对山东工作的重要指示精神和重要讲话精神，努力塑造高质量发展新优势，不断书写中国式现代化山东实践新篇章！

（王比学　姜赟　侯琳良　《人民日报》2023 年 08 月 19 日第 01 版）

山东着力在推动黄河流域生态保护和
高质量发展上走在前
铺展环境美产业兴的新画卷

九曲黄河，奔涌向前，由山东东营汇入大海。

黄河三角洲国家级自然保护区正位于东营黄河入海口。这里河黄海清，"黄蓝交汇"蔚为壮观；草木繁茂，被誉为"鸟类的国际机场"。

"这两年，我们共计开展了 17 个生态修复项目，修复湿地 188 平方公里，连通水系 241 公里。"黄河三角洲生态监测中心主任刘静说。在各方努力下，湿地得到修复，动植物栖息环境持续改善，近海生态环境质量明显提升。2023 年 8 月 1 日，《山东省黄河三角洲生态保护条例》正式施行，进一步以法治力量护佑黄河安澜、美丽生态。

高质量发展，生态优先。共护黄河生态，相关市县各出实招。

黄河入鲁第一县，拥有全省最大黄河滩区的菏泽市东明县建设万亩虎杖园，有效抓附土壤、防治水土流失；清网净湖、餐船取缔、环湖生态隔离，经过环境整治，泰安市东平县的东平湖近 30 万亩湖面重现水天一色、飞鸟翩翩；经多方治理，断航 26 年的小清河 2023 年成功复航，蜿蜒穿行济南、滨州、淄博、东营、潍坊……

从开展黄河流域生态保护，到加快构建抵御自然灾害防线，山东多措并举、齐抓共管，全力维护黄河流域健康生态。目前，黄河流域山东段已初步形成一条集防洪、生态、经济、社会效益于一身的黄河生态绿色廊道。

绿色，是高质量发展的底色。黄河流域不仅有生态之"绿"，更有发展之"绿"。"以高品质生态环境支撑高质量发展，山东生态环境持续向好，绿色发展底色更加鲜明。"山东省生态环境厅党组书记、厅长侯翠荣说。

德州市齐河县全力推进高标准农田建设，建成全国最大的 80 万亩粮食绿色优质高产高效创建示范区，探索"秸秆全量粉碎还田"等技术形式，推动农业绿色高质量发展。

滨州市沾化区的盐田虾产业发展出"上光下渔"养殖模式，在虾池上建设光伏电站，形成绿色循环产业圈。

山东多地推进现代化农业绿色发展，擦亮"金字招牌"。烟台苹果、蒙阴蜜桃、菏泽牡丹、黄河口大闸蟹……因地制宜、各具特色，共塑"好品山东"，也让乡村振兴之路越走越扎实。

"作为高性能纤维生产企业，我们始终把绿色发展作为企业创新攻关的重点赛道之一。"在烟台的泰和新材公司，董事长宋西全三句话不离环保，"公司新近开发的绿色印染技术，实现生物基纤维面料染色工艺污水零排放，大幅减碳减排。"

这是烟台着力打造绿色石化城的缩影，也是山东绿色低碳高质量发展的缩影。努力建设绿色低碳高质量发展先行区，山东再亮"绿色指挥棒"，省工信厅近日发布 2023 年全省首批"绿色工厂"名单，105 家企业上榜。

不止于此，黄河两岸，济南新旧动能转换起步区高水平建设，临沂经济技术开发区推动工业废弃物综合利用，淄博的齐鲁储能谷增"绿"聚"能"……生态美、产业兴、百姓乐，山东阔步向前。

推动黄河流域生态保护和高质量发展，山东聚焦协同发展，全方位对接黄河流域城市群，携手打造黄河流域科创大走廊，共建黄河流域现代产业合作带。2022 年，由山东省倡议发起的"黄河流域自贸试验区联盟"成立，黄河流域 9 省份取长补短、相互赋能。

昔日盐碱之地，如今变为"沃野粮仓"。生态优先、绿色发展、人与自然和谐共生，山东正铺展新时代的黄河新画卷。

（肖伟光、王洲、李栋、谈媛参与采写）

（姜赟　马原　王沛　《人民日报》2023 年 08 月 13 日第 02 版）

山东奋力在增强经济社会发展创新力上走在前
布局产业新赛道　增强区域竞争力

在济南，核辐射监测等先进技术领跑全国；在东营，盐碱地利用从"改地适种"向"改种适地"转变；在济宁，"乡村振兴合伙人"蹚出致富新路径……

山东，奋力在增强经济社会发展创新力上走在前。

增强经济社会发展创新力，粮食安全是基础，种子是关键。

位于德州乐陵市的国家马铃薯工程技术研究中心，2023 年 1 月迎回搭载神舟十四号载人飞船赴太空的 2 万粒马铃薯种子，部分已经培育长成微型薯。

种优才能粮丰。在济南，山东省农业科学院选育的济麦、鲁原系列小麦品种，年播种面积约占全国的 1/7；耐盐碱彩甜糯玉米新品种鲁甜糯 191 的生产经营权以 150 万元高价拍卖成功，"真金白银"彰显品种含金量。

在东营，育种思维正发生重大转变。国家盐碱地综合利用技术创新中心主任助理贾曦说："中心种质资源库存放着从各地搜集到的 2 万多份种质资源，我们正从中选育适合盐碱地种植的品种，推动我国盐碱地利用从'改地适种'向'改种适地'转变。"

中国地种中国种，中国种产中国粮。从改良一个品种到全产业链开发，作为我国主要粮食生产省份，山东为端牢"中国饭碗"强化种业攻关。

增强经济社会发展创新力，突破工业领域"卡脖子"技术至关重要。

济南中科核技术研究院常务副院长魏存峰以高端核仪器仪表设备为例进行说明："一台设备售价高达 200 万元，部分机构还被限制购买"。研究院成功突破高灵敏度辐射成像技术等多项技术壁垒，实现高端核仪器仪表设备的国产化替代，"售价降至 30 万至 50 余万元，已在我国 20 余个海关、口岸安装应用"。

增强经济社会发展创新力，既要解决好当前突出问题，还要谋划未来发展。

"作为人工智能的重要组成部分，视觉算法能完成部分日常需要肉眼完成的工作。"山东极视角科技股份有限公司创始人陈振杰说，正是看中山东的产业优势，公司 2021 年将总部从深圳迁到青岛，"公司视觉算法商城已经上架 1200 余种算法，覆盖超过 100 个行业领域的应用场景"。

今天的产业布局就是明天的区域竞争力。山东省发改委副主任孙来斌介绍，山东正培育济南空天信息、青岛人工智能、潍坊元宇宙、烟台航天等未来产业集群。

增强经济社会发展创新力，激发乡村活力是重要一环。

引入"乡村振兴合伙人"仅 4 年，济宁市泗水县龙湾湖乡村振兴示范区夹山头村变化明显：4800 平方米的废弃仓库已被重塑为产业孵化基地；全村孵化出砭乡砭石、陶立方、川上咖啡等 40 多个品牌，2022 年实现营业收入 6000 余万元，带动 500 余人就业……

从泗水起步，政府精选产业项目，合伙人搭建项目孵化平台，企业实行市场化运作……"乡村振兴合伙人"模式丰富了乡村振兴的路径可能。近年来，山东不断深化认识、强化措施、勇探新路，夯实产业之基、彰显生态之美、探寻善治之策、拓展共富之路，让每一片田野都充满希望。

农业、工业、未来产业在齐鲁大地竞发，创新画卷由此铺展。

（王洲、马原、谈媛参与采写）

（李栋　肖伟光　肖家鑫　《人民日报》2023 年 08 月 10 日第 02 版）

山东努力在服务和融入新发展格局上走在前
壮大现代产业　畅通经济循环

黄河之滨，泰山之麓，孔孟故里……山东山海人文荟萃，战略地位突出，这是承自昨天的禀赋；"走在前、开新局"，这是新时代赋予的光荣使命。

"山东正处在由大到强战略性转变的关键时期。在服务和融入新发展格局上走在前，必须加快建设现代化产业体系。"山东省政府新闻发言人徐闻说。

靠实体经济立省，拥有全部41个工业大类、GDP总量常年位居全国前列……基础好、结构全、总量大，走在前，山东势能足。

行走山东，总能感受到制造业发展的澎湃动能。淄博，遨博智能机器人公司生产的协作机器人销量全国领先；青岛，人工智能计算中心首期算力达100P，世界首套时速600公里的高速磁浮交通系统成功下线；烟台，东方航天港一枚火箭"磁吸"一个产业集群……短板产业补链、传统产业强链、优势产业延链、新兴产业建链，山东打出"组合拳"，新旧动能转换不断加速。

"作为工业大省，山东统筹抓好传统产业转型升级、新兴产业发展壮大和未来产业前瞻谋划，切实扛起制造业发展的责任，夯实融入新发展格局的产业基础。"山东省发改委副主任孙来斌说，"以实现高水平自立自强，服务和融入新发展格局。"

放眼齐鲁大地，新兴产业矢志"强筋壮骨"，传统产业奋力"脱胎换骨"，奔涌着"智"造的春潮；破解"卡脖子"、勇闯"无人区"，跃动着科技自立自强的志气。

位于潍坊市坊子区的博鼎精工智能科技公司是一家高端智能农机装备企业，其自主研发的先进农装液压智能控制系统打破国外技术垄断，成功打开欧美市场。

"打开欧美市场不仅靠产品本身。项目当年建设、交付、投产，收入过亿，得益于区里的'项目全周期服务'机制，我们可把更多精力投入研发生产。"公司董事长王立峰说。

在山东，这样的高新技术企业超 2.6 万家。据悉，在智慧交通、精细化工、燃料电池等 20 个领域，山东的科技创新均走在国内前列。

同样走在前列的还有农业。走进寿光市丹河设施蔬菜标准化生产示范园，五颜六色的农产品很是吸引人，令人吃惊的却是一粒粒种子。

"这一袋种子，共 1000 粒，每袋约 700 元，按一箱 500 袋算，价值约 35 万元。"寿光蔬菜种业集团副总经理程琳拿起一袋名为"樟小白"的番茄种子向笔者展示，引来"一箱种子能换一辆汽车"的赞叹。

寿光打造全国蔬菜产业综合服务基地，蔬菜产业从种菜、卖菜向技术、标准、模式输出全面转型，三产融合、城乡一体的特色愈发明显。这是山东充分发挥乡村作为消费市场和要素市场重要作用的体现。

近年来，山东着力推进城乡协调发展，畅通城乡经济循环，促进农业对外合作，取得丰硕成果。2022 年山东农林牧渔业总产值达到 1.2 万亿元，农产品出口额连续 24 年实现领跑。

服务和融入新发展格局，作为开放大省的山东有地利：公路网、铁路网四通八达，海岸线长度优势明显……

向东看，青岛港连续开通多条直达北美的新航线；烟台港创山东口岸外贸商品车单船作业量新纪录。向西看，自山东开行的中欧班列直达"一带一路"沿线 24 个国家，累计开行数量居全国前列。

"我们将持续聚焦扩大开放，打造新发展格局战略支点，深挖拓展高质量发展潜力空间。"孙来斌表示。

数据记录着山东的开放足迹，细节彰显着山东的开放风气。"为完成'世界眼光、国际标准'的高标准规划，我们先后邀请多个国家的 10 余个团队，深入参与了济南新旧动能转换起步区的规划设计。"起步区管委会规划和自然资源部副部长牛晓羽说。

供需两端协同发力，新旧动能相得益彰，科技创新百舸争流，城乡区域融合发展，对外开放提档升级……山东正以昂扬的姿态，努力在服务和融入新发展格局上走在前。

（肖伟光、李栋、马原、谈媛参与采写）

（姜赟　王洲　李蕊　《人民日报》2023年08月09日第02版）

海南全力推进自由贸易港高质量发展

2023 年，一组组数据提神又提气：

180 个项目，总投资 366 亿元！6 月 29 日，海南自由贸易港 2023 年度第二批建设项目集中开工。

从 2.23 平方公里到 114.7 平方公里！4 月起，原本仅适用于洋浦保税港区的 11 项政策扩大到整个洋浦经济开发区，压力测试稳步推进。

5044.8 亿元！从 2020 年 6 月《海南自由贸易港建设总体方案》公布至 2023 年 5 月，海南货物贸易进出口总值较上个 3 年增长 101.4%。

…………

2022 年 4 月，习近平总书记在海南考察时强调："希望海南以'功成不必在我'的精神境界和'功成必定有我'的历史担当，把海南自由贸易港打造成展示中国风范的靓丽名片。"牢记习近平总书记嘱托，海南完整、准确、全面贯彻新发展理念，全力推进自由贸易港高质量发展，加快构建开放型生态型创新型现代产业体系。

以高水平开放带动产业提质升级

优质的进口商品吸引游客驻足挑选，结算柜台前排起长队。"2023 年 4 月离岛免税购物'担保即提'和'即购即提'提货方式落地后，日均销售额度再次提升。"中国旅游集团中免股份有限公司总经理王轩说。

手握政策"好牌"，背靠超大规模国内市场和腹地经济，海南以高水平开放带动产业提质升级。

免税产业布局完善，释放发展强劲动能。2023 年初，万宁王府井国际免税港正式运营。至此，海南已有 6 家免税经营主体、12 家离岛免税店。2020 年 7

月1日离岛免税新政策实施3年以来，海南离岛免税购物金额超1300亿元。

博鳌乐城国际医疗旅游先行区充分发挥特许政策优势，加速汇聚国际优质医疗资源。"目前已引进特许药械超320种，2023年一季度特许药械使用人次3177人次，同比增长48.2%。"博鳌乐城国际医疗旅游先行区管理局局长贾宁介绍。

在陵水黎安国际教育创新试验区，海南比勒费尔德应用科学大学宣布2023年秋天正式招生。"园区已有6所中外合作办学机构（项目）获批并正式招生。"陵水黎安国际教育创新试验区管理局副局长王临平说。

一方面做好高端购物、医疗、教育三篇文章，一方面畅通连接国内国际两个大市场的渠道，海南开放的大门越开越大。

地处泛北部湾中心地带、毗邻东盟自由贸易区的洋浦港，内外贸航线已达42条。"洋浦港便利的运输条件是我们落户的重要考量。"海南澳斯卡国际粮油有限公司副总经理曹又华说，依托海南自贸港，"我们已成长为年加工能力超百万吨的粮油企业"。

现代航运物流扩容增量，海南国际定期货运航线新增13条。2023年7月1日，三亚机场国际航站楼改扩建项目主体完工并投运，成为全岛首个主体工程完工并投入使用的封关运作项目。

致力于成为中国企业走向国际市场的总部基地和境外企业进入中国市场的总部基地，海南2022年吸引RCEP（《区域全面经济伙伴关系协定》）成员国新设外资企业196家，外贸进出口总值首次突破2000亿元。5年来，海南实际利用外资年均增长63.5%，总额超之前30年总和。

稳步推进产业生态化、生态产业化

建成后年发电量达10亿千瓦时，可满足52.6万户家庭一年生活所需；每台机组每年减少二氧化碳排放88万吨，相当于植树750万棵。在昌江核电站建设现场，"玲龙一号"项目正加紧施工。

"未来'玲龙一号'将成为一个多功能示范项目，不仅可以发电，还能给园区供气、供暖、制冷、淡化海水。"海南核电有限公司总工程师陈建新介绍，截至目前，海南核电一期工程发电量累计超650亿千瓦时，约占同期海南省用电总量的 1/3。

低碳转型不断加快，海南发展优势愈发凸显：清洁能源装机比例达到 75%；新能源汽车保有量占比 10.5%，高于全国平均水平约 1.6 倍；《海南经济特区禁止一次性不可降解塑料制品规定》施行；装配式建筑规模连续 4 年翻番……

在位于临高金牌港开发区的康庄住工科技（海南）有限公司工厂，一片片普通钢板经过切割、焊接、打磨、喷漆等工序，在流水线上"摇身"变成形状各异的装配式钢结构。

"园区大力扶持装配式建筑产业，帮我们敲开了东南亚市场的大门。"康庄住工科技（海南）有限公司总经理崔慧峰介绍，公司蒸压加气混凝土板已成功出口新加坡。

2020 年 5 月，海南明确将装配式建筑部件新增产能统筹布局在临高金牌港开发区。3 年多时间里，这个 1992 年成立、发展一度陷入停滞的老园区焕发了新生机：签约进驻装配式建筑上下游企业 19 家，还有 30 多家排队等着入园。

不仅要争做"双碳"优等生，守护好碧海蓝天，还要把生态优势转化为发展优势。

玫瑰盛放的时节，三亚亚龙湾玫瑰谷芳香阵阵。"未来，这些花瓣将被加工成玫瑰花茶销往各地。"海南玫瑰谷产业发展有限公司董事长杨莹介绍。

2009 年，杨莹从博后村村民手中流转 2755 亩土地，利用当地光照强、热量足的自然环境，发展玫瑰种植产业。14 年间，杨莹团队种出 1500 个热带玫瑰品种，开创了海南的鲜切花产业。

如今，玫瑰谷形成了一产农业种植、二产玫瑰衍生品研发销售、三产旅游观光的独特模式，研发出 300 多种衍生产品，每年吸引 150 万游客。"公司＋合作社＋农户"的发展模式，带动当地 500 多名村民就业。

加快推动创新型产业集群集聚发展

海南拥有独特的地理区位，"温度""深度""纬度"优势突出。近年来，海南以创新驱动引领高质量发展，加快打造南繁种业、深海科技、航天科技三大科技创新高地，培育三大未来产业。

"南繁育种也育企。"隆平生物技术（海南）有限公司法规总监刘枫说，在合作共享机制和"揭榜挂帅"制度支持下，"我们从 10 人的初创团队成长为有 100 多人的知名生物育种企业"。

围绕产业链部署创新链，围绕创新链布局产业链。三亚崖州湾科技城不仅构建起"从基础科研、成果转化到企业孵化"的良性产业循环，还打通了"检测前端、田间服务、实验室管理、成果转化、经营创收"种业全产业链条。三亚崖州湾科技城管理局党委专职副书记牛晶晶介绍，园区目前已引进中种集团、九圣禾等种业企业 114 家、涉农类企业 939 家。

由陆向海。毗邻三亚崖州湾科技城的南山港，万吨级通用泊位投入使用，科考泊位等港口设施正加紧建设。自打造科考母港以来，南山港已服务 700 多个科考航次、40 家科研单位。三亚崖州湾科技城内，海洋产业类企业累计注册近千家。

由海向空。文昌国际航天城商业航天发射场项目工地上，工人们正忙着安装 1 号发射工位回转平台的挂座。海南国际商业航天发射有限公司党委副书记郭强说，"我们推动'出厂即发射'等流程优化和产业整合创新，努力提升商业航天产品和服务国际竞争力。"

文昌冯家湾现代化渔业产业园推动传统产业转型升级，吸引企业、科研院所集聚，打造水产种业的"南繁硅谷"；海口复兴城互联网信息产业园、海南生态软件园聚焦数字经济，引进相关企业超万家……截至目前，海南高新技术企业总数超 1500 家，研发经费投入强度连续 3 年位居全国前列，专利授权量近 5 年年均增长 50%。

（尚丹、李洋、路畅、廖睿灵参与采写）

（赵鹏　曹文轩　《人民日报》2023 年 07 月 14 日第 01 版）

海南扎实推进国家生态文明试验区建设
提升经济社会发展"含绿量"

位于海南海口国家高新技术产业开发区云龙产业园的裕同环保科技有限公司车间内，一只只纸碗、纸盒经过9条高速流水线全方位消毒后，由自动化设备进行包装、装箱，随后将发往欧洲市场。

"这些纸质产品不仅耐撕扯、防水油，还不惧200摄氏度的高温！"裕同环保科技有限公司相关负责人花杰介绍，"我们每天生产约50万只。"

2020年12月1日起，《海南经济特区禁止一次性不可降解塑料制品规定》施行。这是海南省推进国家生态文明试验区建设的标志性项目之一。像裕同环保科技有限公司这样的生物降解新材料生产企业，由此迎来发展的良好契机。截至2022年底，海口引入和在建的生物降解新材料生产企业超过15家。

海南扎实推进国家生态文明试验区建设，始终坚持生态优先、绿色发展，以良好的生态环境助推经济社会高质量发展。

"这是为了获得充足阳光拼命长高的野芭蕉，这是花朵和果实都长在树干上的大果榕，这是通过根系附生在大树上的鸟巢蕨……"在海南热带雨林国家公园，讲解员的讲解引人入胜。

海南热带雨林国家公园试点总面积达到4269平方公里，目前已构建起"大样地＋卫星样地＋随机样地＋公里网格样地"四位一体的森林动态系统，有效保护了热带雨林的生态系统完整性和生物多样性，形成了一批可复制、可推广的有效经验。

海南热带雨林国家公园面积占市域面积比例达63%，五指山市紧扣产业生态化和生态产业化的主线，积极探索绿水青山向金山银山转化路径，编制完成热带雨林"水库、钱库、粮库、碳库"规划初稿，与企业签订林业碳汇项目合作开发意向协议，着力发展热带特色高效农林产业、全域旅游产业等产业。

海南加快发展装配式建筑新产业。在临高金牌港开发区，龙庆东南（海南）绿色建筑有限公司总经理李彦国充满信心，"之所以选择在海南建厂，不仅看中了自由贸易港相关政策，还因为看好装配式绿色建筑在海南的发展前景。"

截至目前，临高金牌港开发区已进驻 19 家装配式建筑企业，其中 6 家企业已投产，2022 年实现产值 6.98 亿元，同比增长 377.03%。2023 年一季度，海南明确采用装配式建造的项目建筑面积约 436 万平方米，在新建建筑中占比超过 70%。

海南省生态环境厅相关负责人介绍，近年来，海南大力推动经济社会绿色低碳转型，热带雨林国家公园、清洁能源岛和清洁能源汽车推广、"禁塑"、装配式建筑、"六水共治"、博鳌零碳示范区 6 项标志性工程取得新进展，经济社会发展的"含绿量"不断提升。

（曹文轩　路畅　尚丹　《人民日报》2023 年 07 月 08 日第 02 版）

海南聚焦种业、深海、航天产业加强科技攻关
"关键变量"成为"最大增量"

时值盛夏，三亚崖州湾科技城内一派火热景象。围绕南繁种业和深海科技两大领域，科技城现已建成 16 个公共技术服务平台、注册企业 9649 家、进驻科研院所 19 家。

在海南，科技"关键变量"正转化为产业高质量发展的"最大增量"。着眼全国科技创新发展布局，用好独有的"温度深度纬度"优势，海南聚焦种业、深海、航天产业，加强关键核心技术攻关，研发经费投入强度增速连续 3 年位居全国前列。

走进崖州湾种子实验室，来自不同高校、团队的研究人员正操作着仪器加紧实验。"我做的是水稻方面的研究，通过降低土壤中氮肥使用量，把更多的水稻优良基因聚合到一个品种中，在实现稳产、优质的同时降低农业生产对环境造成的影响。"科研人员杜梅说。

"我们推动企业和崖州湾种子实验室共同推出'揭榜挂帅'项目，以此提升科研成果转化率。"三亚崖州湾科技城管理局党委专职副书记牛晶晶介绍，聚焦种业技术创新，企业出题、科研院校揭榜答题、市场"审卷"。

自 2021 年 11 月以来，崖州湾种子实验室已经联合企业开展了 3 期"揭榜挂帅"活动，累计推出 103 个课题项目，吸引了来自国内 76 所高校和科研院所的专业科研团队。

不仅"下地"，还要"入海"。

2023 年 6 月 11 日，随着"探索一号"科考船靠抵三亚，南海西北陆坡一号、二号沉船第一阶段考古调查工作宣告结束。历时 20 余天，500 多年前的神秘古代沉船再次显露身形。

深海考古是世界水下考古研究的前沿领域。崖州湾科技城南山港着力打造

科考母港，已服务 700 多个科考航次、近 40 家科研单位。截至 2023 年 5 月底，南山港已完成 295 航次科考船服务，同比增长近 3 倍。

三亚崖州湾科技城还积极推进深海科技创新公共平台建设，进一步支持南海立体观测网、南海海洋大数据中心等项目实施。以深海科技创新公共平台、深海技术实验室等平台为主体，海南全力推动国家深海基地南方中心平台建设。

要"入海"，也要"上天"。

从三亚向北 200 多公里，便是文昌国际航天城。在海南商业航天发射场施工现场，工作人员正忙着安装 1 号发射工位回转平台的挂座。海南国际商业航天发射有限公司党委副书记郭强说："我们加班加点，加快推进我国首个商业航天发射场建设，确保 2024 年二季度能按期首飞。"

这是文昌国际航天城平稳"起飞"的生动写照。作为海南自贸港 13 个重点园区之一，文昌国际航天城加快推进发射区、高新区、旅游区"三区"联动发展，加快培育火箭链、卫星链、数据链"三链"产业同构。

"头部企业、院所项目陆续落地园区，航天城产业链已逐步形成。2023 年一季度，园区实现营业收入 40.65 亿元，是 2022 年同期的 3.39 倍。"文昌国际航天城管理局常务副局长董承华介绍。

产业转型升级，不是简单的"加减法"，而是一项系统工程。海南省科学技术厅副厅长刘作凯介绍，海南正充分发挥自贸港开放政策优势，"陆海空"全面布局，高质量构建现代产业体系。"依托'陆海空'重大科技创新平台，海南加速聚集科技人才，逐步形成研发优势，加快转化成产业优势。"

（廖睿灵　李洋　孙海天　《人民日报》2023 年 07 月 07 日 第 03 版）

发挥自贸港政策优势，吸引配置全球资源
海南加快建设国际旅游消费中心

"逛免税店是我来海南旅游必不可少的一个环节。"来自广东深圳的曹女士，已是第三次到海南旅游。

海口海关发布的数据显示：自 2020 年 7 月 1 日海南离岛免税新政策实施至 2023 年 6 月 30 日，海关监管离岛免税购物金额 1307 亿元、购物旅客 1767 万人次、销售件数 1.75 亿件，比 2017 年 7 月至 2020 年 6 月分别增长 279%、92.6%、272%。

这是海南努力建设具有世界影响力的国际旅游消费中心的一个缩影。近年来，海南依托自贸港开放政策吸引和配置全球资源，做好免税购物、医疗、教育三篇文章，深入推进高质量发展。

离岛免税，已成为海南的"金字招牌"。3 年来，在营离岛免税店增至 12 家，基本覆盖海南的南、北、东线主要旅游城市；离岛免税政策不断优化，免税购物额度提至 10 万元，免税品类升至 45 大类，新增"担保即提""即购即提"等提货方式，实现了对飞机、轮船、火车 3 种离岛方式的全覆盖。

7 月 4 日，2023 第二届海南国际离岛免税购物节启动仪式在海口国际免税城举办。两个月的时间里，海南将陆续推出形式多样、丰富多彩的主题促销活动，并发放 2000 万元免税购物政府消费券。

高端医疗，是海南的另一张名片。得益于特许医疗、特许经营、特许研究等政策优势，越来越多知名医疗康养机构入驻海南博鳌乐城国际医疗旅游先行区。超 300 种特许药械在这里使用，特许药械审批时限大幅缩短，非首次审批平均只需 1.6 天。

为让患者既"用得上"又"用得起"，博鳌乐城国际医疗旅游先行区构建多层次医疗保障体系，连续 3 年推出乐城全球特药险。保险客户以几十元的价格，

就可获得最高 100 万元的特药费用保障。

"类似的创新举措还有很多。比如实施'带药离园'管理办法，有效解决患者每次使用特许药品必须住院的问题；推进真实世界数据研究，极大缩短全球创新药械进入中国市场的时间。"博鳌乐城国际医疗旅游先行区管理局宣传部部长闫路恺表示，未来将聚焦园区医疗机构专科发展，提高医疗质量，大力发展医疗旅游。

海南陵水黎安国际教育创新试验区，采取"大共享＋小学院"的办学模式，"打破了学校、学院、专业之间的界限，学生可以一校入学、多校选课、多地实践，并获得多个学位。"试验区管理局副局长王临平介绍，自 2020 年 6 月试验区正式挂牌以来，6 个合作办学机构（项目）获批。

海南省发展改革委副主任桂刚介绍，5 年来，海南离岛免税销售额超 1300 亿元，特许药械受益患者达 3 万余人次，引入国内外知名高校 45 所，"三篇文章越做越出彩"。

（孙海天　李洋　廖睿灵　《人民日报》2023 年 07 月 06 日第 03 版）

长三角科技创新和产业创新跨区域协同加快推进
"产业链好，企业才更好"

位于上海嘉定的新时达机器人超级工厂，有一款特殊标签的工业机器人：来自浙江衢州的伺服电机、江苏苏州的谐波减速机、安徽宣城的外壳精准集成，每12分钟就会下线一台。自2022年担任"全长三角造"机器人产业链的"链主"以来，新时达机器人联合上下游12家企业，累计下线4700多台效率更高、成本更低、应用更广的"全长三角造"工业机器人，有些还进入汽车整机产线，实现了国产品牌机器人进入该领域零的突破。

2023年11月30日，习近平总书记主持召开深入推进长三角一体化发展座谈会强调，长三角区域要加强科技创新和产业创新跨区域协同。

长三角一体化发展上升为国家战略5年多来，区域内的产业链、创新链不断融合，成为高质量发展的强劲增长极。截至2022年底，长三角研发经费投入达9386.30亿元，相比2018年的5951.89亿元增长57.70%，占全国比重达到30.49%。《2023长三角区域协同创新指数》报告显示，2018年以来，长三角区域协同创新指数年均增幅达11.17%，三省一市科技创新共同体建设加速推进。

"全长三角造"计划，正是上海牵头、苏浙皖协作的硕果之一。2022年7月，上海市经信委向苏浙皖有关部门发函，商请支持打造首款"全长三角造"机器人，以降低工业机器人核心部件依赖进口所导致的产业链、供应链风险。新时达机器人被推举为该计划的首轮"链主"。

"新时达约80%的供应商集中在长三角。当上'链主'后，我们和供应商的链接更紧密，合作也更广泛，产业链上的链接融合势必带来技术上的协同创新。"新时达机器人市场部经理张镇奎表示，长三角地区是我国机器人产业高质量发展集聚区，机器人产能在全国占比超过50%，赋能千行百业。

2023年初，新时达机器人接到一笔新订单，生产能为3C产品元器件点胶的桌面机器人。"我们原先生产的桌面机器人大多干搬运工的活，作业误差 0.8 毫米左右即可满足要求，而这个点胶机器人要求误差在 0.3 毫米，因此经常发生点歪的状况。"新时达产品研发和管理部总监范曾说，他们花了好几个月排查原因，最后发现问题出在机器人的铸件精度不够。

为了尽快解决这个问题，新时达找到了"全长三角造"联盟企业——铸件厂商苏州欧菲尔智能科技有限公司。双方联合开展技术攻关，不仅提升了铸件的精度，还改进了铸件加工工艺。"我们的加工工序从三道简化为两道，生产高精度铸件的一次通过率从 50% 提升至 100%。因为产品工艺改进，生产效率也提升了近 10%。"欧菲尔智能科技质量部经理钱云华说。

"产业链好，企业才更好。"在范曾看来，"全长三角造"不仅是做好自己的事，更是做好双赢、多赢、共赢的事。"这不仅有助于提升上下游产品的技术性能，更稳定了我们整机生产企业的供应链。"过去，工业机器人关键传动部件 RV 减速机绝大部分依赖进口，供应商要求提前至少三四个月订货，一次性订货至少 50 台，而且要先支付全部货款，企业的资金压力、库存压力都很大。"使用国产部件后，我们的订货期缩短到一个半月，成本降低近 50%。"范曾说。

加速国产替代、实现自主可控，新时达为此努力了十几年。他们依托设在超级工厂里的"国家企业技术中心"，与浙江双环传动机械股份有限公司合作，自主研发出了 RV 减速机。目前，新时达生产的 4 万多台机器人中，有 30% 装配了国产的 RV 减速机。

"机器人'全长三角造'，使供应链距离更短、更集中，交付周期更有保证，最终使整个区域的工业机器人实力迈向新高度。"上海市经信委智能制造推进处副处长吴春平说，下一步，长三角区域合作办公室和沪苏浙皖工信部门，将酝酿推出第二轮"链主"企业。

眼下，上海正在推动万台工业机器人进智能工厂，加快推进国家级人形机器人制造业创新中心建设，打造集技术研发、成果孵化、人才培育、平台支撑为一体的创新生态，攥指成拳，推动长三角更高质量一体化发展。

（黄晓慧 《人民日报》2024 年 05 月 31 日 第 04 版）

长三角地区聚力推进一体化发展
携手共进谱新篇

长三角一体化发展，近日频传好消息：

全国首个跨省域国土空间详细规划在长三角生态绿色一体化发展示范区发布，"数字长三角共建联盟"揭牌，长三角政务服务跨省通办远程虚拟窗口上线发布……

上升为国家战略以来，长江三角洲区域一体化发展全面发力，一体化发展的美好蓝图不断化为生动现实。

卫星视角展现活力，长三角中心区域灯光亮度不断增强，连接城市的灯光带越来越密集；统计数据折射发展，长三角 GDP 过万亿元的城市增加到 8 个，数量占全国 1/3；流动速度凸显融合，半小时通勤圈、1 小时生活圈、3 小时高铁圈、24 小时包邮圈，长三角区域联系显著增强。

习近平总书记强调，"实施长三角一体化发展战略要紧扣一体化和高质量两个关键词，以一体化的思路和举措打破行政壁垒、提高政策协同，让要素在更大范围畅通流动"。

殷殷嘱托催人奋进。从山水相连到人缘相亲，再到携手并进，沪苏浙皖共绘"一幅图"、共下"一盘棋"、共建"一张网"，聚力开创长三角一体化发展新局面。

协同发力，构筑高质量发展新优势

"把长三角一体化发展的文章做好，使之成为我国发展强劲活跃的增长极。"习近平总书记对长三角一体化发展提出明确要求。这激励着长三角三省一市从"好邻居"变身"合伙人"，在一体化发展的道路上共享发展红利。

前不久，斯凯孚轴承生产基地二期项目在浙江衢州常山县顺利投产。公司相关负责人施波感慨，在长三角，从供应商到客户，从原材料、生产到物流各个环节，全链条贯通，"我们非常看好长三角的发展。"

一体化，不是简单的"1+1=2"，而是优势互补、协同发力，形成高质量发展的新优势。

聚拢要素、联合攻关，点燃长三角创新引擎。

上海德福伦新材料科技有限公司近日迎来好消息：多功能复合纤维难以实现高添加量的问题解决了！"遇到技术难题，现在可以在平台提需求。"企业负责人说。

2023年初，由长三角国家技术创新中心牵头组织的浦东新区揭榜挂帅公共服务平台正式启动。德福伦第一时间发布技术需求，没过多久，江苏南通创新区的一家研究所揭榜，双方签订了技术委托合同。

在长三角地区，通过"揭榜挂帅"方式，实现产业体系协同创新、联动发展的实践越来越多。截至2023年4月下旬，揭榜挂帅公共服务平台共发布114个企业技术需求榜单。从对接需求到揭榜成功，有的企业仅用了3天。

长三角G60科创走廊、沿沪宁产业创新带串起产业链、创新链；长三角国家技术创新中心、长三角国家科技成果转移转化示范区联盟搭起平台、汇聚创新要素……近几年来，长三角区域协同创新指数年均增速达到9.47%，23个大科学装置、4万余台大型科学仪器开放共享，长三角科技创新券在更大范围实现通用，高水平科技供给有效支撑着区域经济高质量发展。

夯实根基、握指成拳，共建世界级产业集群。

"研发在上海，生产在平湖，建厂成本更低，交通还很便捷。"瞄准长三角汽车产业集群区位优势，皑壹汽车科技公司选择落户浙江嘉兴平湖市，"政府为我们提供了4000平方米厂房用地，预留了研发中心，一举解决了企业的后顾之忧。"企业负责人张志军说。

早在2019年，平湖市就联合上海嘉定区、浙江温州、江苏昆山和太仓四地，共同成立长三角汽车产业创新联盟。截至2023年4月，平湖已拥有汽车及零部件生产企业 310 家，年产值超 350 亿元，累计从上海引进内外资项目超过 350 个。

全力打造新能源汽车和智能网联汽车世界级产业集群，谋划建设长三角区域量子通信城际干线网络……工信部公布的 45 个国家先进制造业集群名单中，长三角地区占四成，不断提升在全球价值链中的优势。

深化改革、打通堵点，提高一体化能效。

由安徽芜湖港口高处俯瞰，左侧，大型桥吊作业有条不紊；右边，一辆辆新车集结滚装码头堆场，静待装船"出海"。

不用转关申报，省掉二次运抵手续，这批由奇瑞汽车股份有限公司生产的汽车，即将经由上海洋山港远赴重洋。"以前通关手续繁琐，运输时间长，成本也高。"奇瑞汽车国际公司高级副总经理冯平说。2021 年，芜湖海关启动洋山港—芜湖港"联动接卸"监管新模式，港口货物进出口实现"一次申报、一次查验、一次放行"。冯平算了笔账，如今出口每标箱能减少物流成本 600 元，进口每标箱也能省 400 元。

先行先试、制度创新，长三角各地主动疏通制度堵点，积极打造市场化、法治化、国际化的一流营商环境，赢得企业称赞、市场叫好。截至 2023 年一季度末，长三角"一网通办"累计全程网办超过 642.63 万件，长三角数据共享交换累计达 8.02 亿条。

共建共享，加速扩容民生"幸福圈"

"你是哪里人？"

"我是长三角居民。"唐珊洁总是这样笑呵呵作答。

定居在昆山，工作在上海，常常去苏州、湖州度假，便捷的交通让唐珊洁轻松玩转长三角。

习近平总书记指出，"要多谋民生之利、多解民生之忧，在一体化发展中补齐民生短板""要探索以社会保障卡为载体建立居民服务'一卡通'，在交通出行、旅游观光、文化体验等方面率先实现'同城待遇'"。沿着习近平总书记指引的方向，长三角三省一市推动基础设施互联互通，积极对接公共服务，让生活"同城化"和"品质化"，成为2.37亿"长三角人"对一体化高质量发展的最直接感受。

一体化发展，是区域协调发展的高级形态，是长三角发展的重点、难点，也是着力点、突破点。

互联互通，长三角"交通圈"愈发高效。

周五傍晚，上海虹桥火车站，唐珊洁准时坐上G7635次列车，1小时52分后，顺利抵达浙江湖州。

"下班出发，不到3小时，就能在湖州安吉的竹海里呼吸清新空气。"唐珊洁说。跨省过周末背后，是长三角便利的交通网络。

2023年6月16日，苏州轨交11号线开启"万人试乘"活动。这条线路即将投入运营，其中"花桥站"与上海轨交11号线相通。届时，上海、苏州市民通过地铁换乘就能相互串门。早餐吃苏州奥灶面，中午品阳澄湖大闸蟹，晚上在上海迪士尼赏烟花，只需一张地铁票就能无缝连接"双城生活"。

地铁、公路、铁路，交通网络越织越密。截至2022年底，长三角高铁营业里程达6704.4公里，占全国1/6，以上海为中心的0.5小时至3小时高铁都市圈已经形成；长三角高速公路规模达1.67万公里，拥有省际高速公路接口33个。

高效衔接，长三角"生活圈"愈发紧密。

"新鲜的枇杷，现在摘下来，明天上午就能到达上海消费者的餐桌。"江苏苏州吴中区东山镇的枇杷果农张大哥，在枇杷树下包装新鲜果实，身边，快递小哥等候随时发车。

夕发朝至，鲜果送达。张大哥感叹，以前苏州的枇杷到上海需要2天时间，影响新鲜度。现在，从果树到舌尖，只需一张快递单，长三角居民可遍尝鲜果美味。

跨省公交，说走就走。"坐上611路公交，可直达江苏省人民医院浦口分院就医看病，也能到南京老山国家森林公园锻炼身体。"安徽滁州市民高凤鹏乘坐的这趟611路，是南京市开行的一趟跨省公交，由东向西经过江苏省南京市浦口区，直达安徽省滁州市南谯区。"跟长途车比起来，跨省公交车次多，更方便。"高凤鹏说。

截至2022年底，长三角已开通省际毗邻公交线路95条，支撑起长三角的"同城记"。

资源共享，长三角"幸福圈"加速形成。

挂号、就诊、结算……在浙江嘉兴嘉善县第一人民医院，市民董丹丽只需出示家人的医保电子凭证，医生就直接为她结算。

"公公是上海人，以前在嘉善配高血压药只能先垫付现金，再凭发票、病历、清单等回上海手工报销，20多个工作日才能到账。"董丹丽说，现在通过门诊慢特病跨省直接结算，在上海备案后，就能直接在嘉善结算，特别省心。

地处长三角城市群的核心区域，嘉善与上海、苏州等地往来密切，这样的便民举措令不少群众点赞。

"我们对上海青浦区、苏州吴江区等往来较为密切地区人员，还实施了免备案异地直接结算，并享受同城化待遇，持续推进长三角异地就医直接结算。"嘉善县医疗保险服务中心副主任杨爱萍说。

率先启动异地就医门诊费用直接结算试点，长三角41座城市的1.5万余家医疗机构，均可跨省直接结算，累计惠及1300万人次；累计发行超4000万张可在区域内通用的第三代社保卡；长三角区域公共图书馆、国有博物馆、A级旅游景区支持社保卡一卡通用……从共建到共享，坚定不移地增进民生福祉，"长三角人"的"幸福圈"正不断扩容。

绿色发展，合力绘就高质量发展底色

"长三角地区是长江经济带的龙头，不仅要在经济发展上走在前列，也要在生态保护和建设上带好头。"牢记习近平总书记的嘱托，三省一市协调共进，合力推进长三角生态绿色一体化发展示范区建设。

绿色是高质量发展的鲜明底色，也是长三角一体化发展的题中之义。

碧水蓝天映照协同治理决心。

早上 8 点半，安徽滁州全椒县十字镇镇级河长李灯冰赶到陈浅村。没过多久，来自江苏南京浦口区的河长跨桥而至。查看污水处理设施，确认养殖尾水未进入天然河道……两位河长一天的联合巡河工作就此开始。

2022 年底，南京都市圈联合河湖长制启动，江苏、安徽两省九市共治一方水，都市圈河湖由"各管各"变成了"联合治"。联合巡河每月一回，2023 年以来李灯冰已参加 5 次。"跨省联合巡护，实现跨界河湖边界区域监管全覆盖。"

周一下午，安徽省生态环境监测中心工程师赵旭辉将梳理出的安徽未来 7 天空气质量结果，发往在上海的长三角区域空气质量预测预报中心进行综合研判。

"每周一次的环境空气质量预报会商，提高了区域环境空气质量预测的准确率，为制定区域联防联控政策提供技术参考。"赵旭辉介绍。近年来，长三角区域内有 41 个地级及以上城市空气质量监测数据实现共享，联合进行空气质量预测预报。

浙皖交界处，全国首个跨省流域生态补偿提档升级，2023 年补偿资金总盘增至 10 亿元；长三角建立长江口禁捕管理工作协调机制，联合开展整治行动，长江水生生物多样性持续提升；2022 年，长三角 594 个地表水国考断面中优良水质断面比例达 92.1%，41 个城市平均空气质量优良天数比例为 83.0%……山水相连、水气相依的长三角，奏响绿色"协奏曲"，共谱生态"新乐章"。

向绿而行彰显新发展理念。

2023 年 5 月，位于长三角生态绿色一体化发展示范区的元荡生态岸线贯通工程三期完成，上海大观园、元荡慢行桥、智慧门户湾、诗画江南湾等一批景点，成了周边居民游玩的打卡点。

昔日的元荡湖深受污染困扰。约 13 平方公里的湖泊水面积，3/4 属江苏吴江，1/4 属上海青浦，无人负责无人管理，水质常年为劣五类水质。随着长三角生态绿色一体化发展示范区建设，沿湖污染源成为清水绿岸，元荡生态岸线逐步打开，优美的生态空间成为休闲好去处。

低碳发展，点绿成金。2022 年，长三角以 3.2% 的能源消费增速，支撑了 8.1% 的 GDP 增速；以占全国 16.7% 的能源消费总量，产出了 24.1% 的 GDP、26.6% 的税收收入，提供了 21% 的城镇就业机会。好生态引来金凤凰。近期的一场招商引资对接会上，共有 9 个重点项目签约长三角地区，3 个重点项目揭牌，总投资约 154 亿元。

江海潮涌处，扬帆奋进时。在习近平新时代中国特色社会主义思想引领下，勇于担当，主动作为，大胆突破，江海交汇、河湖相通的长三角正携手共进，推动长三角一体化发展不断取得更加丰硕的成果，绘就一体化高质量发展新图景。

（巨云鹏、宋静思、窦瀚洋、游仪参与采写）

（李心萍　欧阳洁　韩鑫　《人民日报》2023 年 06 月 21 日第 01 版）

推进长三角现代化产业体系建设

长三角一体化发展上升为国家战略以来，产业体系建设成效显著，区域发展潜力稳步提升。先进制造业集群加快崛起，装备制造、新一代信息技术等战略性新兴产业呈现集群集聚发展态势。三省一市依托自身制造业基础，深化横向联合，强化优势互补，汽车、生物医药、船舶和航空高端装备等产业协同发展水平不断提升。产业链供应链跨省协作机制日趋完善，跨区域产业链供需对接、标准统一和政策协同有力保障了区域内重点产业链稳定。总体看，以制造业为主体的产业体系已成为引领长三角一体化的"强引擎"。

当前，长三角地区人才富集、科技水平高、制造业发达、产业链供应链相对完备，现代化产业体系建设的基础条件扎实。新一轮科技革命和产业变革深入发展，也为推进长三角一体化高质量发展提供了难得机遇。我们要发挥好长三角地区在开放、创新方面的资源禀赋优势，推进长三角现代化产业体系建设，为实体经济提质增效注入强劲动力，为区域经济发展提供有力支撑。

推进长三角地区现代化产业体系建设，要在前期成绩的基础上，扎实贯彻党的二十大报告关于促进区域协调发展的决策部署，把战略导向转化为一件件具体举措。

创新发展贵在"协同"。长三角内部在创新链上各具特色，做好创新链协同，有利于更好发挥集成效应。要围绕产业链布局创新链，让创新活动有实实在在的产业需求支撑。要持续优化创新环境，营造宽松的创新氛围，鼓励各类经营主体特别是专精特新企业开展工艺、技术创新。在推进制造业高端化、智能化、绿色化的进程中，要选准创新路径，发挥好工业互联网的关键作用，加大对创新活动的集中支持力度，让长三角地区的新技术、新业态、新模式最大限度释放发展潜能。

产业发展贵在"集群"。长三角现代化产业体系的构建，是在良好产业发展基础上的再次迭代。要在新一代信息技术、人工智能、生物技术、新能源、新材料、高端装备、绿色环保等方面打造一批新的增长引擎，按照产业链供应链集约高效建设的导向，培育一批先进制造业产业集群，在集群内促进先进制造业和生产性服务业深度融合，提升区域产业体系的能级和质量。

配套体系贵在"完备"。产业体系建设离不开人力资源、土地、能源、资金等方方面面的保障。要针对长三角地区产业发展实际，分门别类做好配套保障。人才方面，在人才引进、社保接续、激励举措等方面探索出台更加便利化的举措。其他要素保障方面，要按照可持续、高效率的原则挖掘存量潜力、拓宽增量空间，探索国土空间相互转换的机制和途径，推动要素投入产出在高水平上实现动态均衡。此外，要结合区域发展实际，积极探索产业政策实施方式，与竞争政策有效互补，在推动区域产业转型升级、打造新的产业增长引擎、前瞻布局未来产业发展等方面，发挥好产业政策的引导作用。

（刘志强整理）

（魏琪嘉 《人民日报》2023 年 06 月 19 日第 11 版）

长三角地区奋力推动高质量发展
风劲潮涌奋楫先

大江奔流，以万里积蓄之力，在东海之滨孕育一片发展热土。

"四叶草"迎风绽放，国家超级计算无锡中心里争分夺秒，数字西湖一键导游，巢湖之滨全超导托卡马克核聚变实验装置、"九章"量子计算原型机等高精尖技术让人目不暇接……

长三角，35.8万平方公里，不到国土面积的4%，创造着中国近1/4的经济总量，超过1/3的进出口总额。

长三角，中国经济发展最活跃、开放程度最高、创新能力最强的区域之一，在国家现代化建设大局和全方位开放格局中的战略地位举足轻重。

习近平总书记强调："要深刻认识长三角区域在国家经济社会发展中的地位和作用，结合长三角一体化发展面临的新形势新要求，坚持目标导向、问题导向相统一，紧扣一体化和高质量两个关键词抓好重点工作，真抓实干、埋头苦干，推动长三角一体化发展不断取得成效。"

奋力打造全国发展强劲活跃增长极、全国高质量发展样板区、率先基本实现现代化引领区、区域一体化发展示范区、新时代改革开放新高地……牢记习近平总书记的嘱托，上海、江苏、浙江、安徽三省一市全面贯彻落实党的二十大精神，牢牢把握高质量发展这个首要任务，一幅中国式现代化的长三角新图景正加速绘就。

踏上这片充满活力的土地，感受高质量发展的澎湃动能，聆听中国式现代化的时代强音。

贯彻新理念，勇当高质量发展排头兵

清晨的义乌西站，一声汽笛鸣响，满载小商品的"义新欧"班列启程前往

西班牙马德里，开启中国小商品"卖全球"的新旅程。市中心的义乌国际商贸城内，7.5万家商铺笑迎八方来客。

曾经，"鸡毛换糖"起步，义乌小商品逐步走向世界；今天的义乌小商品，在新发展理念指引下越卖越红火。

47个行业商会、1.5万余名设计师助力创新研发，布局185个海外仓，7.5万个商铺同步上云，在便利通关等多个领域出台改革措施100多项……2023年一季度，义乌市进出口总值达1184.4亿元，同比增长11.4%，"世界超市"喜迎开门红。

小商品折射大活力。2023年以来，作为中国经济重要增长极的长三角地区经济承压前行，"底盘"稳固，亮点纷呈，彰显高质量发展的强大韧性与底气。

蓬勃发展的经济、水韵灵动的画卷、书香浸润的文化、温暖富足的生活……2023年5月20日，《水韵江苏2023》宣传片亮相第三届江苏发展大会，一批百亿级重大产业项目成功签约。一手补足短板，一手锻造长板，江苏聚链成群，奋力筑起高质量发展的"高原"。

403秒！位于安徽合肥的世界首个全超导托卡马克核聚变实验装置取得重大成果，稳态长脉冲高约束模式等离子体运行时间刷新世界纪录。以可控核聚变阶段性成果为代表，安徽省大科学装置持续发力，催生了一系列尖端科技成果，为推动高质量发展注入强劲动能。

在上海，第四届"五五购物节"启动首月线下消费日均近80亿元，而线上举办的"2023上海双品网购节暨数字生活节"实现网络零售649亿元，高质量发展扮靓高品质生活。

勇当高质量发展排头兵，2023年一季度，沪苏浙皖国内生产总值（GDP）总量逼近7万亿元大关，GDP增速均保持稳定增长，呈现出经济持续复苏回升的良好发展态势，高质量发展活力持续迸发。

笔者沿着一条高速公路，探寻这里的发展密码。

松江区，曾经是上海的农业区、传统制造业区。2016年初，松江区对G60高速公路沿线产业布局进行深入调查研究，最终得出结论：谋求转型发展，必须向规划要品质、向存量要空间、向科创要动力、向质量要效益。

　　贯彻新发展理念，松江区将上千亩房地产用地调整为工业用地，沿 G60 高速公路前瞻布局，锐意推动长三角地区分工协作，把产业链规模做大，G60 成为名副其实的"科创走廊"。

　　历经两次扩容，如今的 G60 科创走廊已纳入合肥、芜湖、宣城、湖州、苏州、嘉兴、杭州、金华 8 座长三角城市，九城贡献了全国 1/15 的 GDP，松江变身长三角地区重要的先进制造业集聚地、科创策源地。

　　"实现高质量发展，必须坚持创新在现代化建设全局中的核心地位，加强企业主导的产学研深度融合，提高科技成果转化和产业化水平。"芜湖市科技局局长曹洁说。

　　"向创新要动力，向质量要效益。"行走长三角，听到最多的，是对新发展理念的深刻理解，看到最多的，是高质量发展的行动自觉。

　　从 20 世纪 80 年代的饭菜票，到 90 年代各式手提袋、台挂历，"印刷城"温州龙港闻名全国。然而传统产业的同质竞争，让这里的发展日渐乏力。

　　"传统产业不是不可以发展，关键是怎么实现高质量发展，没有科技赋能的印刷只能算是粗加工。"龙港市印刷包装行业协会执行秘书长梁孝克感慨。

　　通过 AR（增强现实）技术，平面印刷图案在电子屏幕上栩栩如生，还能与人互动；借助 NFC（近场通信）技术，手机与名片轻轻一碰，信息即被传输至通讯录……转型升级迈大步，龙港全市印刷产业 2022 年科研投入比前年增长44%。

　　"以创新论英雄""以亩产论英雄""以碳均论英雄"……在长三角，许多地方正以新的考核机制开路，用市场力量倒逼，退出低端无效产能，扩大中高端有效供给，推动经济结构实现整体升级。

构建新格局，勇当科技和产业创新开路先锋

　　"中国自力更生路上的'里程碑'！"2023 年 5 月 28 日，国产大飞机C919 圆满完成首个商业航班飞行。这背后是对长三角地区科技创新和制造业实力的检验。

　　"公司圆满完成两万余个零部件的力学性能检验。"说到参与 C919 试飞取

证的检验工作，航天海鹰（镇江）特种材料有限公司董事长高志强满脸自豪。

C919 总装所需约 10% 的零部件、50% 的铝材和 50% 的复合材料结构件是"镇江制造"；航空工业合肥航太电物理技术有限公司为飞机雷达罩进行雷电防护试验；浙江西子势必锐航空工业有限公司提供空气冲压涡轮发电机舱门……上海、合肥、杭州、苏州、镇江等长三角城市加快自主创新、强链补链，共圆中国人的"大飞机梦"。

"长三角区域要发挥人才富集、科技水平高、制造业发达、产业链供应链相对完备和市场潜力大等诸多优势，积极探索形成新发展格局的路径。"习近平总书记对长三角一体化发展提出的明确要求，激励长三角地区干部群众锐意进取、奋勇争先、埋头苦干，勇当我国科技和产业创新的开路先锋，率先形成新发展格局。

长三角不仅要提供优质产品，更要提供高水平科技供给，支撑全国高质量发展。

安徽合肥高新区，远近闻名的"量子大道"，是全球首颗量子科学实验卫星"墨子号"、首条量子保密通信网络"京沪干线"、首台光量子计算机的诞生地。

走进国盾量子科技园，合肥量子城域网总控制中心大屏上，8 个核心网站点、159 个接入网站点辐射的光波，织就一张覆盖合肥的量子密钥分发网络，成为国盾量子坚持自主可控、壮大产业生态的缩影。

2022 年 8 月，中国规模最大的量子城域网——合肥量子城域网正式开通。"量子通信产业转化成熟、规模化应用很广，合肥量子城域网已链接超 90 项业务。"科大国盾量子技术股份有限公司技术专家谷风波告诉笔者，量子通信技术从实验室走向产业化，国盾量子从最初只有十几个人的创业团队到成功上市，已成长为国家高新技术企业、专精特新"小巨人"企业。

同样在合肥，新型显示产业"从无到有"，打破"缺屏之痛"。京东方累计投资超 1000 亿元，提供就业岗位超 2.5 万个，带动 100 多家配套企业来当地发展，合肥已成为世界上最大的显示屏基地之一。

上海是开放前沿、创新高地，江苏实体经济强劲，浙江民营经济发达，安徽拥有门类较为齐全的工业体系和厚积薄发的科技资源……三省一市，单拎出来一个，都是响当当的角色。今天，伴随长三角一体化发展战略扎实推进，四地携手前行、一体化发展，为率先形成新发展格局打牢坚实基础。

这是高级工程师朱向莹的一天：7点，上海浦东家中早餐；8点，在浦东张江产业园恒驭生物研发中心讨论研发项目进展；14点，在嘉善经开区的恒驭生物检测中心二期办公；19点，回到浦东家中。

作为复旦大学毕业的博士生，朱向莹所创立的恒驭生物已成为全球生命医疗创新企业赛道中的黑马，为何要选择两地发展？

"浦东公司主攻研发和销售，嘉善公司主要负责产业化，能够充分满足公司各方面发展需求。"朱向莹举例说，凭借嘉善为企业提供的创新券，公司两年内分别向浙江大学、复旦大学购买了超过百万元的研发服务，极大推动了企业加速创新发展。

协同推进长三角港航一体化发展、共同筹建长三角国家技术创新中心、建立长三角科技创新共同体联合攻关合作机制、加强数字经济跨区域合作、同步举办"五五购物节"活动……高标准规划，高质量推进，共同探索形成新发展格局的路径，沪苏浙皖携手奋进迈向未来。

打造新高地，在新起点上全面深化改革开放

虹桥，上海人耳熟能详的交通枢纽，而今天的长三角人，更喜欢叫它"大虹桥"。

总面积7000平方公里、覆盖长三角14个区县……2021年2月，《虹桥国际开放枢纽建设总体方案》获批，擘画出"一核两带"的发展蓝图，引领长三角高质量发展。

从上海的虹桥到长三角的虹桥，三省一市通力协作，共建开放的"大虹桥"：上海虹桥国际中央商务区正加快打造区域开放型经济新高地，苏州打造"北向拓展带"，嘉兴加速构筑"金南翼"，合肥打造国际金融后台服务基地。

国际化、世界级，是长三角的鲜明气质。展开地图就会发现，作为横贯东西、畅通南北、连接陆海的重要枢纽，长三角是沿海经济带、长江经济带、"一带一路"的重要交汇点，大枢纽联通全球，46个开放口岸星罗棋布，开放"家底"

相当殷实。

"着力落实新发展理念，构建现代化经济体系，推进更高起点的深化改革和更高层次的对外开放，同'一带一路'建设、京津冀协同发展、长江经济带发展、粤港澳大湾区建设相互配合，完善中国改革开放空间布局。"首届中国国际进口博览会开幕式上，习近平总书记赋予长三角一体化发展战略重大使命。

沿着习近平总书记指引的方向，三省一市奋力打造高水平开放平台，对接国际通行的投资贸易规则，放大改革创新叠加效应，培育国际合作和竞争新优势，营造市场统一开放、规则标准互认、要素自由流动的发展环境，构建互惠互利、求同存异、合作共赢的开放发展新体制。

"6+365天"，上海虹桥进口商品展示交易中心（虹桥品汇）的直播间里，琳琅满目的进博会"网红"产品与市民"零距离"。

"进博会溢出带动效应持续放大。"上海虹桥国际进口商品展销有限公司总经理蔡军说，截至目前，虹桥品汇平台累计让7万多款展品变商品，在全国开设了21家分中心，2022年平台交易额近120亿元。

"吃改革饭、走开放路、打创新牌"，一路走来，长三角始终保持着改革开放再出发的蓬勃朝气和昂扬锐气，加快打造改革开放新高地。

从土地摘牌到正式开工，仅用一周；从签约到产品下线，仅用5个月，这是信义新能源材料有限公司在安徽自贸试验区芜湖片区感受到的发展加速度。

"拿地即开工"，申请材料精简72%，得益于"分段施工许可＋承诺制＋容缺受理"审批新模式，短短一年间，信义集团已接连在芜湖投资智能装备、光伏、设备出口等各类项目6个，总投资达100亿元。

从2013年中国第一个自由贸易试验区——上海自贸区开启"破冰之旅"，到2020年中国（安徽）自由贸易试验区揭牌，长三角地区已实现自贸试验区全覆盖。坚持先行先试、制度创新，对标国际一流标准改善营商环境，长三角以开放、服务、创新、高效的发展环境吸引海内外人才和企业安家落户。

"2019年至2022年共推出制度创新成果112项，复制推广38项，着力推进重点项目108个，形成高质量发展重要支撑。"长三角生态绿色一体化发展示范区执委会副主任张忠伟说。

天蓝海阔、百舸争流，上海洋山港的四期码头，无人驾驶搬运车来回穿梭，将集装箱送到堆场指定位置，可实现 24 小时连续作业。

洋山港四期，在"一带一路"倡议和长江经济带国家战略中应运而生，又在服务融入国家战略中发展壮大。近年来，随着"一带一路"建设和自贸试验区建设、长江经济带发展等重大国家战略的实施，洋山港吞吐量连年创新高，国际中转与水水中转比例持续增长，国际枢纽港地位逐渐确立。

"洋山港是临港新片区的重要组成部分，也是上海国际航运中心的重要标志，要对标世界最高标准最高水平，利用临港新片区的设立和政策制度创新，努力服务好新时代的国家发展战略。"临港新片区管委会有关负责人表示。

海铁联运、铁水联运，如今，越来越多人流物流从长江经济带汇聚长三角，又从这里联通"一带一路"。在洋山港，近百条国际航线互连互通，见证新时代高质量发展的巨轮巍然前行。

"从长三角出发，辐射全国，对接世界""把长三角一体化发展放在国家区域发展总体战略全局中进行统筹谋划""服务国家发展大战略、大格局"……行走长三角，时时刻刻感受着高质量发展的大胸怀、大手笔、大气魄。

海纳百川，聚势向前。坚持以习近平新时代中国特色社会主义思想为指导，勇立潮头、披襟向洋的长三角，正在新征程上谱写高质量发展新篇章。

（方敏、白光迪、窦皓、田先进、欧阳洁参与采写）

（余建斌　吴秋余　常钦　《人民日报》2023 年 06 月 15 日第 01 版）

推动京津冀协同发展不断迈上新台阶

渤海之滨，澎湃发展动力；燕赵大地，劲吹一体东风。

作为引领全国高质量发展的三大重要动力源之一，京津冀区位优势显著。京津冀协同发展，正在宏阔的时空维度中稳步推进；三地干部群众在奋斗之路上驰而不息，书写新时代高质量发展的新篇章。

党的十八大以来，习近平总书记召开 3 场座谈会，亲自谋划、亲自部署、亲自推动，京津冀协同发展不断迈上新台阶。2022 年，京津冀经济总量突破 10 万亿元，交出亮眼成绩单。

"实践证明，党中央关于京津冀等重大区域发展战略是符合我国新时代高质量发展需要的，是推进中国式现代化建设的有效途径。"2023 年 5 月 12 日，习近平总书记在深入推进京津冀协同发展座谈会上一锤定音。

展望新征程，习近平总书记强调："以更加奋发有为的精神状态推进各项工作，推动京津冀协同发展不断迈上新台阶，努力使京津冀成为中国式现代化建设的先行区、示范区。"

减势能之差，增动能之和

一段时间里，"北京吃不了、天津吃不饱、河北吃不着"。如何破除利益藩篱、消解行政隔阂，真正使京津冀发展的"势能之差"变为"动能之和"？

2014 年 2 月，习近平总书记主持召开座谈会，听取京津冀协同发展专题汇报。由此，京津冀协同发展上升为国家战略。

以"疏"为"进"，以"减"提"质"。京津冀协同发展，牢牢牵住疏解北京非首都功能这个"牛鼻子"。

如今，曾经熙熙攘攘的北京市动物园批发市场已华丽转身，正加速打造金融和科技产业融合发展承载地。这一变化，是北京减量发展的缩影。北京成为全国第一个减量发展的超大城市，首都功能不断优化提升。

京津冀如同一朵花上的花瓣，瓣瓣不同，却瓣瓣同心。协同创新与产业协作是京津冀协同发展的关键支撑和实体内容。

"每周二，我都会带着北京总公司的研发方案回来，在宝坻完成产品的试制、批量生产。"天津新松智能科技有限公司产品总监南晓伟说，近年来，新松智能将生产线转移至天津市宝坻区京津中关村科技城，"北京的科技创新优势与天津的先进制造研发优势紧密结合，让公司驶入'快车道'。"

目前，京津中关村科技城已初步形成新一代信息技术、高端装备制造、新能源与新材料、生物医药与医疗器械四大产业集群，并与北京中关村形成产业链协同，逐步向北京重大项目零部件配套基地建设演进。京津冀协同发展战略实施以来，天津已累计引进北京企业投资项目超 7000 个，到位资金超 1.2 万亿元。

在河北省晋州市的河北兰升生物科技有限公司，工作人员正通过智能中控室进行远程调控。不远处，全自动化生产车间里机器持续运转，成批次的烯草酮原药产品从这里销往国外。

烯草酮是除草剂，化学结构复杂，生产工序繁多。"得益于京津冀协同发展战略深入推进，2018 年公司与中国科学院合作，通过创新，有效攻克技术难题，实现连续化生产。近 3 年销售收入共计 19 亿元。"公司总经理苑立刚说。

实施重大科技成果转化专项，加快行业共性技术成果扩散，激励技术转移机构开展服务……近年来，河北主动对接京津资源，加速推动协同创新，不断助推高质量发展。2022 年，河北共吸纳京津技术合同成交额 403 亿元，同比增长近 14%。

日月其迈，岁律更新。

随着协同创新与产业协作不断加速，京津冀地区技术、资金流动日益频繁，人员、资源往来日益密切。2013 年至 2022 年，北京输出津冀技术合同由 3176 项增长至 5881 项，成交额由 71.2 亿元增长至 356.9 亿元。

9 年多时间，京津冀协同发展的号角持续吹响，发展的力量不断汇聚。北京逐步从"大而全"转向"高精尖",天津切实以"引得来"巩固"发展好",河北不断用"接得住"实现"升级跳"。

以协同发展,构建新格局

推动高质量发展需要"全国一盘棋"。既需要从全局谋划一域,也需要以一域服务全局。

立足 21.6 万平方公里区域,扬帆渤海浩渺波涛。无论是从国内区位还是国际经纬来看京津冀,它的格局与气象都无比宏阔。

"京津冀协同发展作为区域协调发展战略的先行和示范,肩负着服务构建新发展格局的历史使命。"南开大学京津冀协同发展研究院秘书长张贵说。

渤海湾畔,汽笛悠扬。

"绿"电供应起落装置,北斗导航装卸车辆,天津港"智慧零碳"码头一片繁忙景象。

自 2021 年 10 月正式运营以来,这一全球首个"智慧零碳"码头吞吐量超 150 万集装箱,其中超一半货物来自京津冀。

"环渤海支线开通后,为我们节省了 20% 的成本,极大提升了产品在南方市场的竞争力。"河北正元氢能科技有限公司副总经理孙建说,他们公司约三成的主要产品经由天津港中转到福建等地。

作为京津冀的"海上门户",近年来,天津港在推动区域高质量发展、服务构建新发展格局中持续发力。

目前,天津港已开通运营至北京平谷的集装箱班列,建成天津港集团雄安新区服务中心,开通至河北邢台、高邑等地海铁联运班列。近 4 年来,天津港环渤海内支线运量年均增长 50% 以上。

打通大动脉,畅通微循环。随着"轨道上的京津冀"加速形成,目前区域营运性铁路总里程达 10933 公里,京津冀主要城市 1 至 1.5 小时交通圈已基本形成。

"在全球坐标中,京津冀区域对于推动全国高质量发展、拓展对外循环具有重要作用。"张贵说。

黄骅港作为我国西煤东运、北煤南运的重要枢纽港口，与"一带一路"相衔接。往返穿梭的船舶，反映的既是中国市场的蓬勃活力，也是"一带一路"倡议的强大魅力。

2023年5月，习近平总书记在黄骅港煤炭港区码头考察调研时强调："港口是经济发展的重要支撑，希望你们进一步科学发展，把黄骅港打造成具有战略意义的多功能、综合性、现代化大港，为京津冀协同发展、雄安新区建设、共建'一带一路'等作出更大贡献。"

"目前黄骅港已开辟内外贸航线35条，并加入世界物流护照计划，同40多个国家和地区以及国内外200余个港口通航往来。"河北沧州港务集团副总经理储礼君说。

势起则不落，渤海湾畔新潮涌。日升日落，每天都有满载集装箱的货轮驶出黄骅港，向天津港驶去。从天津港、黄骅港之间开通了"天天班"海上快线，到更多的合作模式、新的航线不断涌现，近年来，津冀两地港口之间合作不断深入推进，合力打造以天津港为核心、以河北港口为两翼的世界级港口群。"海上京津冀"运输通道不断织密、延展，仿佛一个缩影，讲述着京津冀协同发展深度服务构建新发展格局的故事。

增人民福祉，促共同富裕

"实现全体人民共同富裕"是党的二十大报告概括的中国式现代化的本质要求之一。推进京津冀协同发展，最终要体现到增进人民福祉、促进共同富裕上。

习近平总书记强调："中国特色社会主义进入新时代，我国社会主要矛盾已经转化为人民日益增长的美好生活需要和不平衡不充分的发展之间的矛盾。"

京津冀协同发展等区域协调发展战略的重点指向，正是要解决发展不平衡不充分问题。

怎么办?

保持"协同"的战略清醒，增强"求变"的战术主动。

在雄安，京雄高速西侧，总建筑面积约3332平方米的启动区综合服务中心巍然挺立。汉唐风韵的建筑风格，高效有序的对接工作，有效打造雄安为北京疏解对象提供注册、供地、审批、建设服务"金名片"。让新居民愿意来、稳得住、过得好是服务中心的承诺与行动。

容东片区，清晨的人力资源服务产业园，迎接八方来客。大厅专门开通了新区本级和三县受理权限，可为入园企业和人才就业提供"一站式"便捷服务，有效服务保障民生需求。

如今的雄安，蓝图绘就施工图，巨变催生日日新。起步区"四横十纵"骨干路网全面开工，地下之城加快成形，"云上雄安"初步建成……一个立足"千年大计"的人民之城、幸福之城，正在拔地而起。

京津冀协同发展战略实施以来，按照合作协议安排，北京不断推动优质中小学基础教育资源同河北共享，以"交钥匙"的方式，积极支持雄安新区新建北海幼儿园、史家胡同小学、北京四中、宣武医院，不断深化区域内高校师资队伍、学科建设、成果转化等方面合作。据悉，2023年9月，北京援建雄安新区的幼儿园、小学、中学开学迎来首批学生。

教育是民生工程，更是民心工程。

"真没想到，在我们县城就能接受这么高质量的教育。"在河北，天津职业大学威县分校2020级汽车运用与维修专业学生肖瑞桢说。2020年，全国首个跨省市"五年一贯制"人才培养模式在天津职业大学威县分校落地。

近年来，天津切实发挥国家现代职业教育改革创新示范区优势，不断向河北输送优质教育资源，构建起适应京津冀产业发展需要的专业组群。

"我们将聚焦河北省特别是雄安新区当前紧缺急需专业和未来产业发展方向，共同培育更多高素质技术技能人才。"天津市教委职业教育处处长李力说。

"以高品质生态环境支撑高质量发展，加快推进人与自然和谐共生的现代化"。在北京城市副中心的大运河畔，水韵灵动的生态、书香浸润的文化、蓬勃发展的经济，无不展现着城市副中心人民幸福美好的生活。

日前，城市副中心"文化粮仓"大剧院、"森林书苑"图书馆、"运河之舟"博物馆等三大标志性民生建设项目，已进入最后冲刺阶段。"绿色"的建筑标准，"多彩"的文化传承设施，不断为"红火"的副中心居民生活添姿增彩。

生态文明保护和京津冀协同发展一样，均非一域之事、一级之责、一时之功，必须协同发力、上下合力、长期努力。

在河北丰宁满族自治县小坝子乡，昔日沙丘，已成绿洲。作为曾经的京津沙源地，近年来丰宁依托京津风沙源治理等重点生态工程，积极营造京津防沙"绿色屏障"。

以点带面，点面共进。高质量发展带来民生福祉。

在京津冀协同治理下，2022年，地区PM2.5平均浓度比2013年下降超63%；河北沙化土地面积与1999年公布的数据相比减少了738万亩。

共铸产业协作"一条链"，共织内联外畅"一张网"，共建绿色防护"一片林"，共绘民生保障"一张图"……

静水深流的变革，往往就深潜于时代奔流的大江大河。从擘画协同发展，到引领高质量发展，再到示范建设中国式现代化，行进中的京津冀，正在绘就中华民族伟大复兴新图景！

（王昊男、李家鼎、邵玉姿参与采写）

（姜赟　史鹏飞　《人民日报》2023年09月14日第01版）

以创新思维推进京津冀先行区示范区建设

京津冀协同发展不仅是一个区域发展问题，更是关乎实现中国式现代化目标的重大国策。2023 年，习近平总书记在河北考察并主持召开深入推进京津冀协同发展座谈会时强调："要坚定信心，保持定力，增强抓机遇、应挑战、化危机、育先机的能力，统筹发展和安全，以更加奋发有为的精神状态推进各项工作，推动京津冀协同发展不断迈上新台阶，努力使京津冀成为中国式现代化建设的先行区、示范区。"

党的十九大以来，按照党中央决策部署，京津冀 3 省市切实履行主体责任，中央有关部门和单位大力支持配合，做了大量卓有成效的工作，京津冀协同发展取得新的显著成效。实践证明，党中央关于京津冀等重大区域发展战略是符合我国新时代高质量发展需要的，是推进中国式现代化建设的有效途径。在推进构建新发展格局进程中，将京津冀地区打造成中国式现代化建设的先行区、示范区是一项系统性工程，需要下更大气力推进工作。

提升经济发展新高度。京津冀作为引领全国高质量发展的三大重要动力源之一，拥有数量众多的一流院校和高端研究人才，创新基础扎实、实力雄厚，应集中精力加快以创新链、产业链、价值链融合发展模式构建现代产业体系。坚持把北京科技创新资源、天津先进制造研发优势与河北雄厚的产业基础结合起来，着力打造我国自主创新的重要源头和原始创新的主要策源地，着力打造世界级先进制造业集群，推动区域经济持续快速发展。

开创协同开放新局面。世界级城市群必然是能对全球产生巨大影响的地区，因而也一定是高度国际化的地区。在复杂多变的国际环境中，需要充分依托北京国际交往平台，对接天津国际口岸资源、河北外向型经济发展的空间资源，打造国际化一流营商环境，形成我国对外开放的高地。与此同时，优化区域开放布局，完善区域开放基础设施。加快构建东西向交通走廊，以完善的交通基础设施为陆海联动和东西互济提供有力支撑。

打造世界级城市群空间新格局，构筑共同富裕新标杆。优化空间格局可以使生产要素在更大空间尺度内进行流动和组合。探索人口经济密集地区优化开发新模式、集约发展新路子，形成中国特色的城市群空间发展模式，是京津冀协同发展的必答题。进一步说，推进京津冀协同发展，最终要体现到增进人民福祉、促进共同富裕上。只有深入了解群众需求，切实解决广大百姓关心关切的利益问题，才能在区域层面促进三地之间的均衡发展，在城乡层面实现共同富裕的目标。

塑造政府职能转变新示范。京津冀协同发展不仅是我国区域协调发展的内在要求，也是化解区域协同发展中难点问题的试验田。通过深化改革，三地打破"一亩三分地"思维定式，推动政府职能转变，推动区域一体化治理和产业协同。各地区政府间需要在公共服务政策、经济社会发展等方面实现统筹兼顾，形成高效的城市群协调配合机制。

建立生态环境治理新典范。中国式现代化是人与自然和谐共生的现代化。京津冀需要总结成功经验，持续守牢生态保护红线、环境质量底线、资源利用上线，强化生态环境联建联防联治。要增加清洁能源供应，调整能源消费结构，持之以恒推进京津冀地区生态建设，加快形成节约资源和保护环境的空间格局、产业结构、生产方式、生活方式。

（武少民整理）

（刘秉镰 《人民日报》2023 年 08 月 31 日第 10 版）

建平台、促对接、强服务
京津研发在河北"开花结果"

不久前，位于河北的保定·中关村创新中心传来好消息，易度河北机器人科技有限公司生产的"脑血管介入手术辅助操作系统"获国家药品监督管理局批准上市。

"这打破了国际技术垄断，填补国内技术空白，实现了具有完全自主知识产权的高端医疗装备系统的产业化。"易度科技负责人史文宝说。

激动人心的背后，是协同创新的深入推进：该项目获科技部重点研发计划支持，由首都医科大学附属北京天坛医院神经介入科李佑祥教授团队主导研发，由易度科技在保定市实现产业化。

近年来，河北主动对接京津资源，加速推动协同创新，深化拓展"京津研发、河北转化"模式，助推自身实现高质量发展。

"创新中心自 2015 年启动以来，形成新一代信息技术、生物医药、新能源及智能电网三大产业微集群，吸引 360 家企业入驻，获得知识产权 1000 余件，吸引双创人才超 4000 人，累计培育国家级高新技术企业 72 家，为京津冀区域协同创新提供了经验。"保定·中关村创新中心负责人张曙光说。

紧接着，衡水·中关村信息谷、邯郸·中关村信息谷创新中心等一批科技园陆续落地，科技成果转化效率明显提升。

夏日里，走进位于河北廊坊市香河县的汇文节能科技有限公司，工人正在流水线上加工半导体组件，繁忙有序。

"我们生产的半导体制冷应用整机及工业级半导体控温系统等产品，被广泛应用于航空航天、电子、医疗及民用等领域，产品畅销 40 多个国家和地区。"公司总经理曹茜说。

此前，汇文节能科技在产品研发中遭遇技术和人才瓶颈，香河县了解情况后，迅速与京津科技资源对接，牵线搭桥。

香河县组建人才和技术需求调研小组，对接国内高校和科研院所，目前为 7 家企业匹配科研团队，开展技术指导 23 次、专业理论知识培训 5 次。先后 8 次邀请清华大学、北京航空航天大学等院校专家与企业负责人座谈交流，协同解决实际困难和技术瓶颈。

目前，汇文节能科技与清华大学、中国环境科学研究院建立合作关系，通过共建研发机构等方式，先后取得实用新型专利 3 项。

河北不断优化服务，助力协同创新。全省建成包括省科技成果展示交易中心在内的技术转移服务机构 142 家，推动清华大学、北京大学、中国科学院、中国技术交易所等在河北建立技术转移分支机构或研究推广机构，形成贯通全省、连接京津的技术转移服务体系。

小微企业创新劲头足，但研发能力弱，难题怎么破？河北联合京津签署合作协议，推动三地科技创新券互认互通。凭借一张电子券，河北小微企业和创新创业团队即可敲开京津高校院所大门，跨区域共享科技资源。截至目前，753 家科技创新券服务机构已在三地实现互认互通，河北发放科技创新券 1.4 亿元。

协同创新驱动高质量发展。2022 年，河北吸纳京津技术合同成交额 403 亿元，同比增长 13.8%。其中，雄安新区吸纳京津技术合同成交额达 91.84 亿元，占全省成交总额的近 1/4。

（程龙、崔妍参与采写）

（史自强 《人民日报》2023 年 07 月 28 日第 02 版）

京津冀协同发展助推医疗深度合作
优化资源配置　共享发展成果

　　手工课、魔术表演、生日蛋糕……7月18日，在北京儿童医院保定医院（以下简称"保定医院"）肿瘤外科病区活动中心，医护人员和志愿者正在为住院患儿举行生日会。

　　"类似活动，我们科每年举办300场左右，要让小朋友们在这里感到家的温暖。"来自北京的常驻肿瘤外科专家常晓峰说。

　　2015年，北京儿童医院全面托管保定市儿童医院后，两院合作日益紧密。2018年，两院合作共建国家儿童医学中心肿瘤外科保定病区，打破地域限制，两院病区诊疗规范一致、医疗资源统一调配。

　　保定医院院长田剑介绍，北京儿童医院委派骨干医师常驻保定医院，实现了首诊在基层、复杂病例远程会诊、疑难急重患者无障碍转诊。像常晓峰这样的北京专家有400多人，他们往返于北京保定两地，护佑患儿健康。

　　赛赛（化名）是个活泼可爱的小男孩。被初步诊断体内有肿瘤后，母亲带他去了北京儿童医院，但患儿太多，做手术要排队。一筹莫展时，了解到保定医院也有北京专家，做手术不用等，于是来到保定。

　　"在这里，也能看北京专家门诊。"赛赛母亲说，手术非常顺利。

　　北京优质医疗资源引进来、留得住，不仅解决了保定及周边地区看病难问题，也有效缓解了北京儿童医院的诊疗压力。截至2023年4月，北京专家在保定诊疗患儿近3.2万人次，平均每年会诊危急重症患儿2700人次，手术1300人次。

　　各地患儿前来就医，保定医院如何接住？田剑说，两院实行专家、临床、科研、教学、预防、管理等六个共享，21位专家担任保定科室"双主任"或科主任。从如何搞科研做项目，到如何与患者沟通，北京专家全方位、立体化传帮带，真正把技术、人才留在保定。

经过8年的托管改革实践，保定医院的年门诊量由托管前的25万人次增长到63万人次，四级手术量从托管前零起步到每年完成近4000例。

如今，河北省11个设区市的18家医疗机构通过合作建院、整体托管、专科共建等形式，与京津高水平医疗机构开展医联体建设工作。

医疗水平的提升、医养结合的推进让京津越来越多老人前往河北养老。

盛夏清晨，微风穿过窗棂，满屋清爽。早上，入住河北廊坊燕达金色年华养护中心5年的75岁北京老人邵江准备起床。

"身体虽然不便，但不耽误生活。"在护理人员和房间天轨移位系统的辅助下，邵江乘轮椅进入卫生间洗漱。之后，谱写音乐、吹葫芦丝、参加乐队活动……忙碌而充实。

燕达金色年华养护中心是第一批京津冀养老协同发展试点单位之一。目前，5000多名老人入住这里，约95%来自北京。

2022年1月，入住老人李奶奶不慎摔倒，导致左腿股骨胫骨折。养护中心及时启动绿色就医通道，把李奶奶送往紧邻养护中心的燕达医院治疗。聊起就医经过，李奶奶感慨医养结合模式为她争取了治疗时间。

近年来，燕达医院先后与北京朝阳医院、天坛医院等三甲医院深入合作，数十位北京专家长期坐诊。入住养护中心的老人，就地看专家门诊，直接医保结算。

目前，河北正以环京14个县（市、区）为重点，构建"一区（环京4市14县养老核心区）、一圈（秦唐石高铁1小时养老服务圈）、三带（燕山、太行山、沿海康养休闲产业带）"康养产业发展格局，吸引更多京津老人前来养老。

（程龙、崔妍、程红、雷崔捷参与采写）

（马晨 《人民日报》2023年07月27日第02版）

抓紧做实粤港澳大湾区建设的大机遇、大文章

粤港澳大湾区在全国新发展格局中具有重要战略地位。广东认真贯彻党中央决策部署，把粤港澳大湾区建设作为广东深化改革开放的大机遇、大文章抓紧做实，摆在重中之重的位置，以珠三角为主阵地，举全省之力办好这件大事，推动粤港澳大湾区成为新发展格局的战略支点、高质量发展的示范地、中国式现代化的引领地。

加快构建新发展格局。加快构建以国内大循环为主体、国内国际双循环相互促进的新发展格局，要求广东能够对内引领统一大市场建设，对外扩大开放水平，增强国内国际两个市场两种资源联动效应。粤港澳大湾区是国内市场规则体系与国际高标准市场规则体系对接的区域之一。广东充分发挥这一区域优势，加强与港澳、国际的基础设施互联互通、规则衔接和机制对接，稳步推动制度型开放，加快构建新发展格局。

建设国际科技创新中心。粤港澳大湾区具有聚集国内外科创要素的天然优势，广东抓住粤港澳大湾区建设机遇，一方面加快国际科技创新合作的体制机制创新，提高人才、技术、数据、资金等要素跨境流动的科创规则衔接水平，促进科创要素充分流动和有效配置；另一方面强化企业在国际科技创新合作中的主体地位，充分尊重企业的市场需求，培育更多具有自主知识产权和核心竞争力的创新型企业，不断提高科技成果转化和产业化水平。

构建具有国际竞争力的现代产业体系。粤港澳大湾区经济实力雄厚，港澳发达的现代服务业和珠三角九市规模庞大、配套齐全的先进制造业，成为广东建设现代产业体系的坚实基础。一方面，要提升粤港澳大湾区的市场一体化水平，为广东与港澳的产业联动提供制度基础；另一方面，坚持实体经济为本、制造业当家，促进现代服务业的发展。既要大力发展战略性新兴产业集群，又

要加快传统产业升级，充分发挥数字经济优势，推动"数字＋实体"的产业发展模式。推进现代服务业创新发展，深化与港澳服务贸易自由化、扩大金融业对外开放、提升法律事务对外开放水平、高水平参与国际合作。

营造市场化、法治化、国际化一流营商环境。在加强与港澳规则衔接和机制对接的同时，要吸纳港澳在优化营商环境上的先进经验，促使市场企业对营商环境形成稳定预期，吸引汇聚全球高端要素资源。广东加快建立健全竞争政策实施机制，提供市场竞争公平性，充分发挥市场对资源配置的决定性作用。此外，要加强市场经济法律制度体系建设，营造公正高效的司法环境，依法保护经营主体产权和合法权益。

（贺林平整理）

（毛艳华 《人民日报》2023 年 07 月 11 日第 10 版）